世界银行

全球发展地平线

未来的资本：相互依存的世界中的储蓄与投资

中国财政经济出版社

图书在版编目（CIP）数据

全球发展地平线：未来的资本：相互依存的世界中的储蓄与投资 / 世界银行著；王喆、王辉等译. —北京：中国财政经济出版社，2013. 9
ISBN 978 - 7 - 5095 - 4800 - 4

Ⅰ. ①全… Ⅱ. ①世… ②王… Ⅲ. ①世界经济 - 研究 Ⅳ. ①F11

中国版本图书馆 CIP 数据核字（2013）第 221007 号

中国财政经济出版社出版

URL: http: //www. cfeph. cn

E - mail: cfeph@cfeph. cn

社址：北京市海淀区阜成路甲 28 号 邮政编码：100142

营销中心电话：88190406 北京财经书店电话：64033436 84041336

北京财经印刷厂印刷 各地新华书店经销

850 × 1168 毫米 16 开 10 印张 400 000 字

2013 年 9 月第 1 版 2013 年 9 月北京第 1 次印刷

定价：50. 00 元

ISBN 978 - 7 - 5095 - 4800 - 4/F · 3882

图字：01 - 2013 - 6176

（图书出现印装问题，本社负责调换）

本社质量投诉电话：010 - 88190744

反盗版举报热线：88190492 88190446

目　录

专栏

图

地图

表

前　言

超长期预测是一项有风险的活动，因为生活的不确定性有足够的时间来扰乱、弯曲和改变所预测的路径。同时，为了使政策具有理性和现实性，我们需要利用所拥有的最好的信息、统计数字和模型来追踪未来形势。这就是我们在《全球发展地平线》报告中所尽力做的。我们召集了最好的分析师和研究人员来做这项研究。我要感谢他们从事这份具有风险而又有点吃力不讨好的工作，但同时我要说，他们的优势是，当预测得准确与否能够被世人证实之时，他们中大部分人已经转向别的研究了。

出版《全球发展地平线》的目的就是为了对以后大约 20 年全球经济发展的情景做出预测，尤其是储蓄和投资方面。在过去的 15 年中，发展中国家在全球投资中的份额由不到 20% 已经上升到 50% 左右。储蓄也是如此。2008 年的全球金融危机只是导致这一趋势的很小一部分原因，大部分的变化是源于稳固的经济增长和人口的优势。生产率的提高、日益加速的全球资本市场一体化进程、健全的宏观经济政策和逐渐改善的教育和医疗卫生条件都加速了发展中国家投资率和储蓄率的提高。人口红利进一步推动了这一进程，它在很多国家都达到了巅峰水平。发展中国家日益上升的投资和储蓄以及在全球 GDP 中不断扩大的份额，导致了发展中国家在全球投资动态中占据主导地位的壮观景象。在过去的 10 年中，2/3 的全球投资增长要归功于发展中国家。

在中期和长期过程中，这些因素会在不同程度上继续发挥作用。目前的预测表明，世界人口将会从 2010 年的 70 亿增长到 2030 年的 85 亿。另外，发展中国家将会有几乎超过 14 亿的人口出生。更为关键的是，发展中国家和发达国家都将经历一次重大的人口结构转型。发生在高收入国家、东亚新兴经济体以及欧洲和中亚的转轨经济体的人口老龄化将对储蓄和投资行为均产生影响。另外，在撒哈拉以南非洲地区和南亚，人口将保持相对年轻。在出现这些人口趋势的同时，发展中国家将继续追赶发达经济体的更高水平的生产率。

这些趋势引起了有关全球投资形势的迫切问题，但这些问题的答案并不明显。比如，随着老年人耗尽他们的储蓄，老龄化社会能否扼杀全球资本市场？或者强劲的经济增长是否会促进年轻工人收入和储蓄的提高？随着全世界劳动力增长率的缓慢下降，投资机会是否会迅速减少？为了解决这些问题，本版《全球发展地平线》根据结构性变化与生产力发展的根本动力的不同路径，就 2030 年的储蓄、投资与资本流动，给出了两种情景。

这篇报告所探讨的前瞻性情景建立于

全球经济的关键时刻。在储蓄方面，尽管发展中国家政府面临着人口老龄化带来的财政压力，但它们仍然在考虑扩大社会服务的战略。在投资领域，发展中国家的决策者正在试图刺激国内经济活动，一方面重新调整以摆脱出口型增长，另一方面尽量避免使得发达国家经济萎靡不振的因素。就资本市场而言，全球金融危机使我们重新思考完全资本流动的利与弊，并伴随着这一广泛流传的观点：国际金融体系迫切需要改革。

报告中详细阐述了一个重要的预测：尽管存在人口老龄化的压力，世界在将来不会面临储蓄不足的问题，直到2030年资本收益也将保持相对稳定。然而，全球水平的储蓄的稳定性要归功于其构成的巨大改变。到2030年，在每1美元的储蓄和投资中发展中国家大约占到2/3（现在是1/2左右），一半左右的全球资本存量也将掌握在发展中国家手中，而今天这个数字还不到1/3。对于发展中国家的金融中介机构而言，这意味着巨大的挑战。目前，很多在贸易和生产方面占主导地位的国家在国际金融市场上扮演着相对次要的角色。因此，全球金融危机表明：发展中国家很容易受到占据高收入国家主导地位的金融中心危机的冲击。这种情况在发展中国家占全球储蓄和投资的份额持续上升的情景中是不太可能持续的。

《全球发展地平线》的印刷本只是广泛的多媒体集合的一部分。随附的网站 http：//www. worldbank. org/ 上有相关的电子资源，包括报告中描述的两大情景背后的数据库、背景论文、技术附录、一些互动小工具可以让有兴趣的读者来探索预测中使用的一些假设的可能变化，以及相关的音频和视频资源。

根据新兴趋势在未来20年的可能发展来阐明这些趋势的影响，通过这种方法，这一版的《全球发展地平线》可以帮助决策者拥有更好的知识储备，无论是应用于将他们的国家在一个新的、多极化的全球经济体中更好定位，还是应用于更好地面对不可避免的潜在挑战，无论挑战是来自国内还是国外，是在不久的将来还是更遥远的未来。

Kaushik Basu

世界银行高级副总裁兼首席经济学家

致 谢

这份报告是由世界银行研究局预测部（DECPG）新兴全球趋势组撰写。在撰写这个报告的第一阶段，Mansoor Dailami 是主要作者并且是这个团队的负责人。在他从世界银行退休之后，Maurizio Bussolo 承担了这一角色。该报告的编写得到 Hans Timmer 和世界银行高级副行长兼首席经济学家 Kaushik Basu 的总体指导。

在其他团队成员的协助下，Maurizio Bussolo 撰写了该报告的综述。第 1 章由 Jamus Jerome Lim 编写，Doerte Doemeland 提供了有关历史的基础设施投资的书面文稿。第 2 章由 Maurizio Bussolo 撰写，并得到 Jonathon Adams – Kane 和 Jamus Jerome Lim 的书面帮助。在这章中，Israel Osorio – Rodarte 和 Sebastian Renner 提供很多微观层面的分析，Miguel Székely 也给予了这一领域的权威意见。第 3 章是由 Mansoor Dailami、Jonathon Adams – Kane 和 Dana Vorisek 合编，Yueqing Jia、Hyung Sik Kim、Sergio Kurlat 也有所贡献。在 Maurizio Bussolo 的指导下，Maryla Maliszewska 利用世界银行的相关模型来计算一般均衡模型。这个报告的前三章都采用了他的研究成果。

在撰写这个报告的不同阶段，很多人提供了相应的建议和评论。副总裁 Aslı Demirgüç – Kunt 协调了发展经济学部分的审查过程，并提供了大量的评论和建议。在他离开世界银行之前，Martin Ravallion 在报告撰写的早期阶段也做了很大投入，显然这大大提高了报告的整体质量。

在报告的概念文稿编写阶段，Caroline Freund（中东和北非地区行政办公室的首席经济学家）、Marcelo Giugale（非洲地区减贫与经济管理处）、Ivailo Izvorski（欧洲和中亚地区减贫与经济管理处兼宏观经济学家）、Marilou Jane D. Uy（总统特使办公室）、Ravi Vish（经济与可持续发展集团）、Orazio Pietro Attanasio（伦敦大学）、Menzie Chinn（威斯康星大学麦迪逊分校）都担任审稿人。整个世界银行的审查组评审人还包括 Sebastien Dessus（非洲地区减贫和经济管理处）、Samuel Freije – Rodriguez（贫困、性别和证券集团；减贫与经济管理处；拉丁美洲和加勒比地区）、David Gould（南亚地区首席经济学家）、Bert Hofman（东亚和太平洋地区首席经济学家）、Orazio Pietro Attanasio（伦敦大学）、Franis Bourguignon（巴黎经济学院）、Menzie Chinn（威斯康星大学麦迪逊分校）、Dale Jorgenson（哈佛大学）、Nick Stern（伦敦经济学院）。世界银行内部的 Jean – Pierre Chaffour、Tatiana Didier、Indermit Gill、Elena Ianchovichina、Alain Ize、Ivailo Izvorski、Norman Loayza、Aart Kraay、Sergio Schmukler、Augusto de la Torre、Galina Vincelette 都提出了宝贵意见。银行外的很多专家在报告早期成果的会议、讨论以及展示中发表了意见。他们包括 Thorsten Janus（怀俄明大学）、Ronald Lee（加州大学伯克利分校）、Andrew Mason（夏威夷马诺大学）、Paul Masson（多伦多大学）和中西部政治科学协会的参与者。

《全球发展地平线》的网站是由 David Horowitz、Jamus Jerome Lim、Indira Chand 开发的。Roula Yazigi 和 Vamsee Krishna Kanchi 提供了该网站的技术支持。在这个网站 http：//www. worldbank. org/Capital-ForTheFuture，也可以找到论文的背景文献和相关的研究。Kristina Tan Mercado 和 Rosalie Marie Lourdes Singson Dinglasan 为新兴全球趋势组提供了出版援助。Indira Chand 和 Merrell Tuck – Primdahl 负责宣传活动。Jeffrey Lecksell 协助制定计划。Patricia M. Katayama、Cindy Fisher 和世界银行办公室的出版商 Denise Bergeron 负责协调图书设计、编辑和出版。

缩略语

AIC	赤池信息量准则
AIDs	艾滋病
BIS	国际清算银行
BRICs	金砖四国（巴西、俄罗斯联邦、印度和中国）
BRIIC	新金砖国家（巴西、俄罗斯联邦、印度、印度尼西亚和中国）
CGE	可计算一般均衡（模型/分析）
FDI	外国直接投资
GARCH	广义自回归条件异方差模型
GCC	海湾合作委员会
GDH	全球发展地平线（世界银行）
GDP	国内生产总值
GEM	全球经济监控（世界银行）
GNI	国民总收入
ICT	信息通讯技术
IMF	国际货币基金组织
IPP	独立发电项目
IPUMSI	联合公开用途微观数据系列，国际
IWPP	独立的水电项目
kWh	千瓦时
LIBOR	伦敦同业拆借利率
LNG	液化天然气
MPK	资本边际产出
NTA	国民转移支付账户（项目）
OECD	经济合作与发展组织
PPP	公私合作关系
PPP	购买力平价
R&D	研究与开发
SAR	特别行政区
TFP	全要素生产率

VAR	向量自回归
WDI	世界发展指标（世界银行数据库）
3D	三维

所有美元数额都是美国美元，除非另有说明。

概　论

时下全球经济正在进行的主要结构转型将会在接下来的几十年给各国经济带来机遇。发展中国家自20世纪90年代开始的逐渐加速的增长趋势，对跨国投资和国际储蓄的贡献正日益提高。这种巨大的改变始于几十年前，当时很多人认为较低的国民储蓄率和吸引外国资金方面的困难限制了发展中国家的投资和增长。总的来说，2010年发展中国家的国内储蓄占其国内生产总值（GDP）的34%，与1970年相比增长了21%，2012年发展中国家的投资占其国内生产总值的33%左右，与1970年相比增长了22%。正是由于这些比率的不断增长和加速的经济扩张，发展中国家的储蓄在全球储蓄中的份额达到46%，几乎是其20世纪60年代中期的两倍。

这些趋势的背后意味着什么？这种趋势会持续下去还是仅仅是一个短期现象？它对经济发展和减少贫困有什么意义？本报告针对这些问题，找出将会和人口结构变化一起在未来20年影响储蓄和投资决策，进而影响未来全球资本分配的关键经济和结构性因素。本报告建立了两个不同的情景作为“经济实验室”，研究这些因素变化后可能产生的结果。这两种情景的主要区别为：（a）发展中国家和发达国家之间人均收入水平趋同的速度（由于生产力追赶）；（b）发展中国家和发达国家结构转型（例如，金融业发展和制度改善）的速度。第一种情景设想发达国家和发展中国家之间渐进式趋同，第二种情景则设想趋同速度要快得多。

在20世纪的大部分时间内，发展中国家与发达国家之间的趋同都难以证实。但是教育和医疗的逐渐完善、管理水平的提高、经济与金融的持续全球化和信息与通信技术的迅速推广都表明这种趋同的存在（Spence，2011）。在我们所考虑的时间范围内，这两个情景并不能解释每个可能会对经济产生重大影响的趋势或冲击，如气候变化、大宗商品冲击或金融危机。事实上，提出这两种情景并不是为了进行预测，而且不应该把它们实现的可能性作为评价标准。其作用是尽可能清楚地阐明，即将出现的全球增长模式的改变、人口结构变化和结构变量如何影响储蓄、投资和资本流动，而这种影响方式与过去完全不同。

在渐进趋同情景中，发展中国家的人均收入将会由2010年高收入国家人均收入的8%上升到2030年的16%。在快速趋同情景中，两组国家之间的差距更小：到2030年，一个发展中国家的普通公民将达到高收入国家普通公民收入的19%。渐进趋同情景与快速趋同情景对未来20年世界年平均经济增长率的预测分别为2.6%和3%；发展中国家的年平均增长率在渐进趋同情景中为4.8%，在快速趋同情景中为5.5%。在渐进趋同情景中，发展中国家对全球经济增长的贡献将由2015年的73%上升到2030年的87%；在快速趋同情景中，这一数字将在2030年上升到93%。在两种情景中，到2030年，发展中国家服务业的就业人数将占全部就业的60%以上，食品支出占总支出的比例将会减半，并且发展中国家占全球贸易的份额也将达到50%以上。

在这两种情景下，发展中国家的投资活动占全球投资比重的增长不会自动实现，而是需要满足两个条件：第一，生产力增长和产业结构转变需要创造足够的投资机会。第二，国内和国际的投资者需要愿意为这些投资项目筹措资金，并且把全球2/3的储蓄分配给发展中国家。这两个条件的实现取决于未来20年的重大结构转型和管理水平的提高。

因此，两种情景分析将考察结构和制度因素在将来会如何变化。渐进趋同情景假设这些结构性因素会按照与其历史模式一致的方式演变。然而快速趋同情景假设结构转型将会脱离历史趋势，发展得更快。如果第三次工业革命浪潮波及全球，并且从根本上改变发展中国家的经济和制度结构，那么上述现象就会发生。在这种情景下，巴西、印度以及中东地区的金融市场将发展显著，到2030年将赶上美国20世纪80年代早期的金融发展水平。同样，发展中国家的社会福利机构的质量将会显著提高。更为重要的是，不同国家的进步速度是不同的：起点相对较低的经济体增长速度将相对较快。

两种情景下的展望

报告中的这两个情景描绘了一幅与当前趋势并不匹配的未来的全球资本图景，为现今战略性地思考一系列隐现眼前的全球金融和经济挑战以及它们在政策上的意义提供了一个模板。报告的主要成果概括如下：

未来的世界储蓄不会枯竭，并且到2030年，全球投资率、储蓄率和资本收益率将保持相对稳定。

未来20年内，发展中国家的人口老龄化问题没有发达国家那么显著。此外，发展中国家的经济增长和金融市场发展的速度将会更快。在渐进趋同情景中，发展中国家的储蓄率将有小幅下跌，由2014年的34%下降到2030年的32%，而同期高收入经济体的储蓄率将从20%下降到16%（图0.1，b）。然而，世界储蓄不会枯竭，因为全球储蓄率不仅取决于国家水平的储蓄率，还取决于经济规模的相对大小。这种全球经济权重向高储蓄的发展中经济体的转移意味着，到2030年，发展中国家将占世界储蓄的62%—64%，具体多少取决于考虑的是哪种情景，而2010年这一比例只有45%。这种经济权重的转变将弥补国家层面的储蓄率的下降，因此，全球储蓄率将变动不大。

强劲的经济增长缓解了老龄化问题带来的负面影响和金融市场发展对发展中国家储蓄率的影响，再加上2020年之后大部分国家的投资需求随着经济增速变缓而没有显著增加，因此，全球储蓄供应与资本需求之间的关系不会变得更加紧张。因此，即使在快速趋同情景下，收益率也不会存在太大的上升压力，全球平均收益率在2014年至2030年间预计将上升0.5%左右。

图 0.1　在渐进趋同情景中，未来的全球储蓄率和投资率将保持相对稳定，但这种稳定掩盖了发展中国家和高收入国家之间相对份额的重大变化

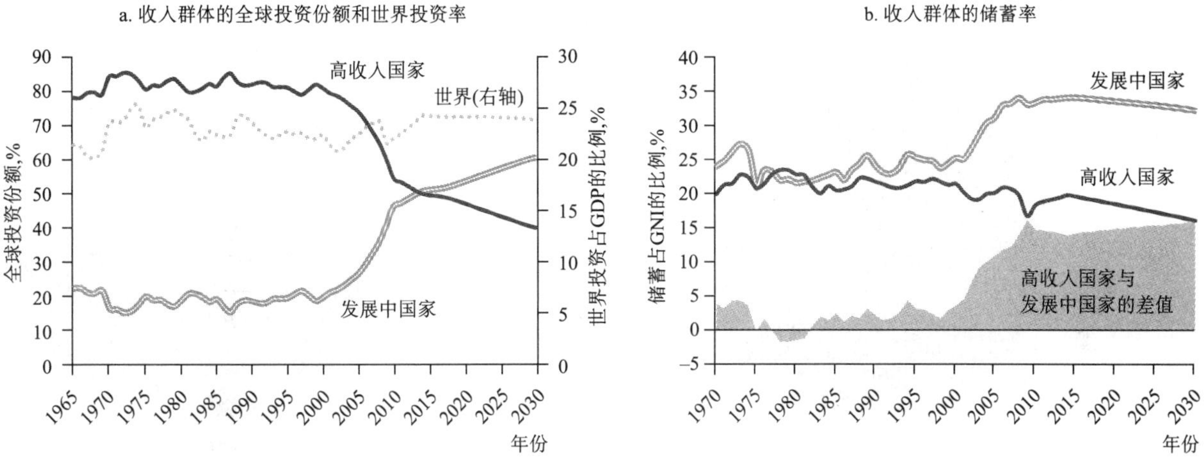

资料来源：世界银行的预测，并根据世界银行全球经济监测数据库和世界发展指标数据库中的数据进行的计算作为补充。

在渐进趋同情景下，全球投资扩张的速率将与总产出一致，到 2030 年将达 26.7 万亿美元（以 2010 年美元不变价格计，或超过全球产量——105 万亿美元的 1/4）（图 0.1，a）。

全球资本存量的分布将转向发展中国家，但财富可能仍集中在发展中国家的高收入家庭之中。

发展中国家作为全球储蓄的供给者和需求者发挥着越来越重要的作用，这将导致世界资本存量和财富的再分配。在渐进趋同情景中，到 2030 年，半数的全球资本存量——158 万亿美元（以 2010 年美元不变价格计）——将掌握在发展中国家手中（图 0.2）。这意味着国家财富的全球分配转移的速度将变快。人均国民财富呈双峰分布，目前中等收入国家呈一个大的“驼峰”，而很多高收入国家呈一个小峰，随着中等收入国家人均国民财富的增加，双峰分布很可能变得更平衡。

然而，国家之间资本和财富分配的平等化并不意味着这种变化将会同样出现在国家内部。事实上，发展中国家的储蓄（和财富）高度集中在高收入家庭之中。居民调查数据显示，教育程度较低的群体往往有最低的终生收入并且储蓄很少或没有储蓄，这表明他们无法提高自己获取收入的能力，最贫困的人口也就无力摆脱贫困陷阱。如果劳动者的子孙后代之间的教育分配仍像今天这样不平衡，这将使未来的生产能力、储蓄和财富继续不平衡。创造教育机会的公平环境不仅有助于公平的达成而且有助于效率的提高——考虑到它将在私人储蓄方面产生积极影响。例如，在墨西哥，2050 年，与没有考虑教育变化影响的情景相比，考虑教育程度的人口预测会使家庭储蓄率升高 5%（图 0.3）。

撒哈拉以南非洲地区将是唯一不会经历储蓄率下降的地区，而东亚、东欧和中亚将创下储蓄率下降的最高纪录。

人口结构转型时机的不同意味着对国家之间的储蓄、要素价格和收入分配的影

图 0.2　到 2030 年，在渐进趋同情景下，发展中国家将拥有全球资本存量的一半以上，而在 2010 年只占约 1/3

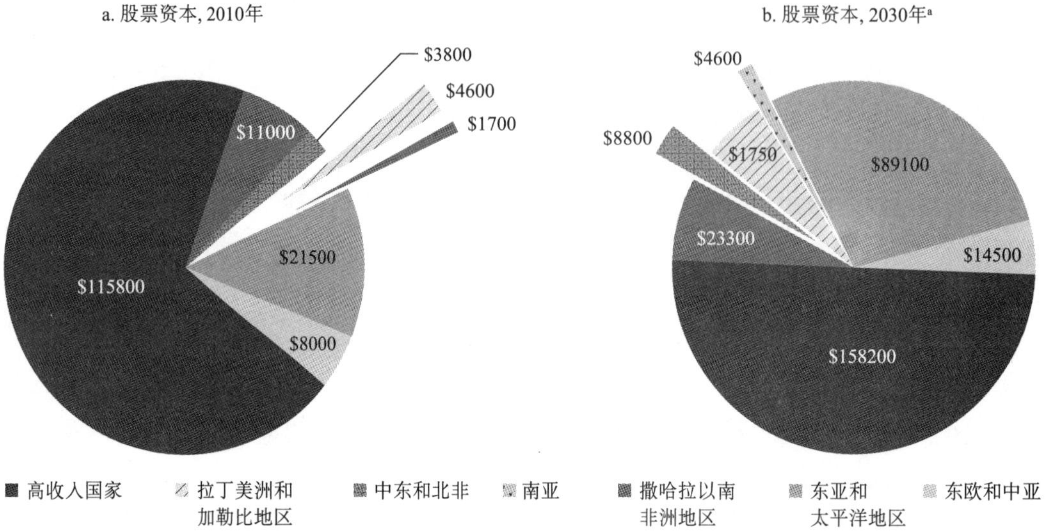

资料来源：世界银行的预测。

注：资本存量的计算是通过永续盘存法并使用 5% 的不变折旧率得到的。

a. 子图 b 的预测假设了渐进趋同的情景，在这种情景下未来 20 年世界经济每年的增长速度为 2.6%，其中发展中国家（高收入国家）每年的平均经济增长将为 5.0%（1.0%）。

响都将不同。在老龄化的经济体中，劳动力相对于资本变得稀缺，从而实际工资相对于资本回报率上涨。这种要素价格的路径分歧有代际分配的影响：由于较低的资本回报率带来不利影响的资产持有者往往比一般人更年老，而那些受益于更高的工资水平的人群则更为年轻。

图 0.3　逐渐提高的收益能力将会成为墨西哥家庭储蓄的最大动力

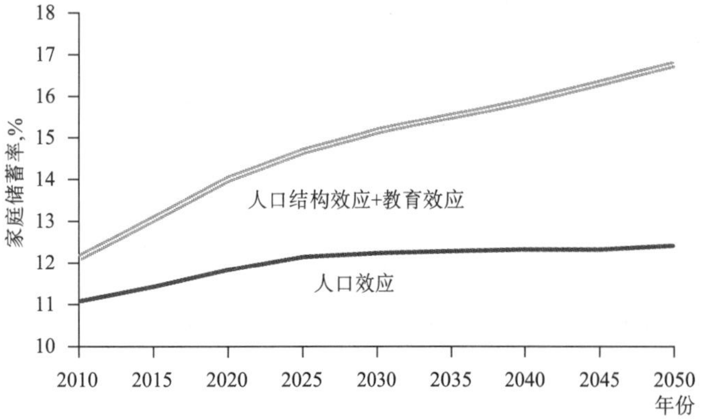

资料来源：世界银行根据居民调查数据进行的预测。

经济增长的作用是平衡这些人口结构变化带来的不平衡压力。得益于技术进步和制度的改进，生产率的提高可以在给定投入的情况下提高产出量。对于一些国家和地区，与生产力进步相联系的加速经济增长将会增加国民储蓄，其中年轻群体的人均终生收入较高，这样他们所增加的储蓄将会超过老年群体减少的储蓄。

由于这些原因，全球投资和储蓄率的稳定性掩盖了国家间严重不平衡的事实。例如，印度尼西亚、日本和俄罗斯联邦的人口中劳动人口的比例将急剧下降，从而到 2030 年它们的储蓄率将大幅度下跌。相比之下，巴西和墨西哥等国家的下降速度较缓慢。撒哈拉以南非洲地区是我们所考虑的时间范围内唯一一个没有经历储蓄率明显下降的地区，这得益于其相对年轻并迅速增长的人口，以及由于生产力追赶而产生的强劲的增长速度。然而，按绝对价值计算，亚洲和中东的储蓄将继续占主导地位：在渐进趋同情景下，到2030年，中国的储蓄将以9万亿美元（以2010年美元不变价格计）远远超过所有国家位居首位，这超过了日本和美国在21世纪20年代的水平，印度以1.7万亿美元位居第二。

人口老龄化会增加养老金和医疗卫生服务等与年龄相关的支出，这会给公共财政带来压力。例如，在中国，如果养老金、医疗和教育系统投入量和覆盖范围保持不变，则与年龄相关的公共总支出占国内生产总值的比例在2010年和2030年之间将增加5.4%，如果中国的投入量和覆盖范围与美国趋同，则与年龄相关的公共支出占国内生产总值的比例将增加18.6%。

中国和印度将占有全球投资的大部分比例，投资将转向服务业，特别是基础设施建设。

在接下来的20年，强劲的经济增长将巩固中国在全球资本形成总额中的领导地位。在渐进趋同的情景中，到2030年，中国将占到全球投资的30%。同样，其他发展中国家强劲的增长也将与高投资率有关。巴西、印度和俄罗斯加在一起，将在2030年占全球投资的13%以上，比美国还多。在高收入国家，相对稳固的制度体系和持续的技术优势意味着投资率将保持相对稳定，占产出的17%左右。就投资量而言，发展中国家的投资额将达到15万亿美元（以2010年美元不变价格计），而高收入国家是10万亿美元。与储蓄的情况相似，中国和印度将成为发展中国家中两个最大的投资者，到2030年，两国加起来将占全球总投资的38%，而所有高收入国家加起来将占40%，同时中国和印度将占据全球制造业投资的一半左右。

国家间投资模式的不平衡将在快速趋同情景下更加明显。在这种情景下，随着金融的迅猛发展与制度质量的快速改善，发展中国家通常会吸引更大份额的全球储蓄。到2030年，一些国家，如中国和印度，在快速趋同情景下的投资率将比渐进趋同情景高1%左右。另外，一些国家，如巴西和印度尼西亚，因为它们的产出量增长速度将超过投资，所以在快速趋同情景下的投资率将会略低一些（尽管它们的投资水平明显更高）。

未来投资的模式将不仅体现在地理格局的转变而且体现在经济部门的变化。随着国家变得越来越富裕，对服务的需求将会增加。然而，服务业的投资是否增加取决于服务业相对于其他行业的资本密集程度。在渐进趋同的情景中，发展中国家的服务业占总投资的比例将从57%增长到61%。由于人口结构的变化将增加对教育、医疗和基础设施服务的需求，以及一个导致更多服务贸易的全球性举措和在可贸易商品中占更大份额的服务业的需求，这种转变很可能会实现。

注入服务业中的大额投资流量将会在基础设施建设中体现得最为明显。鉴于人口增长的压力和人均收入的迅速增长，按价值衡量，基础设施建设在东亚和南亚的需求是最大的（图0.4）。到2030年，即使不考虑维护成本和重置投资，为了完全满足预期的人口覆盖目标仍将导致发展中国家每年在全球基础设施建设上花费大约8660亿美元（以2010年美元不变价格

图 0.4 在今后的 20 年里，东亚和南亚每年的基础设施需求很有可能是最大的

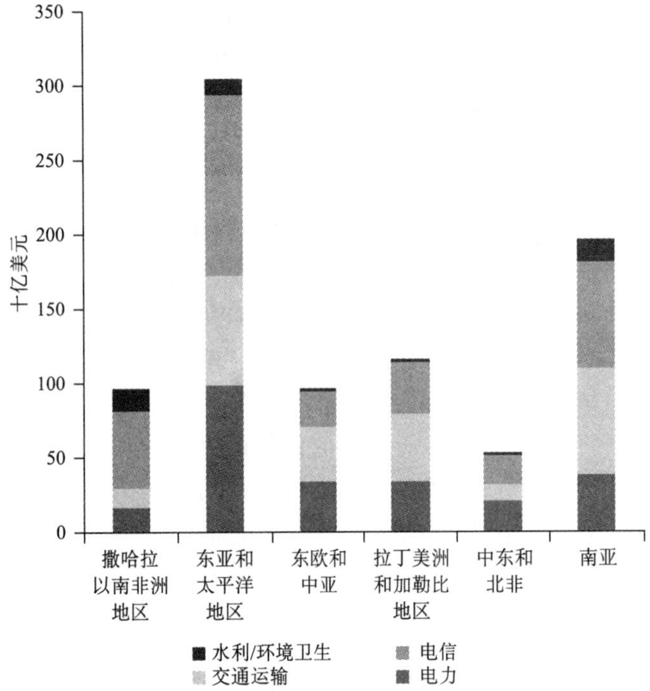

资料来源：世界银行的预测。

注：在预测的基础上，关于方法的详细说明将在《全球发展地平线》在线附录 1.5 中给出。

计），占发展中国家所有服务业投资的大约 10%。在迫切需要基础设施建设的撒哈拉以南非洲地区，其基础设施投资将占据总投资的 23%。

发展中国家将在未来资本流动中占据更高的份额。

储蓄和投资活动在地理格局上的转变也将在全球资本流动模式上体现出来。在渐进趋同情景下，许多发展中国家将执行稳健的、逐渐减少的赤字政策。这种模式将会在那些人口结构转变较早，金融市场发展的空间极大的国家占主导地位，这些国家倾向于节制储蓄同时促进投资的增加。例如，印度和撒哈拉以南非洲地区，非常符合这一描述；在渐进趋同情景中，2010—2030 年间它们的经常账户赤字占国内生产总值的比例平均分别为 2.4% 和 3.2%。在快速趋同情景中，这种模式将会更加明显，因为更快的金融发展吸引更多的资本，同时更节制私人储蓄。这些资本净流入将主要不是来自发达国家而是来自新兴工业化东亚国家，尤其是中国。

然而，资本流动的关联性，会远远超出一个国家的净资本流入或流出所引起的借款或贷款之间的平衡。从政策的角度来看，考察资本总流量的未来走向是同样重要的。随着发展中国家在未来资本总流入和流出量的增加，它们的潜在利益也是巨大的：可以分散国家的特殊风险，使特有的国内风险得以分散，政策制定更加遵循市场规律，弥补国内储蓄在固定投资和经济增长上的不足的机会。总资本的流入和流出可以认为是金融资产交易。在这个意义上，一个国家总资本流入和流出的未来走向取决于：（a）对外国资产需求的程度；（b）国家能够提供风险收益特征对外国投资者和债权人具有充分吸引力的资产的能力；（c）摩擦的程度（例如，信息不对称的问题），会潜在地阻碍这种交易。

发展中国家制度的改善和金融市场的发展，再加上处于一个高收入经济体更易感知风险的环境中，发达国家在提供优质资产方面的垄断似乎将被打破。由于看到发展中国家改善的商业环境，稳健的经济增长以及支持日益增长消费需求的人口发展趋势，投资者对发展中国家表现出远远超过大型新兴市场的强烈兴趣，最明显的例子是近年来流入到撒哈拉以南非洲国家的资本越来越多。未来，制度因素方面的改善将与时下进行的发展中国家金融市场的区域和全球一体化齐头并进，为发展中国家提供更重要的资源，使其成为资本流向国并无形中也成为全球资本流动的中介国。

本书的情景分析估计，到2030年发展中国家将占全球资本流动的47%—60%，高于2010年的23%（图0.5）。然而，与发展中国家的国内生产总值相比，其增长速度并不明显：到2030年，其资本流动占国内生产总值的比例预计为6%—11%，而2010年为7%。资本流动的区域分布也会有明显变化。将发展中国家资本流入预期的增加值按国家进行分解，表明中国将成为故事的一个重要部分，但它绝不会成为一个单独的中国故事，也不会仅成为金砖四国（巴西、俄罗斯、印度和中国）的故事。到2030年，没有一个单独的国家能够像今天的美国或欧元区一样吸引这么大份额的资本流入。此外，中小发展中国家总体在全球经济中的地位将比今天更为重要，尤其是它们在全球金融市场和推动资本流动中的地位。

在这两种情景下，发展中国家都几乎占到了全球总资本流入和流出总额的一半以上，全球层面的总资本流动中南南合作的份额将变得更加显著。发展中国家的金融市场，作为资本流动的载体，无论是在南南合作还是在南北之间的资本流动中，都将发挥比现在更大的作用。随着金融市场的发展以及汇率制度更具灵活性，发展中国家的外汇储备占资本流出的比例可能会下降，取而代之的是私人资金的增加。

储蓄、投资和资本流动模式的改变将带来复杂的政策挑战。

到2030年，储蓄、投资和资本流动模式对经济环境的影响小到家庭层面，大到全球宏观经济层面，不仅对国家决策者而且对国际制度和政策协调都具有重要意义。在未来几十年，跨境资本流动的迅速增长将会使全球经济比历史上任何时候都更加一体化。本报告的3个章节提供了8个主要的政策信息：

图0.5 到2030年，全球资本流入中发展中国家的比例将达到50%，甚至更多

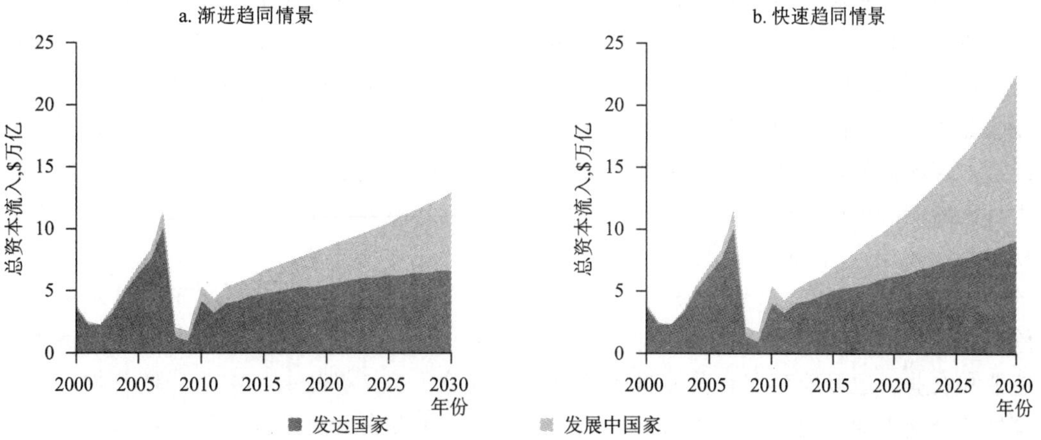

资料来源：世界银行的预测，根据国际货币基金组织的国际金融统计数据库中的数据进行的计算作为补充。

注：资本流入以名义美元计算，前提假设是世界通货膨胀率为常数3.5%，通货膨胀率是基于世界银行全球经济监测数据库2003—2007年5年的平均通货膨胀确定的。渐进趋同情景和快速趋同情景指的是根据发达国家和发展中国家之间收入和结构转型的趋同速度的差别而建立的不同预测情景。

为了支持投资活动，国家决策者应该集中精力建立一个良好的投资环境。在快速与渐进趋同情景中投资模式的差异充分证明了在从全球储蓄中吸引投资时，金融发展水平和制度优劣至关重要，凸显了在未来世界经济中，结构转型和制度变革对国家有效竞争的重要性。采取措施提高金融业的发展水平和调整政策来提高管理的综合质量，可以有效地为国家维持高水平的私人投资。这并不是说公共投资是无关紧要的，因为当市场明显失灵或社会收益非常可观时，公共投资可以成为干预市场的一个手段。如果决策者对于投资政策决定采用干涉主义路线，那么就更加应该注意制度设计。应该维持较高水平的问责制度，并且为了在一个私人部门竞争活跃的环境中更好地调整私人部门的奖励政策，干预政策应该有明确的日落条款。

决策者必须认识到即将到来的与日俱增的服务需求，并促进其带动的投资需求。在许多发展中国家，政府目前在服务业维持其保护主义者姿态的同时，直接或间接鼓励农业和制造业投资。例如，许多经济体在某些“敏感”或“战略性”服务方面明确禁止外国直接投资（FDI）。在服务业占有产出的越来越大比例的全球经济中，这样的政策将在经济效率方面成为日益增加的负担。此外，如果在投资活动中有针对性的干预措施被认为是可取的，服务业很可能在教育、医疗和基础设施等领域获得最大的社会收益。即使在制造业和农业，也可能存在有着非常大正外部性的分支工业，比如，像“绿色”技术或适应热带生长的种子。

在未来的20年，对于发展中国家来说，基础设施项目融资问题将成为重大挑战。基础设施建设融资将处于一个充满挑战的环境中，因为人口压力会加剧公共部门的资金困难。基础设施融资是特别具有挑战性的，因为这些投资具有长期性（和相应的风险性）。此外，随着发展中国家在世界经济中的比重越来越大，它们可能不再局限于传统的基础设施融资来源，而是采取其他来源如国际金融机构的放贷。为了满足它们的未来基础设施融资需求，发展中国家的决策者将需要利用公私合营的伙伴关系来调节私营部门融资以及从全球资本市场中开拓结构性融资。

政府将不得不在可持续性地管理公共财政的同时，密切关注即将到来的人口变化。随着超过劳动年龄的人口比例的大量增加，再加上收入的增加引起的晚年对于医疗保障需求的增加，都将增大预算压力。医疗保障和养老金等公共开支将会增多，而由于人口老龄化对减少教育支出的预期影响将稍稍抵消这种增长，但是抵消的效果并不明显。此外，在大多数发展中国家，非年龄相关支出的削减空间是相当有限的。如果在限制福利和服务下降幅度的同时，还要控制卫生保健和养老金的负担，这样会产生复杂的政策挑战。对于许多发展中国家来讲，面对前所未有的人口老龄化现象，过去的公共养老金和医疗模式已经不再适用。展望未来，随着私人市场越来越多地参与进来，政策挑战将部分的转变为制度挑战。

家庭结构的变化引起了人口结构的变化，这使得金融市场在为老年人提供收入保障方面变得越来越重要。随着收入的增加，劳动者的流动性变强，并且老年人越来越有能力依靠他们积累的储蓄独立生活，家庭的规模有变小趋势。除了这种家庭规模变小之外，养老体系也发生了深刻变革，由一个非正式的、多代同堂家庭体系转变成更正式的私人养老金或公共社会保障体系。假设老人和孩子都更喜欢分开居住，如果他们更多地依赖私人养老金而不是家庭储蓄和转移支付来保障晚年生活，这将有可能改善他们的福利。另一个好处是，利用私人金融市场作为筹集养老金储蓄的媒介可以增加金融的深度，并且有助于其发展。然而，从依赖家庭成员的收入向依赖金融机构的转变，也凸显出强有力的监管对限制欺诈和限制金融中介机构过度承担风险等问题上的重要性。

发展中国家决策者在通过政策来提高穷人的教育素养，从而增加私人储蓄的过程中，起到决定性作用。这可能会减少国家内部、各家庭群体之间储蓄过于集中的情况。事实上，这样过于集中的现象对经济流动性也有消极影响，因此对政治和社会凝聚力也会产生负面影响，而政治和社会凝聚力对经济增长至关重要。高收入家庭不仅比低收入家庭有更多的储蓄，而且它们在处于不同发展水平和不同人口结构转变阶段的国家中都占据着大部分的国民储蓄，只不过所占比重随情况而变。在经济流动性大的国家，低储蓄与低收入之间的关系可以反映收入暂时减少的家庭为平稳消费而做的努力。很遗憾，在按受教育程度分组的家庭中也观察到了同样的关系，而受教育程度通常被认为是永久收入的代表，因此，在某一时间点要比在收入分配中的位置更为稳定。一般来讲，一个国家中受教育程度最低的家庭储蓄很少或没有储蓄，这表明它们无法提高自己获取收入的能力，最贫困的人也就无法脱离贫困陷阱。

随着发展中国家逐渐占据世界资本流出的一半或一半以上，全球货币政策和财政政策的制定需要进行相应的调整。无论是渐进趋同，还是快速趋同的情景都设想，到2030年，发展中国家占世界总资本流入和流出的份额将大大增加。随着越来越多的资本向发展中国家转移，南南货币政策的协调将在促进这些国家金融和宏观经济稳定方面变得更加重要。特别是，像巴西和俄罗斯那样的大型新兴经济体可能具有更大的区域货币政策溢出效应。在全球范围内，人民币的广泛使用可以大大增强中国货币政策在世界其他地区的影响，部分降低了美国和欧元区货币政策的统治地位。对于中小型发展中国家，一个有着多极化的货币层次结构的世界意味着发展中国家受到来自单独任何国家货币政策溢出效应的影响将会变小。这可能使得全球范围趋向稳定，因为流动性冲击将更加多元化，但它也可能使货币政策溢出效应的时间和程度变得更加难以评估，并需要更大范围的货币政策协调。不管未来资本流动的币种构成怎样，越来越多的全球资本流入和流出发展中国家表明，无论在双边还是在多边组织中，这些国家都应该在全球水平的资本交易管理方面发挥更大的作用。

政策制定者将需要做好在国际金融中介的资本市场中发挥举足轻重作用的准备，并促进国内资本市场的发展。随着总资本交易规模的不断增大，它们所包含的投资组合、银行贷款以及外国直接投资也会变得越来越重要。这是因为这些不同类型的资本流动对宏观经济稳定有着不同的影响。在全球范围内，未来的资本市场在资本流动中的媒介作用将很可能越来越大，而银行的作用将变小。与外国直接投资（FDI）和股票投资组合相比，银行贷款往往具有更高的顺周期性，但不易分担风险。然而，相对来讲（根据发展中国家资金流入的这部分比例进行较小调整），与银行贷款相比，总投资组合（债券和股票）将更加不稳定。此外，发展中国家的家庭和企业不仅需要更多的贷款机会，而且还需要更多样的金融资产和金融服务，国内金融市场将不得不在其组织结构和市场深度上面临全球市场的竞争。尽管正在进行的加强国际银行部门监管的措施仍然至关重要，但是政策也应当进行调整以适应——以及在某些情况下积极推动——国内资本市场的发展。与此同时，当局应该监控资本流动的构成，除此之外，还应该发挥监管机构的前瞻性，以准备好适应资本流动构成中的潜在不稳定变化。

建立全球动态投资、储蓄和资本流动模型

本报告的主要目标是研究投资和储蓄的新兴趋势。这不是根据一组预测实现的，而是通过提出一系列“如果……则……”的问题，通过构建情景来实现的。例如，报告解决的问题是如果老龄化会加速并持续产生负面压力，全球储蓄则受到怎样的影响。或者如果发展中国家的生产力追赶加速，资本需求量则受到怎样的影响。

我们用一个简单的方法，仅仅依靠相关性，通过推算如老龄化、生产率增长等关键决定因素的趋势，推断其对储蓄和投资的影响。因此，在上面提到的第一个“如果……则……”的问题中，通过这个简单的方法可以得到全球储蓄将会下降。不过，老龄化问题不会单独发生，其他因素将会抵消其消极影响。同样，对于给定的人口增长速度，更快的生产率增长速度将会转化成更快的经济增长速度和更高的人均收入；反过来，较高的收入将影响金融发展和制度建设的速度。在更快的经济增长本身能够吸引投融资的基础上，以上的结果强化了这种积极影响。

为了解释多个对投资和储蓄趋势具有直接影响和间接影响的因素，以及收入、储蓄和投资互相影响的事实，我们需要建立一个模型。这就是本报告为什么采用全球动态可计算一般均衡模型（CGE）作为所有章节的主要分析工具的原因。此外，其他工具，如面板数据的经济计量分析，可以用来：（a）估算全球 CGE 模型的关键参数；（b）补充从全球 CGE 模型获得的结果。

考虑到这种方法主要是研究重要决定因素的影响，我们从分析中去除了一些其他长期趋势和持久经济冲击的潜在影响。例如，在第 1 章的讨论中，危机（商品、金融或自然环境）可能增加不确定性，对投资产生更加长期影响。其他部分，如储蓄行为背后隐藏的由文化因素的改变引起的习惯的改变，或全球移民和汇款模式的改变都没有体现在该模型中。

还应该注意的是，未来生产率的变动可能造成很多潜在后果，如经济增长模式的变化以及相应的政策变化。尽管关于人口预测有广泛共识，但对于决定生产力变化的外生变量、储蓄函数的准确参数、生产资料的需求和供给方程却都看法不一。因此，即使有复杂的模型，对于任何特定的国家或地区来说，经济增长、投资和储蓄都存在很大偏差。尽管如此，基于模型的情景分析的一个主要优势在于提供一个探索宏观趋势之间相互作用的机会，而不是提供精确的预测。

一个全球性的动态一般均衡框架

全球动态可计算一般均衡（CGE）模型是世界银行 Linkage 模型的修改版本，是一个动态模型，它包含 17 个国家和地区，7 个部门（包括农业、制造业和服务

业），3 个生产要素（资本、熟练工人和不熟练工人）。这里使用的模型依赖于全球贸易分析模型（GTAP）最新的数据库，这一数据库的基准年是 2007 年。随后一直到 2030 年，每一年为了解决新的均衡，相应的情景也是不断发展的。

LINKAGE 模型在核心上是一种新古典主义的模型，由经济总增长、储蓄和投资作为内生变量，并根据假定的生产率变化、人口结构变化、金融市场发展和制度建设等关键的外生变量做出预测。然而，不同于简单的增长模型，LINKAGE 模型具有复杂的结构：第一，它是多部门的。这可以允许更加复杂的产出动态，包括区分农业、制造业和服务业生产率发展的差别，并在收入增加导致向生产和服务转型的同时，发掘出需求结构（进而发掘出产出）的变化。第二，它是多地区联系的，它考虑了开放性——通过贸易和金融——对国内变量如产出和工资的影响。第三，LINKAGE 包括一组方程，用来描述储蓄和投资行为。

在 Van der Mensbrugghe（2011）中，关于 LINKAGE 模型有完整的描述，本文简要地介绍了投资与储蓄动态方程以及关于预测外生决定因素走向的主要假设。

我们从后者开始讨论，生产力和人口统计数据是关键的外生因素。生产率的变化量是估计数值加上主观的调整产生的。假定农业生产率为要素中性的外生变量，是由实证研究估计出来的（例如，Martin 和 Mitra，1999）。制造业和服务业的生产率是劳动增强型的（哈罗德中性技术进步）；它是技术中性而行业偏好的，制造业生产率的增长高于服务业。这导致了高收入国家在渐进趋同的情景下，全要素生产率（TFP）的长期利率的增长幅度为 0.1%—0.2%，这与 Bosworth 和 Collins（2003）所估计的范围下限相同，且它与 21 世纪头 10 年早期和中期的趋势是一致的。而发展中国家的增长幅度则较大：0.7%—3.5% 的速度一直增长到 2015 年，然后保持不变。在不同的发展中国家，全要素生产率（TFP）的增长有明显的不同，从中国的 3.5% 以上（与 Bosworth 和 Collins［2008］的估计一致），到撒哈拉以南非洲地区的 1.5% 左右不等。

劳动力增长的判断依据是联合国基于劳动参与率不变这一假设对于特定年龄人口的预测。根据这些人口预测，人口结构转变从以下几个方面来看，在各国并不同步：开始的时间、转型进行的速度以及膨胀群体的相对大小。这一版本的模型没有区分熟练工人和非熟练工人的增长。

该模型的另一个至关重要的动态涉及实物资本的积累，这是全球储蓄供给、国内投资需求以及国际资本配置相互作用的结果（图 0.6），如下所示：

- 在每个国家，按照一个标准的生命周期方法，储蓄行为主要取决于人口结构和人均收入增长；其他附加因素包括金融发展和社会保障体系。
- 投资需求由资本需求产生，而反过来，资本需求来源于完全竞争且追求利润最大化的特定行业生产函数。因此，投资需求与产出正相关，与租金负相关。
- 全球储蓄在各国间的分配遵循一个代表全球投融资的函数。它与相对租金有关，同时还受特定国家的经济增长和结构性因素的影响，比如，金融发展和金融的质量。与此同时，全球投融资还通过加入一个滞后项来探究本土偏好。

图 0.6　储蓄、投资需求、投融资之间相互作用说明图

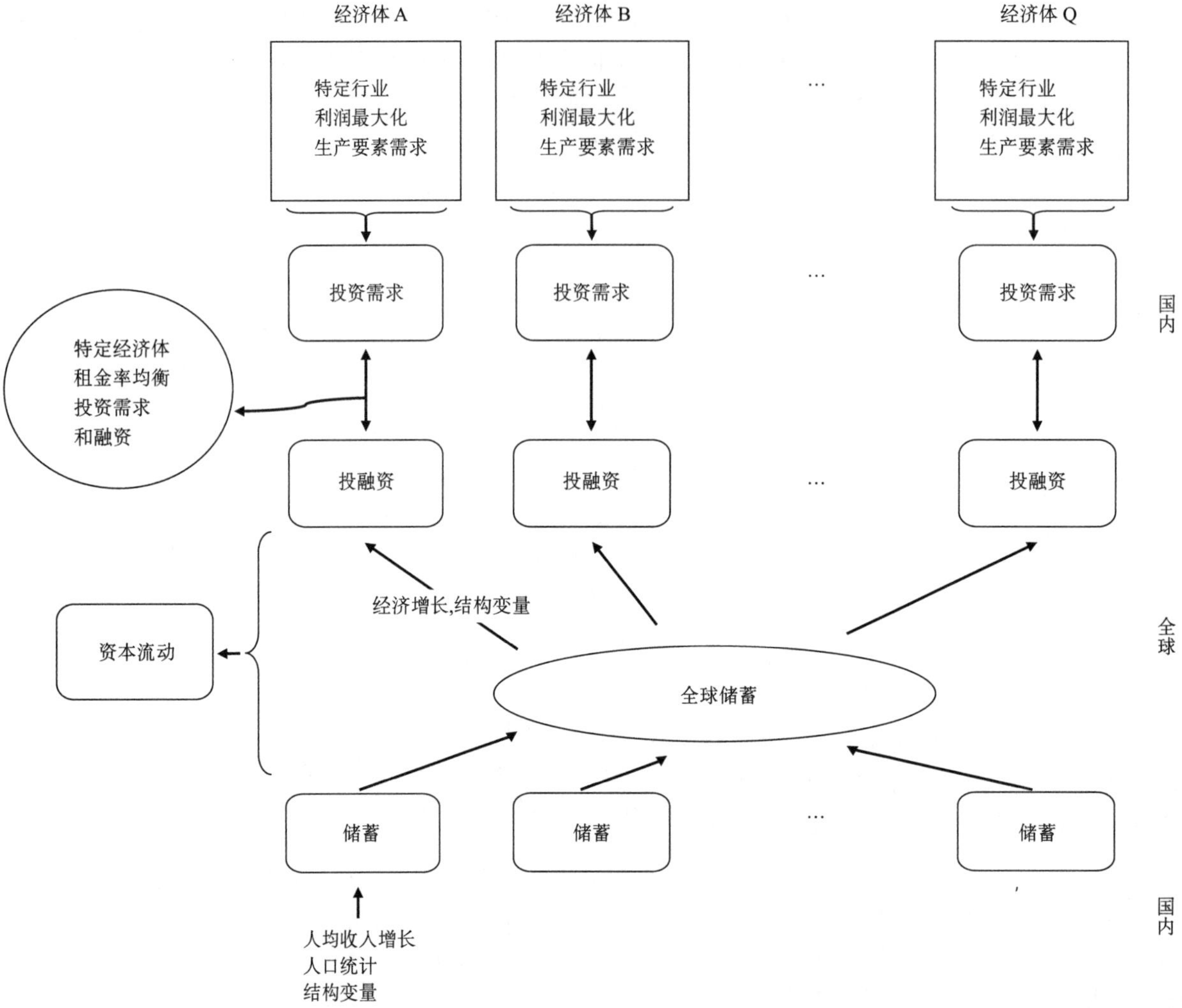

资料来源：世界银行。

对于每个国家来说，净资本流动弥补了国内储蓄和融资水平之间的差异。由于投融资还取决于具有有限弹性的租金率以及其他因素，因此，该模型只是考虑了全球资本不完全流动的情况。在这种设定下，国家之间净资本流动的范围维持在由历史波动所决定的合理区间之内，而且各国的租金率也不可能完全相同。例如，一个受益于不断上升的生产力的国家将存在更大的资本需求，那么租金率将会被抬高。这将吸引资本流入该国，减轻租金上涨的压力，但并不能完全消除这种压力。

总之，在 LINKAGE 模型中，储蓄、投资、产出和收入以及相关要素和商品的价格是同时决定的。然而，对于任何特定的国家或地区，模型中产生的收入增长率、投资和储蓄，以及净资本流动在一定范围内存在误差，因为这些变量导致的趋势取决于：

（a）外生变量未来变化趋势的假设，特别是生产率、人口结构、金融业的发展和制度的质量。

（b）方程的参数设置，更明确地说，包括储蓄率和投资率相对老年人口抚养比的弹性（只针对储蓄）、收入增长、金融业的发展以及制度的质量。

上文已经描述了与（a）有关的一些关键的假设。通过设定两种情景，本文考虑了未来趋势的不确定性。在快速趋同的情景中，所有发展中国家的生产率都假设提高 50%，结构变量的增长率也大大增加，那么到了 2030 年，它们与美国的差距将比现在缩小 25%。与（b）有关的一个关键假设是，储蓄和投融资等式中的经济和储蓄结构变量的相关系数是稳定的。

补充分析方法：参数估计

关于投资需求函数的参数设置，到现在为止我们采用了大量标准化的估计生产函数参数的实证文献。然而，这些文献关于储蓄和投融资函数的参数估计更为审慎。相应地，本报告对经济计量分析得到的决定变量的弹性进行估计，这种计量分析的目的是限制内生性对回归变量的冲击以及减小测量误差（在线附录 1.5 给出了详细说明）。[1]

这些估计出的系数的符号与相关理论一致。例如，储蓄方程中的人口结构——用老年人口抚养比衡量——的系数是负的，而且统计意义上显著，即意味着经济中老年人口越多，储蓄越少。再比如，即使在说明了经济增长率可能的内生性之后，经济的更快增长与储蓄和投融资都是正相关的。

结构变量的系数也是基于大量的实证和理论研究确定的。例如，金融发展与投资率正相关（更成熟的金融市场能够更容易地向有投资意愿的企业放贷）（Benhabib 和 Spiegel，2000），但与储蓄率负相关（更容易获得消费信贷的家庭会减少为了平稳消费进行的储蓄）（Loayza、Schmidt - Hebbel 和 Servén，2000）。

补充分析方法：充实 CGE 模型的结果

CGE 模型分析需要一些简化假设，一些决策者和发展实践者关心的结果不能从此模型中得出。例如，一个国家（或国家集团）的人口年龄结构是根据一个简单的老年人口抚养比估计的；而且，由于该模型只适用于一个典型的家庭，它不能为不同类别家庭中不同的储蓄行为提供任何解释。因此，互补性的分析工具可以用来解决以上这些问题。

对于储蓄，一个补充性方法是通过分析人口结构和收入增长如何影响家庭储蓄，来研究储蓄的未来趋势，尽管可以使用的数据有限，仅能考虑几个国家的情况，但从微观经济的角度审视这个问题，却是一个考察储蓄动向的更现实和细致入微的视角。家庭层面的分析证实了 CGE 模型得到的广泛结论，微观层面的数据也暴露了老龄化、储蓄和经济增长之间相互作用的复杂性（在线附录 2.1 中提供了微观分析方法的详细说明）。

对于资本流动，CGE 模型生成的储蓄和投资情景对净资本流动有直接的影响（本质上是国家的储蓄—投资差异），但为了分析总资本的流入和流出量，需要在这些结果的基础上建立一个单独的模型。一个计量经济学模型被指定用来估计资本总流入（资本流出可以根据这个结果和资本净流量而推出），利用文献来确定关键的决定因素，同时控制任何国家层面的影响，使其不随时间和全球冲击而变化。资本流动的两种情景是通过计算估计方程的自变量的预测动向得到的，这与 CGE 模型生成的两个情景相对应（在线附件 3.3 和附件 3.4 给出了详细说明）。

注释：

1. 在线附录请见 http：//www. world bank. org/CapitalForTheFuture。

参考文献：

Benhabib, Jess, and Mark M. Spiegel. 2000. "The Role of Financial Development in Growth and Investment." *Journal of Economic Growth* 5 (4): 341–60.

Bosworth, Barry P., and Susan M. Collins. 2003. "The Empirics of Growth: An Update." *Brookings Papers on Economic Activity* 34 (2): 113–206.

———. 2008. "Accounting for Growth: Comparing China and India," *Journal of Economic Perspectives* 22 (1): 45–66.

IMF International Financial Statistics database, International Monetary Fund, Washington, DC. http://www.imf.org/external/data.htm.

Loayza, Norman V., Klaus Schmidt-Hebbel, and Luis Servén. 2000. "What Drives Private Saving Across the World?" *Review of Economics and Statistics* 82 (2): 165–81.

Martin, Will, and Devashish Mitra. 1999. "Productivity Growth and Convergence in Agriculture and Manufacturing." Policy Research Working Paper 2171, World Bank, Washington, DC.

Spence, A. Michael. 2011. *The Next Convergence: The Future of Economic Growth in a Multispeed World*. New York: Farrar, Straus, and Giroux.

Van der Mensbrugghe, Dominique. 2011. "LINKAGE Technical Reference Document, version 7.1." World Bank, Washington, DC.

World Bank Global Economic Monitor database, World Bank, Washington, DC. http://data.worldbank.org/data-catalog/global-economic-monitor.

World Bank World Development Indicators database, World Bank, Washington, DC. http://data.worldbank.org/data-catalog/world-development-indicators.

1

国际投资的新兴模式

2030 年一幅世界经济的快照揭示，发展中经济体将吸收超过 2/3 的全球总投资和一半的全球累积资本存量。而这种情况与近期的历史形成鲜明对比。目前，发达国家拥有近 70% 的全球资本存量，在 2000 年发展中国家仅占全球投资总额的 20%。按本章的预测，到 2030 年，中国将占全球总投资的 30%，同时印度和巴西所占全球总投资的比重为 7% 和 3%，已接近美国（11%）与日本（5%）的水平。到 2030 年，亚洲发展中国家将拥有全部发达国家 55% 以上的全球资本存量。

全球投资重心的南移恰逢发展中国家自 20 世纪 90 年代起通过融入全球市场、结构改革和制度完善所实现的经济快速赶超。如果发展中国家能够保证其必要改革的连续性，那么这一赶超进程有望在今后 20 年中得以持续。实际上，全球资本存量在空间分布的改变与发展中国家国内生产总值（GDP）占世界总量份额的增加密切相关。目前，高收入国家创造的 GDP 约占世界总量的 70%，到 2030 年这一比重将下降至 50% 左右。尽管资本/GDP 的比率在国家间存在明显差异，但是发展中国家作为整体的确与高收入国家集团具有相似的资本/GDP 比率：在两组国家中，资本存量的规模同为年均 GDP 的 2.5 倍，这一比率预计将逐渐增长。当发展中国家的劳动生产率赶超至发达国家的水平，人均资本在全球的分配将更加平均。

由于发展中国家拥有更快的生产力增长速度，因此，发展中国家需要具备比发达国家更高的投资率以便使资本存量与潜在产出相匹配。目前，发展中国家的总投资额略高于其 GDP 的 30%，是发达国家（17%）投资总量占 GDP 比重的近两倍。随着发展中国家的高投资率以及所占全球 GDP 份额的不断增加，到 2030 年前发展中国家将占全球投资份额的 2/3。但是，这种结果的实现需要满足两个条件：第一，生产力的提高和产业的转变必须创造足够多的投资机会；第二，国内和国外的投资者必须愿意将每一美元全球储蓄的 2/3 用于在发展中国家的这些投资。本章将分析这两个条件：对第一个条件的分析依据全球一般均衡模型中的标准要素需求方程。在对第二个条件进行分析的过程中，考虑到投资者会对经济增长机会、收益，以及对“投资环境”所包含的制度等其他因素做出反应，因此，本章将对投资者的历史行为采用计量分析。

由此讨论转变为发展中国家将在何种程度上贡献及重塑全球投资的发展趋势，而这是对发展中国家过去 50 年中所获得的巨大成就的见证。联合国的专家组曾经估算发展中国家在 1950—1960 年间的资本需求总量为190亿美元，由于国内储蓄仅满足其需求的一小部分，因而造成了140亿美元的“投资缺口”（联合国，1951）。发展经济学的倡导者曾经就发展中国家能否最终打破结构刚性，通过投资有效地转化为产出，从而促进工业化的快速推进开展过讨论（Meier和Seers，1984）。

本章的主要内容如下：

- 自2000年以来，全球投资活动的模式经历了三次重要的转变：全球投资向发展中世界转移，全球投资向制造业转移，资本存量的重新分配缓慢但明确地向发展中世界转移。尽管包括中国和印度在内的大型经济体是造成这些转变的主要原因，但是投资率在其他发展中国家也显著提高。
- 未来的生产结构暗示全球投资将转向服务业。这种转变是以下三种变化的自然结果：（a）更高的人均收入使服务业在经济中的份额增加；（b）人口的变化扩大了对教育服务和医疗服务的需求；（c）更大比例的服务被嵌入可贸易的商品中。尽管在部分中低收入国家和地区（如印度和东南亚的低收入经济体）中对制造业的投资仍然迅速增长，但可以预计的是，2010—2030年在发展中国家的服务业投资占投资总额的比例将从57%增长至61%，而高收入国家将从75%增长至78%。
- 经济增长与投资的关系紧密并且显著，自2000年以来，发展中国家占国际投资份额的增长对促进各国的经济发展起到重要作用。这一观点与可计算一般均衡模型（CGE）中最优要素需求计算具有一致性，而投资者在国家间分配资源的计量分析也证实了这种观点。但是，在随后分析中所揭示的经济增长与投资间的历史关系表明，仅凭借经济增长并不能充分满足对最优要素的需求。这说明需要其他推动力量的改善以吸引足够的资本。而金融发展或成熟的金融部门是这些推动力量之一。金融中介的标准测量（个人信贷与GDP的比值）增加10%，投资将增长1%—5%。如果这些改善不够充分，那么在快速增长的经济体中，其收益率相对于国外水平必须提高，才能吸引足够资本。
- 在发展中国家对基础设施的需求是关注的重点。即使免除维护成本和重置投资，要想充分满足预期的人口覆盖率目标，发展中国家在2030年一年需花费约8660亿美元的全球基础设施投资（以2010年美元不变价格计）。尽管这一数额仅相当于2030年所有发展中国家投资总量的3%，但考虑到这些投资的长期性质（和相关的风险），其融资仍面临诸多挑战。
- 尽管投资模式的改变具有许多共性，但不同国家仍有明显差异。可以预测的模式包括低收入国家主要投资于农业，而中等收入国家则大量投资于制造业，同时增加对服务业的投资。但也存在明显特例。例如，越南（直到最近仍然为低收入国家）将不成比例的大规模固定投资用于制造业。资本/GDP比率在不同国家也存在差异，在自然资源丰富的经济体，如巴西和俄罗斯联邦，相对于中国和印度，每单位产出需要较少的资本。最后，尽管在大多数中高收入经济体中私人部门比公共部门在投资中占更大比重，但是在包括中国和中东国家在内的经济体中却是例外。

- 尽管发展中国家占全球投资的份额增加，但是全球投资率预期仍会保持相对平稳。如果各国投资率保持稳定，由于发展中国家份额的增加，全球投资率将会增长。但实际上投资率预计在各国都会下降。这一下降主要是由于潜在生产力增长的下降，这反映了人口结构变化以及向服务业的转型（服务业生产力增长较慢）。而这一下降在全球范围内并不一致。中国的投资将比任何发展中国家及地区经历更明显的下降，而撒哈拉以南非洲地区与最近的历史平均水平相比，实际上将会实现增长。各国投资率的降低抵消了发展中国家占全球投资份额增长的影响，从而产生了稳定的国际投资率。
- 当发展中国家以更快的速度向高收入国家趋同，与以最近历史趋势更加平稳地向高收入国家趋同的情况相比，全球投资总量将高出7%。与渐进趋同情景相比，发展中国家在快速趋同的情景中，其投资总量将增长至2.7万亿美元（按2010年美元不变价格计），而高收入国家的投资将下降1万亿美元。但是，投资率在特定国家的增长和下降将取决于其投资相对于产出的增加。例如，在中国和印度，投资率按照规律将增长1%，而巴西、墨西哥和印度尼西亚的投资率将经历0.4%—1.1%的微弱下降。
- 政策制定者在寻求对投资活动的支持时，其主要精力应集中在对私人部门投资活动起到促进作用的投资环境建设上。包括制定完善金融部门发展和提高管理的整体水平的政策，同时应特别关注法制建设。只有在市场和政府明确失效以及具有较高社会收益的领域，直接干预才具有合理性。如果政策制定者决定延续干涉主义路线，他们最好把精力集中于未来服务业投资的扩张，特别是教育、医疗和基础设施建设等领域，因为这些领域内具有较高的正外部性的溢出效应。在基础设施建设方面，公共部门与私人部门合作的趋势能够提供更多的资本来源和惩戒机制以限制公共部门的潜在低效。

世界范围内投资模式的变化

全球更多的投资正在向发展中世界转移

进入20世纪以来，全球投资的模式（以资本形成总量衡量[1]）历了明显的变化。1965—1999年间，发展中国家的投资占全球投资总额的比重相对稳定（平均为18.5%），在21世纪首个10年中这一比重迅速增加，并在2009年接近40%（图1.1，b），在调整购买力水平的差异之后这一增长会更加明显（详细讨论见

图 1.1　在发展中国家中总投资增加的绝对数量（a）与所占全球投资的份额（b）

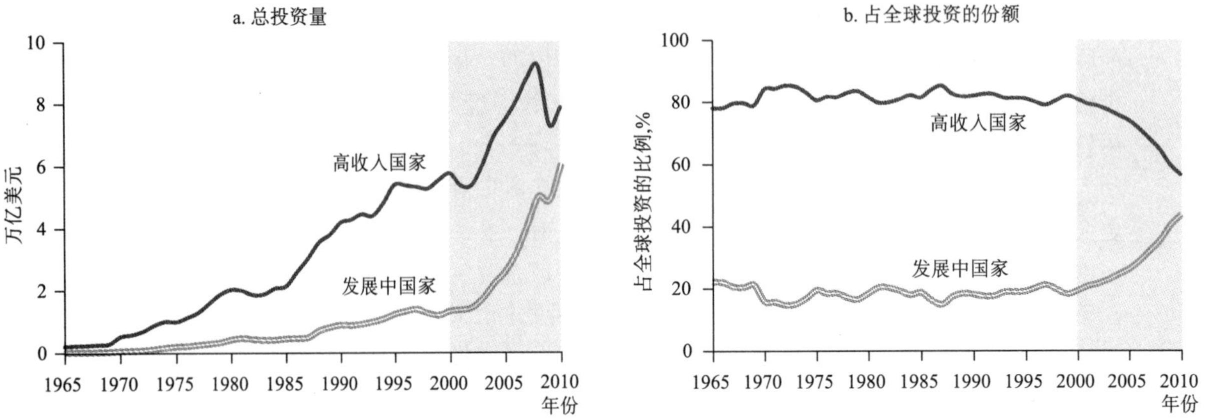

资料来源：世界银行根据“世界银行世界发展指标数据库”中数据进行的计算。

注：阴影部分表示 2000 年以后的年份，趋势的改变就发生在这个时期。（发展中国家在 1965—1999 年间，总投资对时间的一个简单线性回归为：$I = -0.011t + 21.360$，其中，I 代表总投资，t 代表年份。而 2000—2010 年间的回归结果为 $I = 0.024t - 49.312$。Chow 检验的结果 F 值为 52.06，在 1% 的水平下显著）。

专栏 1.1）。另外，金融危机加速了全球投资份额的趋同。自 2007 年以来，投资在高收入国家比在发展中国家经历了更大幅度的下降（图 1.1，a）。而发展中国家在全球投资领域中不断提高的影响力与其在全球经济舞台的影响力齐头并进。

发展中国家与高收入国家投资份额的趋同既应归功于发展中国家投资率的增加（图 1.2，a），也应归功于发展中国家在全球经济份额的扩大（图 1.2，b）。尽管这个趋势不太可能永远保持下去——欧美在 2007—2009 年的危机后开始的去杠杆化进程终会停止，发展中国家的储蓄和投资最终也将达到上限——但是发展中国家投资在全球经济中的角色很有可能变得更为重要。实际上，自 20 世纪 60 年代以来，如今发展中国家与高收入国家在投资占产出的比例上的差异大于以往任何时期。另外，尽管发展中国家在危机后其投资占产出的比例仍然维持在较高水平，但是发达国家的投资占产出的比例急剧萎缩。最后，有理由相信未来的储蓄和投资流动以及与之相关的资本成本，或许将会稳定在与今天观察到的相距甚远的水平上。

发展中国家占全球投资份额的急剧上升主要归因于中国，其次还有印度，它们经济的巨大规模。此外，由于中国和印度经历了众多发展中国家投资模式的变化，如果忽视对其经验的考察，将有忽视这两国所发生的重要动态变化的风险。但是即便排除这两个发展中的巨人，发展中国家所占全球投资的份额自 2000 以来仍持续增长，目前已达到 20 世纪 60 年代中期以来的最高水平（图 1.3）。发展中国家的投资率自 20 世纪 90 年代的低点后经历了显著增长，包括加纳（由 20 世纪 90 年代的 20% 增长至 21 世纪首个 10 年的 24%），危地马拉（由 16% 增长至 19%）和蒙古（由 31% 增长至 35%）。全球经济作为一个整体正在释放一个明确信号：发展中国家和发达国家的投资表现已经开始趋同，

专栏 1.1　不同测量单位、不同比率：经购买力调整后的投资和以本国货币衡量的投资

本报告中，市场价格反映了投资率，以及潜在的最优资本/产出比。投资率不依赖于产出或投资量的特定测量单位的选择，因为市场价格反映了被选择的数量单位。尽管如此，用特定单位表示投资率也引发了不少兴趣，在很多国家都是以购买力平价（PPP）作为测量单位。

我们很早就认识到，在发展中国家经过购买力平价调整的投资率低于以国家市场价格测量的投资率（Summers 和 Heston，1991）（图 B1.1.1，a）。最近的研究确认了两者的差异主要由于各国产出价格的不同（Hsieh 和 Klenow，2007），这也反映了巴拉萨—萨缪尔森效应所观察到的，较低的发展水平以及与非贸易部门相比可贸易部门较低的生产力水平会导致整体价格水平偏低。另外，总体来说，投资商品在全球进行交易，其在各国的价格差异较小。因此，在发展中国家，投资商品的价格较高，如果投资率使用国际 PPP 单位来表示，投资率（以及资本/产出比）会明显变小，即使以市场价格计算的比率相似。

当发展中国家进行赶超时，市场价格和 PPP 单位间的差异会消失，以 PPP 衡量的资本/产出比会向高收入国家趋同。换句话说，发展中国家的资本量随时间的增加，不仅由于整体生产力的增长，同时也是产出的相对价格增长的结果。对这种重要趋势的解释必须通过使用市场价格的分析，如果使用投资的 PPP 测量可能会导致潜在的数据扭曲（Knowles，2001）。例如，高收入国家和发展中国家间细微的资本/产出比差异在 PPP 修正后会变得更显著（图 B1.1.1，b），即使这种差异没有对经济行为人的投资决策产生影响。

图 B1.1.1　当以 PPP 为标准测量时，投资率差异（a）与资本/产出比（b）更大

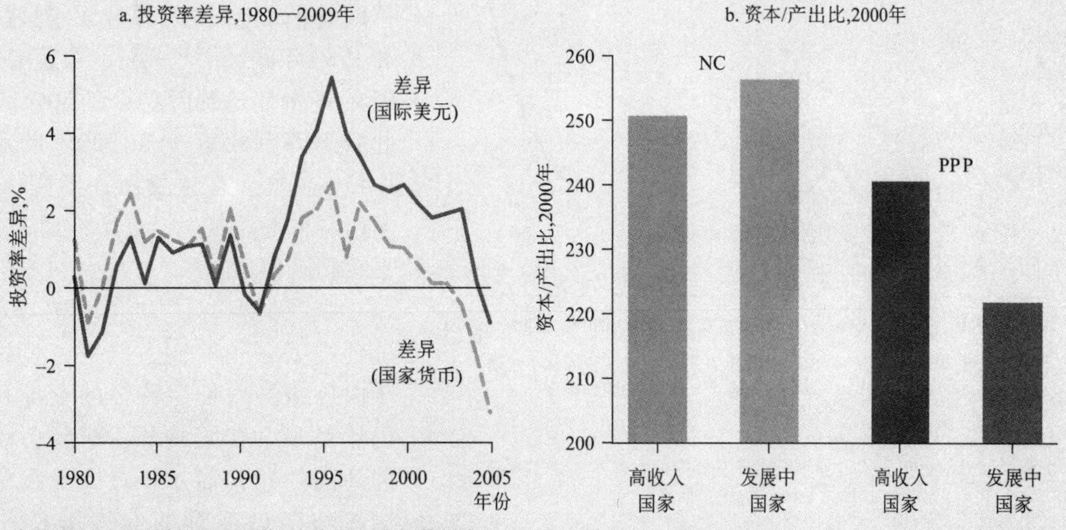

资料来源：世界银行运用“世界银行发展指标数据库”和“佩恩表（Penn World Table）”（http：pwt. sas. upenn. edu/）中数据进行的计算。

注：PPP = 购买力平价。投资率差异的计算为高收入国家和发展中国家（未加权的）平均投资率差异，以国家货币（NC）或者 PPP 调整的国际美元衡量。资本存量的计算采用永续盘存法，并假设 5% 的不变折旧率。加权平均的计算结果与此相似。

图 1.2 发展中国家增长的投资率（a）以及扩大的全球产出份额（b）对其在全球产出中增加的投资份额的贡献

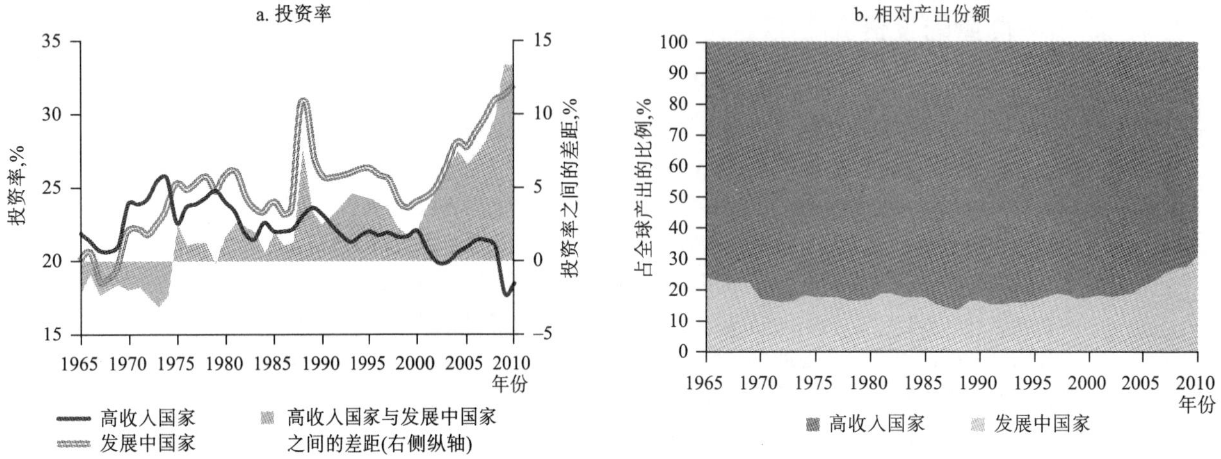

资料来源：世界银行根据“世界银行世界发展指标数据库”中数据进行的计算。

注：发展中国家与高收入国家之间投资的差距，是根据两组国家的投资占国内生产总值（GDP）的比例的差值计算的。

图 1.3 发展中国家投资在全球产出份额的增长并非仅由中国和印度推动

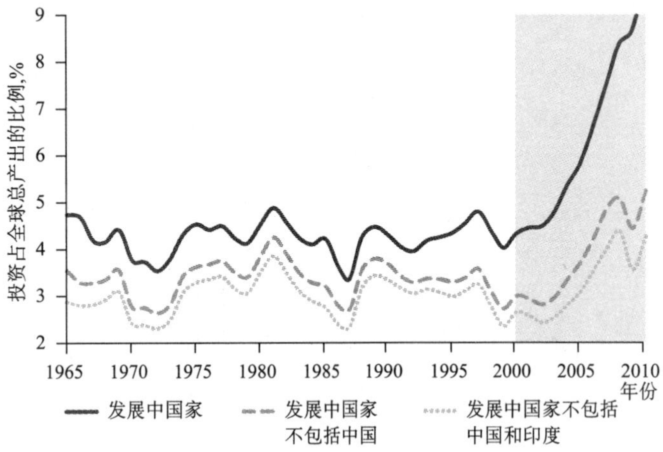

资料来源：世界银行根据“世界银行世界发展指标数据库”中数据进行的计算。

注：阴影部分表示 2000 年以后的年份，趋势的改变就发生在这个时期。（发展中国家样本在 1965—1999 年间，投资对时间的一个简单线性回归为：$I = -0.011t + 21.360$，其中，I 代表总投资，t 代表年份。而 2000—2010 年间的回归结果为 $I = 0.024t - 49.312$。Chow 检验的结果 F 值为 52.06，在 1% 的水平下显著）。

而这一趋势在未来将进一步巩固。

并不否认发展中国家作为整体其投资的明显增长，但许多发展中国家要保持如此高水平的投资仍存在困难。例如，撒哈拉以南非洲地区的中高收入国家在 1965 年和 1980 年间经历了投资的快速增长，其投资在 1978 年达到占 GDP 的 30% 的最高点，此后下降到年均 15%—20% 的水平（图 1.4）。同样，在主要新兴经济体如巴西、墨西哥和土耳其，投资增长均表现得更为平缓和温和。

尽管在某些历史时期投资率的增长的确延续了较长时间，但是以投资率在几年内急速的增长为特征的全球投资繁荣仍然是一个罕见现象。对经历投资繁荣的各国的研究显示，总体上投资的快速增长与随后连续的经济增长并无联系（专栏 1.2）。

中国的增长过分依赖投资的做法曾遭受质疑，特别考虑到中国制造业的相对较低的附加值这一特征（Bardhan，2010）。

因此，中国与其他高投资经济体要想保证其当前高投资率的“软着陆”，有观察认为以投资为中心的经济增长模式必须最终伴随着经济结构的调整（世界银行，2012a）。结构的改变不仅包括投资和生产的部门性转变，也涉及金融市场的发展、经济与社会政治制度以及与全球金融市场的融合等一系列更为根本性的改变。

总而言之，自2000年以来总资本的形成模式在全球范围内经历了重要转变，发展中国家在全球投资的图景中愈加重要。这种转变是由发展中国家比发达国家更强劲的经济增长和两者投资率的趋同所引发的。

图 1.4　不同收入水平的撒哈拉以南非洲国家的投资率的发展模式也不一致

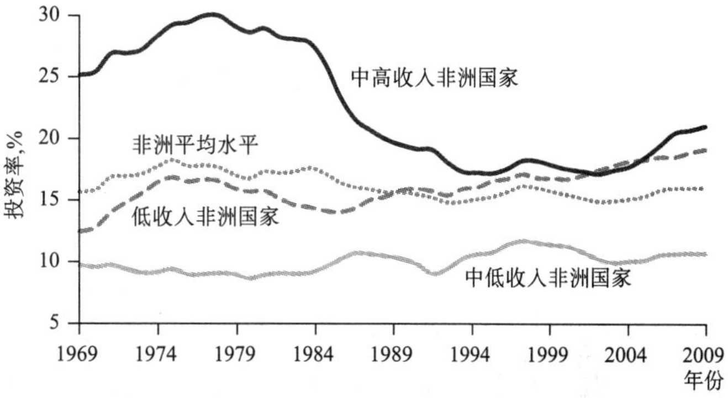

资料来源：世界银行根据“世界银行世界发展指标数据库”中数据进行的计算。

注：投资率是每个收入组的未加权份额。经过GDP加权后的结果的定性分析与此类似。

专栏 1.2　投资繁荣并非总是与持续的经济增长相关

历史上，投资繁荣曾经出现在很多发展中国家和高收入国家（表B1.2.1）。但是，繁荣却并不一定带来持续的经济增长。的确，许多经历过投资繁荣的经济体（定义为在一段时期内投资率的稳定增长，最短持续3年）在后繁荣时期经历了增长乏力（图B1.2.1）。

投资繁荣的国家也包括许多仍然为低收入或中低收入的经济体。有趣的是，中国（自从20世纪80年代改革以来一直保持了高水平的投资）并没能达到所谓的“投资繁荣”的标准，而是伴随偶尔停滞的投资平稳增长。总而言之，过去的半个世纪中，至少发生了38次投资繁荣。

表 B1.2.1　投资繁荣普遍发生于发展中国家和高收入国家

繁荣数量	经济体
1	阿尔巴尼亚、阿尔及利亚、阿塞拜疆、巴哈马、白俄罗斯、博茨瓦纳、乍得、科特迪瓦、喀麦隆、厄立特里亚、冰岛、伊朗、哈萨克斯坦、黎巴嫩、中国澳门、马达加斯加、马拉维、马耳他、摩洛哥、巴基斯坦、巴布亚新几内亚、菲律宾、沙特阿拉伯、塞尔维亚、斯里兰卡、泰国、特立尼达和多巴哥、赞比亚
2	约旦、马来西亚、委内瑞拉、玻利维亚
4	莱索托

资料来源：世界银行根据“世界银行世界发展指标数据库”中数据进行的计算。

注：投资繁荣被定义为三年期间投资占总GDP的份额增长至少2%，最初投资份额至少为GDP总量的10%。

专栏 1.2（续）

图 B1.2.1 许多国家在经历投资繁荣后经济增长乏力

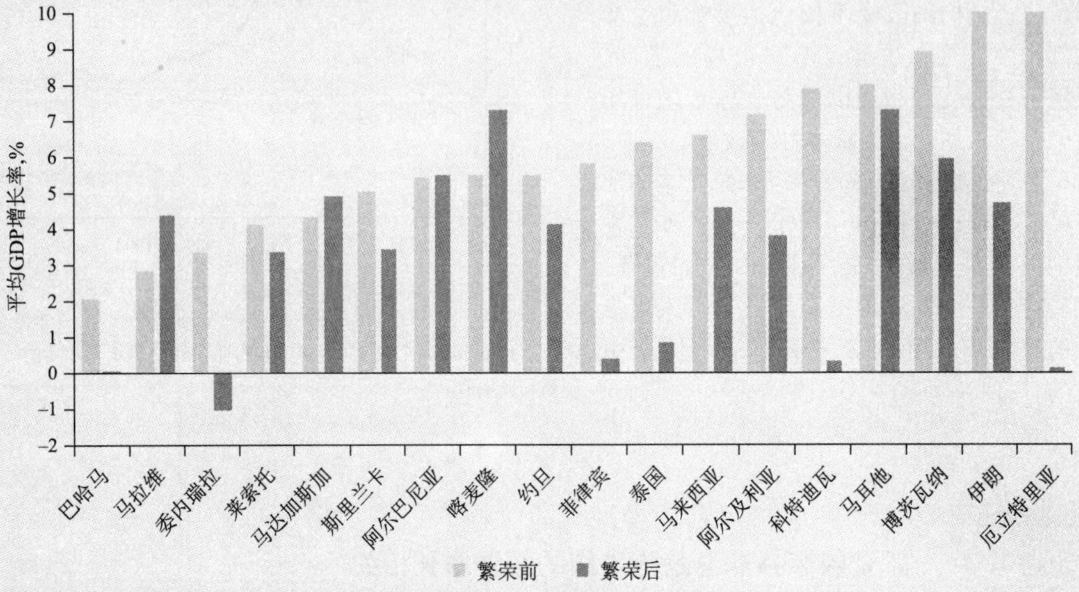

资料来源：世界银行根据“世界银行世界发展指标数据库”中数据进行的计算。

注：1960—2010 年间繁荣前（繁荣后）这一时期的数据，定义为繁荣前 4 年（繁荣后 4 年）的 GDP 增长率。对于那些经历了不只一次投资繁荣的国家，这里体现的是所有繁荣期的平均数字。投资繁荣被定义为投资占 GDP 之比的增长率至少达到 2% 的连续 3 年时间，而且初始投资率不低于 10%。

其中一些投资繁荣已经持续了相当长一段时期。最长的是 2003—2010 年白俄罗斯经历的繁荣。个别快速增长的经济体也经历了投资繁荣，包括 20 世纪 70 年代的委内瑞拉以及 90 年代的马来西亚和泰国。尽管这样，投资繁荣的基本条件在各国并不相同。例如，哈萨克斯坦和沙特阿拉伯大部分地区的投资繁荣源于自然资源，而一些繁荣则是由于房地产（白俄罗斯和黎巴嫩）或者金融资产市场（中国澳门）的升值。在其他国家，比如 20 世纪 70 年代中期在科特迪瓦，公共部门带动了投资繁荣。最后，国外资本的流入也引发了投资繁荣，而这也引发了通常在中等收入国家常见的超涨超跌循环（Tornell 和 Westermann，2002）。

部门性分配正向制造业与服务业转移

当一国收入水平提高，其生产结构将从占支配地位的农业向较大规模的制造业，并最终向服务业为主导的经济结构转型。当平均收入水平提高，投资结构预计将发生类似的转变。自 2000 年以来，资本形成逐渐由农业部门向制造业转移，而作为全球固定投资一部分的制造业，其投资规模扩大了两倍，由 2000 年的 11% 增长至 2007 年的 22%，而全球的农业投资相对停滞（约占全球固定投资的 9%，

图 1.5　全球制造业投资向中低收入国家聚集（a），中国目前占投资的很大部分（b）

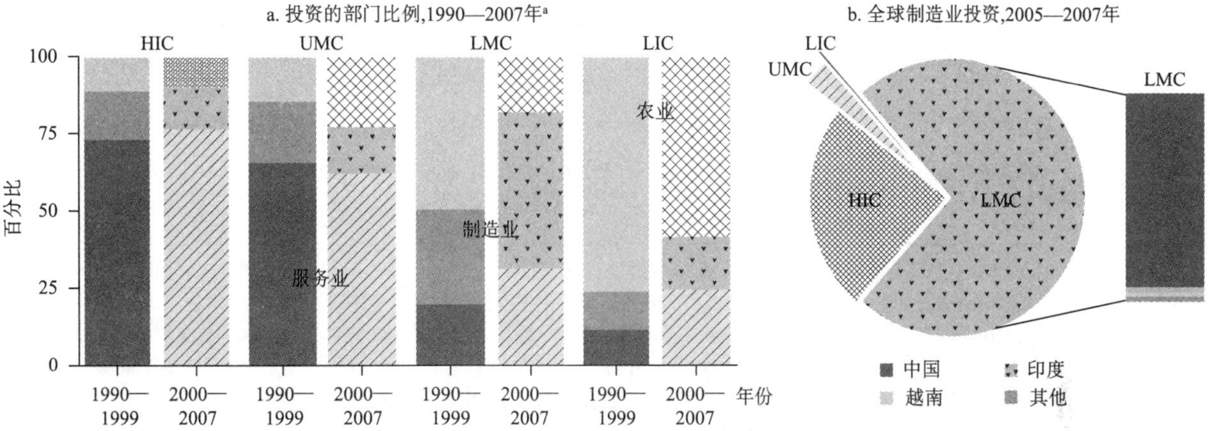

资料来源：世界银行根据“联合国工业发展组织（UNIDO）工业统计数据库”；“联合国粮食与农业组织（FAO）粮农组织统计数据库（FAOSTAT）”以及“世界银行世界发展指标数据库”中的数据进行的计算。

注：HIC = 高收入国家，UMC = 中高收入国家，LMC = 中低收入国家，LIC = 低收入国家。

a. 该比例是每个收入组年度数据的未加权平均值。经过投资加权的结果的定性分析与此相似，但由于中国所占的巨大权重，过高估计了 2000—2007 年度 LMC 组的比例。LMC 组 2000—2007 年度的全球制造业数据平均值只包含了印度在 2005 年的数据（该国只在这一年有数据）。LIC 组在 1990—1999 年度的全球农业数据平均值只包含了塔吉克斯坦 1995 年的数据，因为该国在余后年份的份额出现异常。

20 世纪 80 年代为这一份额的一半）。

尽管制造业投资的重要性增加，但是在过去 20 年中一个相对稳定的特征是全球制造业的投资分布仍然集中在中低收入国家（图 1.5 a）。因此，尽管中国目前占中低收入国家制造业投资的大部分，但当印度和越南（图 1.5，b）等其他中低收入国家通过更多的投资逐步建立起工业基础，中国所占全球制造业投资的份额将会下降。如果撒哈拉以南非洲地区低收入国家能够保持其强劲的经济增长势头，非洲大陆所占制造业投资份额同样也会增加。

当发展中国家工资水平升高，全球投资活动正在经历另一个重要的部门投资模式的转变。在这一转变中，发达国家和发展中国家的服务业都将增长，进而完成由第一产业和第二产业向服务业的转移，以服务业为全球主要投资活动也是后工业化的投资的景象。

投资活动的部门分配的变化很有可能伴随着投资效率的逐步改善。投资在多大程度上被转化为了生产性资本，随着经济的发展这种配置的效率又会大多大程度上得到改善，这些问题往往都被总投资与部门投资的数字所掩盖了。资本使用效率的测量结果显示，在国家之间与国家内部存在明显的差异（表 1.1）。[2]在中国，每增加单位资本配置（资本边际产出或 MPK）将使整体经济的产出变化比率达到 22%。这一比率与印度、印度尼西亚和墨西哥接近，但是远低于土耳其的 MPK（高于俄罗斯的 MPK），这意味着在整体经济范围内，投资在土耳其的使用更有效率（而在俄罗斯效率较低）。

如果这些测量以面值计算，中国和印度尼西亚制造业部门的 MPK 水平较低，在 10% 左右（相对于其他经济并在各自经济体中进行比较），表明在这些国家中，投资配置在制造业中的效率低于农业及服

表 1.1 在发展中国家的整个经济和部门间，资本边际产出存在明显的异质性

	巴西	中国	印度	印度尼西亚	墨西哥	俄罗斯	土耳其
整个经济	0.17	0.22	0.24	0.26	0.27	0.03	0.48
农业	0.28	0.29	0.19	0.14	0.1	0.03	0.34
制造业	—	0.08	0.35	0.11	0.27	—	1.17
服务业	—	8.78[a]	0.19	—	0.24	—	0.19

资料来源：世界银行根据“联合国工业发展组织（UNIDO）工业统计数据库”；“联合国粮食与农业组织（FAO）粮农组织统计数据库（FAOSTAT）”以及“世界银行世界发展指标数据库”中的数据进行的计算。

注：*MPK* = 资本边际产出，－ = 不存在。除非另外注明，数据来自 1991—2007 年。*MPK* 的计算为资本产出弹性调整的产出/资本存量比，对部门 j（或者整体经济内）在 t 年中的计算使用公式 $MPK_{jt} = \alpha_j Y_{jt}/K_{jt}$，这里 Y 和 K 分别为国内生产总值（GDP）和资本存量形成额，α 的计算为在部门或整体经济范围内补偿所占实物资本的份额，不包含自然资本。部门 GDP 的计算为附加值占总 GDP 的份额。在大多数情况下，制造业和服务业的年度数据在整个周期内并不完整，因此，记录的 *MPK* 的计算采用可用数据。计算不包括巴西在 1998—1999 年（金融危机）；俄罗斯在 1996 年之前（转型）和 1999—2000 年（金融危机），印度尼西亚在 1997—1998 年（金融危机）；墨西哥在 1994 年（金融危机）以及土耳其在 1999—2000 年（金融危机）。

a. 由于不存在服务投资的直接数据，服务业投资的数据由总投资剩余和其他两个部门的投资转化而来。因此，造成较大的服务业 *MPK*（对于中国来讲）的原因可能是被低估的服务部门投资而非此部门的高效率。

务业。对中国来说，这一发现的一种可能解释是，其世界一流的装配厂的建设需要高水平的资本形成，最终却以较低附加值的产出作为回报（Koopman、Wang 和 Wei，2012）。在印度尼西亚，管理中存在的问题降低了投资效率，特别是涉及公共部门的项目（Olken，2007）。尽管印度可凭借全球贸易服务享誉世界，但其服务部门的 MPK 并未高于其他部门。巴西农业部门的 MPK 较高，这与证据显示的其农业部门的全球竞争力水平相一致（Rada 和 Buccola，2012）。

由于国家之间的 MPK 差异反映了资本的配置效率，由此造成的资源配置失衡反映在全要素生产率（TFP）差异上，而最近的学术研究也反映了发展中国家的投资效率整体偏低的问题（Caselli 和 Feyrer，2007）。其他对非洲（Kalemi－Ozcan 和 Sørensen，2012）、东欧（Bartelsman、Haltiwanger 和 Scarpetta 2009）以及中国和印度（Hsieh 和 Klenow，2009）的测量结果均说明，发展中国家的公司中的资本配置存在明显的低效。这一结果表明，随着经济的不断增长，发展中国家仍然具有可挖掘的潜在效率收益。

许多发展中国家历史上投资低效的潜在原因是处于优势的公共资源经常作为投资活动的开端。在发展中国家中，公共部门投资率（占其总产出的 9%）远高于发达国家（图 1.6，a）。这一比率在低收入国家中可能会更高，部分原因是其对基础设施的更大需求。在低收入国家中，公共投资率平均比在中等收入国家高 2%。此外，如果低收入国家是商品出口国，政府往往直接投资于资源采掘行业。

然而，公共投资经常无法生产具有经济性价值的资本，即使在公共资本可以带来经济效益的情况下，公共投资支出往往有着严重的错误配置问题（Pritchett，2000）。但是，自 20 世纪 70 年代以来，多数发展中国家中政府在投资中的地位逐渐减弱（尤其在存在“大推动”模式的低

图 1.6　高收入国家公共部门产出的比例要比其他国家组别低（a），但公共部门投资的比例在许多国家间趋同（b）

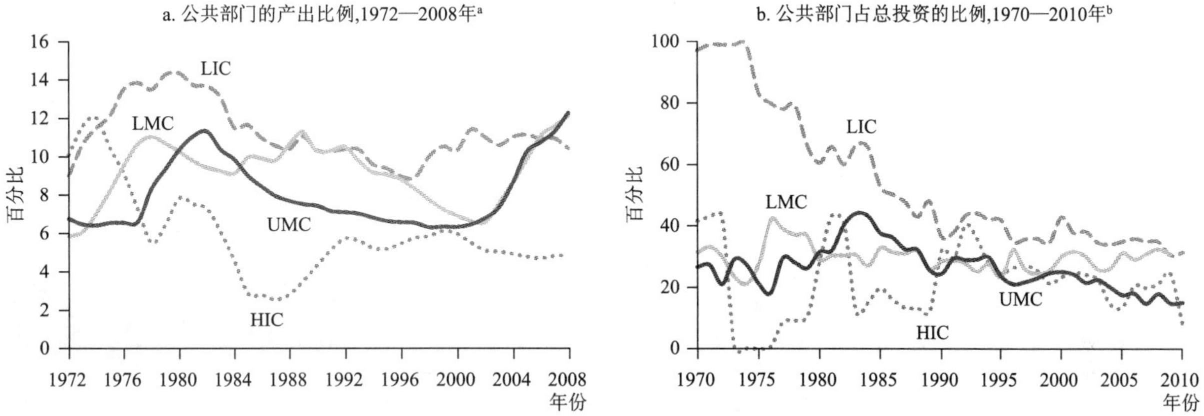

资料来源：世界银行根据“世界银行世界发展指标数据库”中数据进行的计算。

注：HIC = 高收入国家，UMC = 中高收入国家，LMC = 中低收入国家，LIC = 低收入国家。

a. 总产出的（未加权）份额以 5 年移动平均方法计算，因为年度投资相对产出存在波动性。

b. 公共投资的（未加权）份额以公共固定资本形成占固定资本形成总额的比例计算，在统计上不可用的离群数据被剔除。

收入非洲国家）[3]（图 1.6，b）。另外，未来的趋势可能将使政府作用进一步回退：在为大型基础设施项目融资的过程中，对国外直接投资（FDI）的开放程度不断增长，更多的国家也将从低收入向中低收入转移。全球经济的持续发展将增加公共部门投资的下行压力。尽管存在这些因素，但我们越来越明显地感觉到，在一个具有影响力的主权财富基金的多极化世界经济中，国家可以在经济活动整体上发挥更重要的作用（Mostrous、Gue 和 Dittman，2010），这或许意味着政府将更加积极地参与未来的投资活动。

另一个造成未来公共投资率水平偏低的因素，是私人部门更多的参与基础设施的提供，我们称之为公私合作机制（PPPs）[4]。这种合作关系在提高基础设施服务的效率及完善公共资金配置的监管方面是重要的进步（在公共部门尤其缺少这种监管，从而减弱了公共投资对积累和增长的作用）。考虑到公共资本对产出的贡献，提高公共投资的效率对于低收入国家尤为重要（Gupta 等，2011）。一般来讲，基础设施投资的增加能够创造出巨大的潜在产出收益：位于中位数的国家改善其基础设施质量从而达到位于前 1/4 的国家的标准，将使其每个工人的产出增加 7.7%（Calderón、Moral - Benito 和 Servén，2011）。自 20 世纪 90 年代以来，发展中国家 PPP 基础设施建设项目已经非常普遍。

除私人部门长期以来更多地参与基础设施的建设外，由于公共部门在国际金融危机之后紧缩开支，援助流动发挥了更重要的作用。例如，在 2008 年，低收入国家超过 1/3 的基础设施开支来源于金融援助（在中等收入国家这一比率仅有 4%）。但是，当发达国家的政府财政预算持续紧缩，其在未来的 10—20 年内的财政预期并不乐观，传统的捐助来源对基础设施建设提供的支持将明显放缓。这种情况下，巴西、中国、海湾合作委员会（GCC）国家[5]和印度等非传统的双边捐助方，将取

图1.7 在主要发展中国家（a）和大部分基础设施的从属行业（b），私人部门对基础设施的投入随时间的推移而增加

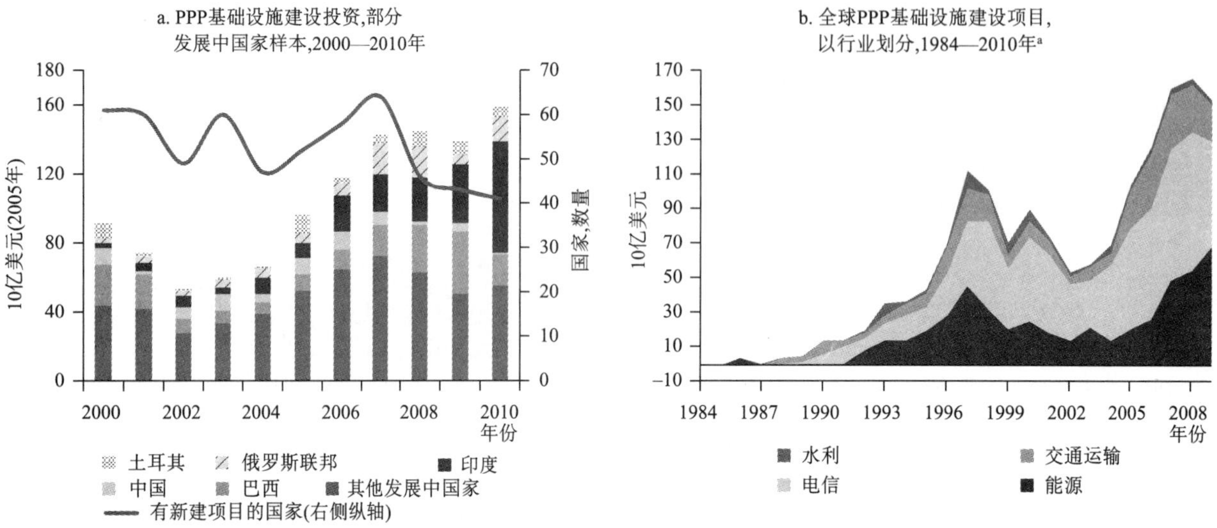

资料来源：世界银行根据“世界银行私人部门参与基础设施建设数据库”中数据进行计算。

注：PPP代表公私合作机制。

a. 2000—2010年度总的全球分布的数据经过美国的居民消费价格指数（CPI）调整，并以2005年实际美元价格给出。

而代之成为非洲基础设施项目的重要资金提供方。

除了PPP项目的诸多收益外，由于目前多数PPP项目局限于电信和能源部门，因此PPP项目仍然难以满足对基础设施更广泛的需求。其中一个原因是私人投资具有高度集中性。能源与电信部门明显从私人投资中受益最多（图1.7，b）。在低收入国家中，3/4的PPP投入在电信行业，而中等收入国家仅有少于一半的PPP投入到电信行业。这种集中同样也体现在地理上，一年中主要发展中国家往往占全部PPP项目的一半以上。自2006年以来印度的基础设施项目一直是私人部门资金最主要的接受方，其次是巴西、中国、俄罗斯和土耳其。[6]

另外，按照净额计算，私人在基础设施的投资往往无法抵消公共部门投资的减少。以巴基斯坦和南非为例，当公共部门的投资下降，其表现在GDP上的基础设施投资急速下跌（增长和发展委员会，2008）。在主要的拉美国家中，基础设施投资占GDP的比例在20世纪80年代和20世纪90年代暴跌，在此之后持续低迷，而智利是例外（图1.8）。

这说明基础设施建设的私人投资和公共投资为相互补充而非相互替代（Calderón和Servén，2010）。由私人提供重要的公共产品的做法在全球仅取得极为有限的成功，这对一些长期以来国家都作为投资（如人力资本，专栏1.3）的重要角色的地区来说，是不要盲目开展PPPs的一个警示。

以PPP为基础的对基础设施的融资所面临的最主要的困难，或许是长期以来这种融资模式都是一个极为复杂的过程。大型基础设施项目的融资涉及多种融资来源、许多公共和私人的承包方、国内和国际法监管的复杂的法律文件以及困难重重的承包和制度设计问题等。

图 1.8　在 20 世纪 80 年代末，拉美主要国家的基础设施投资占 GDP 的比例大幅下降并在随后持续低迷

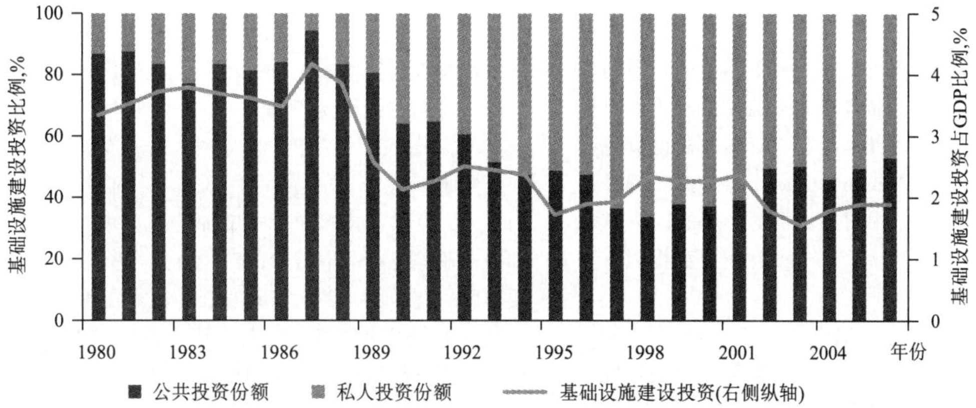

资料来源：世界银行根据 Calderón 和 Servén（2010）中的数据进行的计算。

注：图中的六个拉丁美洲经济体为：阿根廷、巴西、智利、哥伦比亚、墨西哥和秘鲁。

基础设施融资所涉及的多方参与者和多种模式选择带来的复杂性显而易见，而这也体现在中东地区发展的大型能源项目上（专栏 1.4）。基础设施融资的轮廓在过去的十年中逐渐改变，债券发行正在取代传统的银行贷款，在新兴经济体中的银行目前已成为基础设施部门的主要中间机构。在本章随后的部分中我们将重新审视基础设施融资在未来所面临的主要困难。

总之，部门投资模式的转变同样暗示了自 2000 年以来的变化趋势，全球投资由农业向制造业转移，以及在发展中国家公共部门投资的重要性逐渐下降。全球经济正处于向另外一个投资方式转变的关键时刻，这一次的转变是服务业将成为全球投资的重点。服务业不断增加的重要性将通过一系列投资活动得以体现，从与服务相关的人力资本生产到发展中国家基础设施的扩张。

在过去几十年中出现了全球资本存量的重新分布

全球投资份额分配的转变意味着目前的生产性物质资本的存量已经随时间的推移发生改变。[7] 在 1980 年，全球资本（采用永续盘存法测量）[8] 主要集中在发达国家，尤其是美国和西欧（地图 1.1）。到 1995 年，情况开始发生改变，巴西和中国等几个大型发展中国家所积累的资本存量已经与高收入国家的水平相当。最新的数据表明，这一转变已经被进一步巩固。如今，巴西、中国、印度和俄罗斯加在一起约占全球资本份额的 18%，而这一比率超过德国的两倍，并接近于美国的水平。

这一过程远没有结束：资本存量的标准化赫芬达尔（Herfindahl）指数经历了平缓的下降，由 20 世纪 80 年代的 0.08 下降至 2010 年的 0.07，而相似的生产标准化赫芬达尔指数在同时期经历了较大幅度的下滑（由 0.13 下跌至 0.10）。赫芬达尔指数这一缓慢的变化说明资本和财富继续集中于工业化的高收入国家，这是 19 世纪和 20 世纪资本积累的遗留效果。然而，随着发展中国家的经济规模继续扩大，净投资的注入所带动的资本存量的增长，全球资本分配逐渐变得更加平等的过程将会在未来持续下去。

专栏1.3 人力资本的投资是经济增长的来源

虽然本报告的重点为实物资本投资，但同时也需要认识到人力资本的积累会刺激经济的增长和发展。尽管人力资本与实物资本一样也具有收益递减的特点（Mankiw、Romer 和 Weil，1992），但一些学者认为，由收益增加而形成的内生增长可以通过内嵌于人力资本中的知识外溢得以实现（Romer，1990）。

在过去20年中，高收入国家对人力资本的投入（无论以绝对数量还是相对数量）都超过发展中国家。1990—2009年，高收入国家对人力资本的平均投入为其总投资[a]的35%，而发展中国家在同一时期的投资为前者的一半（图 B1.3.1）。事实上，最近10年发展中国家对人力资本投资只有微量增长，(从10年前的17.3%）达到19.6%。由于人力资本在技术配置中增加的重要性，即使如制造业等资本密集型的部门中，人力资本的重要作用也在增加，因此需要发展中国家在未来调整其资本分配的决策。对人力资本投资的增长，会带动服务部门投资水平的提高，因为教育和研究与开发（R&D）被归为服务。

a. 目前国民收入的会计处理是将这些部门支出归类为消费而非投资。为了专栏1.3的目的，总投资的计算将这些支出包括在投资中。

图 B1.3.1 高收入国家和发展中国家，对人力资本和实物资本的投资，1990—1999年和2000—2010年

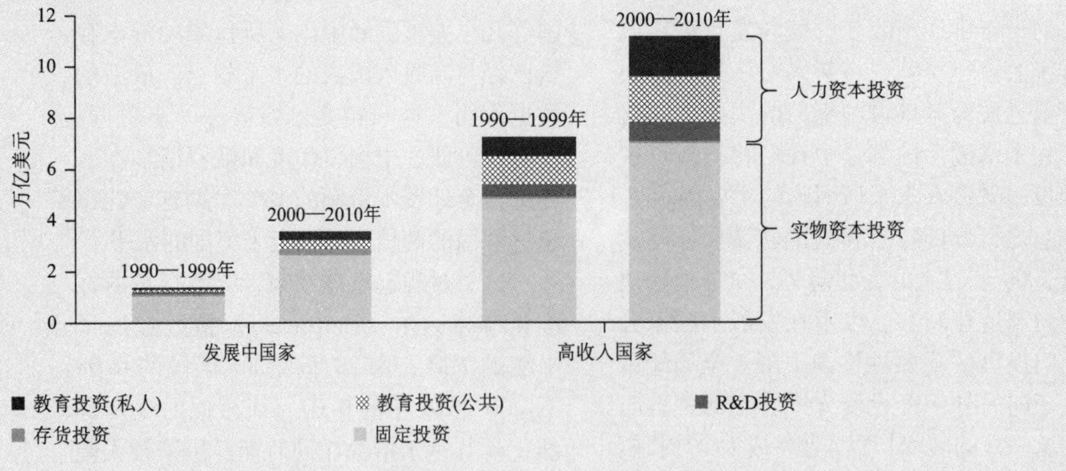

资料来源：世界银行根据“世界银行世界发展指标数据库”和“世界银行 EdStats 数据库”中数据进行的计算。

注：私人和公共教育投资以及研究和开发（R&D）投资，是以这些部门的分别支出衡量的。

尽管在资本的全球分布不均衡消失之前，资本存量的分布提供了对可能获得的累计投资的一个重要视角，但是高收入国家拥有更加充裕的资本并不能说明这样的资本分配就是低效的。最终，资本必须以生产为目的，与劳动力（和其他投入）相匹配。如果一个国家的可用资本和劳动力（对人力资本的差异进行调整）存在明显的不平衡，那么必然导致资本短缺。

因此，关注经过效率调整的资本存量

专栏 1.4　中东的能源项目融资：多方以及多模式的方法

在中东开展的与基础设施融资相关的大额能源项目表明了大规模基础设施融资操作的复杂性。项目涉及了多方的本地与区域投资者，融资所基于的资本结构包括了直接股权、债券发行、银团贷款、出口信贷（直接的和隐蔽的）的部分成分以及伊斯兰融资（表 B1.4.1）。同时，定价结构也非常复杂。比如，大多数项目，将价格与伦敦银行同业拆借利率挂钩，其部分利润根据项目所处的阶段而改变。

2009 年中东项目融资的整体恢复表明了良好的、值得信赖的项目仍然具备在全球紧缩的信贷环境中进行长期融资的能力，特别是当项目采用了形成辛迪加这种创新型的方法。例如，在 Shuweihat 2 独立的水电项目中，日本 Marubeni 参与股本赞助协议确保了从日本国际合作银行融资的关键贷款部分。RasGas 项目是项目第二次寻求融资，第一次是 1996 年提供的 70—30 债权（Dailami 和 Hauswald，2007）。

表 B1.4.1　中东最大的五项金融交易，2009 年

	行业	国家	价值（十亿美元）	融资成分（十亿美元）	援助者（国家，比例）
海豚天然气管道	石油和天然气	阿联酋	4.1	债券（1.3）；银团贷款（1.4）；担保贷款（0.2）；股东贷款（1.2）；	穆巴达拉公司（阿联酋，51%）；Total 公司（法国，25%）；西方石油公司（美国，25%）
Shuweihat 2 IWPP	电力	阿联酋	2.6	银团贷款（2.1，两批次）；援助股本（0.5）	阿布扎比水电公司（阿联酋，60%）；苏伊士水利公司（法国，20%）；Marubeni 公司（日本，20%）
Rabigh IPP	石油和天然气，电力	沙特阿拉伯	2.5	银团贷款（1.9）；援助股本（0.5）	ACWA 电力公司（沙特阿拉伯，40%）；Kepco 公司（美国，40%）；沙特国家电力公司（沙特阿拉伯，20%）
Ras Laffan LNG 项目	石油和天然气	卡塔尔	2.2	债券（3 年期 0.5，5 年期 1.1，10 年期 0.6）	n. a
AL DUR IWPP	电力和海水淡化	巴林	2.2	银团贷款（1.3）；高级公债（0.1）；援助股本（0.6）	苏伊士水利公司（法国，40%）；新加坡政府产业投资有限公司（新加坡，20%）；SIO 公司（巴林，10%）；Cap Mgmt Hse 公司（巴林，25%）；基础设施投资公司（巴林，5%）

资料来源：世界银行根据“私人金融投资数据库”数据进行的计算。

注：IPP = 独立电力项目，IWPP = 独立水利和电力项目，LNG = 液化天然气，n. a = 无数据。

的分配而非仅关注存量本身，将为我们提供不同的信息。例如，东亚和太平洋地区由于中国巨大的经济规模而拥有大量资本存量。但是，一旦资本存量按照有效单位劳动力进行调整，这一地区的每个高效工人人均资本将落入低分布区间（图 1.9）。

地图 1.1　过去 30 年间，全球资本存量的分布已经逐渐向发展中国家转移

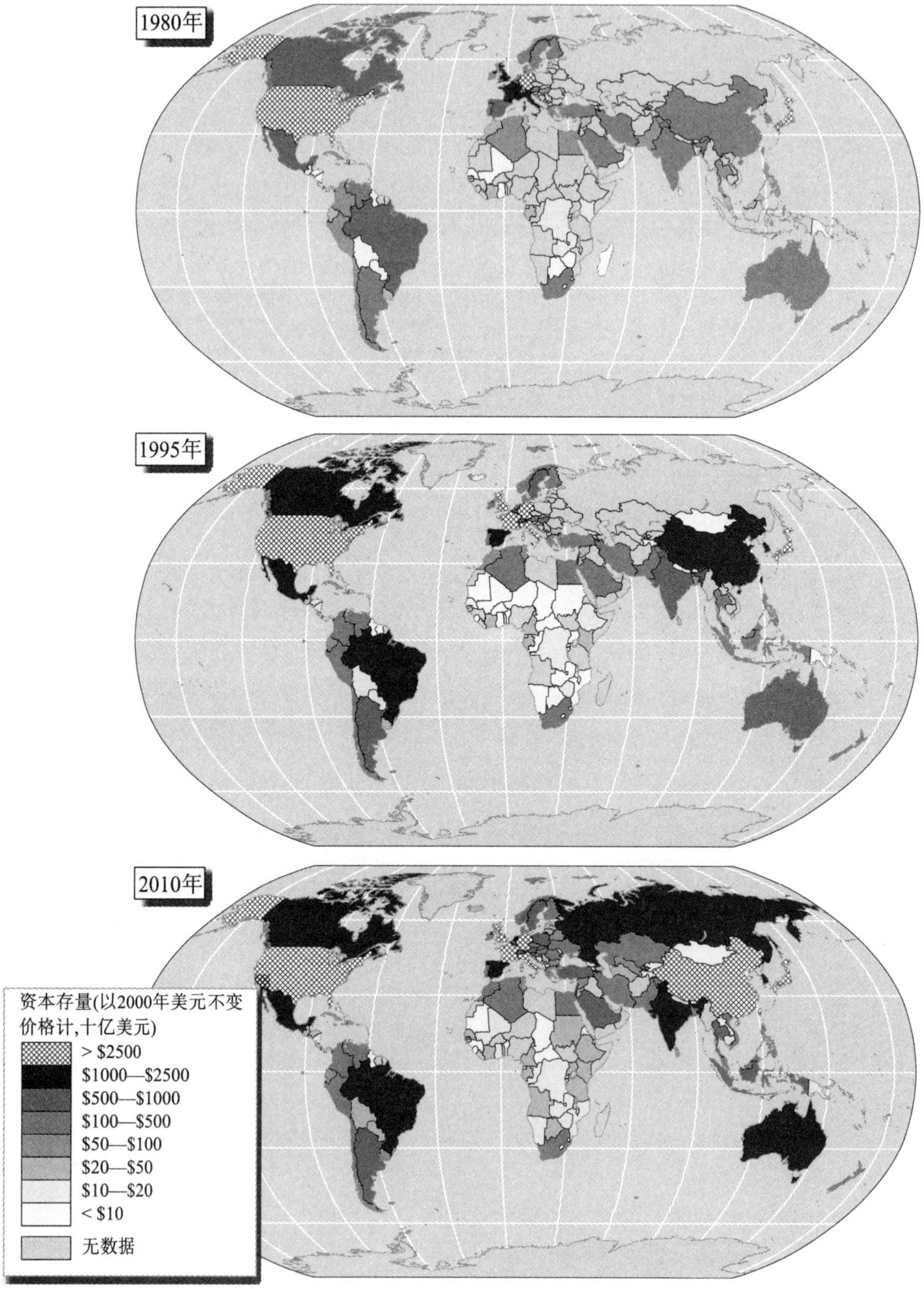

资料来源：世界银行根据“世界银行世界发展指标数据库”和“世界银行全球经济监管数据库”中数据进行计算。

注：资本存量用永续盘存法，假设以 5% 的不变折旧率进行计算。在相应的投资系列上没有足够数据的国家，运用投资平减指数对 GDP 平减指数的回归，以及投资数据进行回溯计算。2010 年的数据即为或者是 2010 年，或者是自 2006 年以来最近的一年的数据。

而中东和北非的情况正好与之相反。最后，尽管撒哈拉以南非洲地区的资本存量远低于其他地区，但是这一地区单位工人的人均资本仍高于南亚。

经过效率调整的每劳动单位的资本存量的差异说明，在对未来的资本需求进行分析时，考虑互补要素变化的重要性。例如，未来拉美可能将经历较低的投资需求，特别是因为即将到来的人口结构转变（更多细节在第 2 章中讨论）意味着补充性劳动力的缓慢增长。与之相反的是在非洲和南亚等地区由于预期劳动力的增长，将会产生更多资本需求。而在东亚等资本存量充裕的地区，仍然有更多资本累积的空间。

单位工人资本的长期增加同样对工人的整体福利具有重要意义。在 1950 年，美国作为技术上领先的国家，其每个工人平均对应于相当于价值 72400 美元的，机械、工厂和设备等形式的资本（以经过 PPP 调整的国际 2005 年美元计算），而智利和墨西哥等国在 2008 年达到了这一水平。工人福利的追赶在与其他高收入国家相比时更为明显。如今在马来西亚平均每个工人所对应的资本少于法国工人在 1975 年的 20%，并且并未把整体资本商品质量的改进考虑在内。即使在孟加拉国等低收入国家，工人工作所使用的平均资本仅相当于英国工人在 20 世纪 80 年代所使用资本的 1/10。

尽管净资本存量将在未来 20 年中继续（缓慢）趋同，但是发展中国家和高收入国家单位工人的资本存量差异不一定会缩小，尽管两者之间的差异已经比过去任何时期都要小（地图 1.2）。出现这种情况是由于发展中国人口的增长将抵消其资本存量相当平缓的增长，因此成为单位工人资本存量趋同的减速器。

图 1.9　用不同分布中经过效率调整后的劳动力单位调整的资本存量与资本存量本身之间的比较

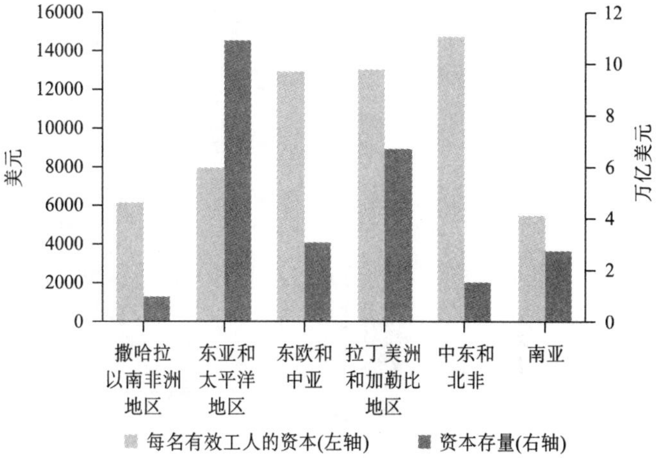

资料来源：世界银行根据“世界银行世界发展指标数据库”和“世界银行全球经济监管数据库”中数据进行计算。

注：资本存量为 2010 年（或最近的）数据，对地区整体运用永续盘存法，假设按 5% 的不变折旧率进行计算。有效劳动单位是用劳动年龄人口在劳动市场的参与率进行计算，并用现在人力资本存量（以 15 岁以上人口的平均教育年限来衡量）的回报率进行调整。每有效劳动单位的资本存量是每个地区的简单平均值。

全球投资的长期驱动力

由于投资起到预期未来繁荣的信号的重要作用，自该学科出现以来投资的研究便成为宏观经济学的重要研究对象。凯恩斯（1936，第 161 页）把投资背后自发的与不稳定的力量称作“动物精神”。但是经济行为人对投资活动的长期决策背后的驱动力量，并不完全是一个黑箱。投资活动的传统模型诉诸于宏观经济的决定因素，如增长率和资本的实际成本（Jorgenson，1963）、资本的影子成本（Tobin，1969）、不确定性（Lucas 和 Precott，1971）以及名义变量，例如，资产价格（Dixit 和 Pindyck，1994）和货币供给（Holmström 和 Tirole，1997）。

地图 1.2　目前每个工人资本存量的分布比过去任何时期都要平均

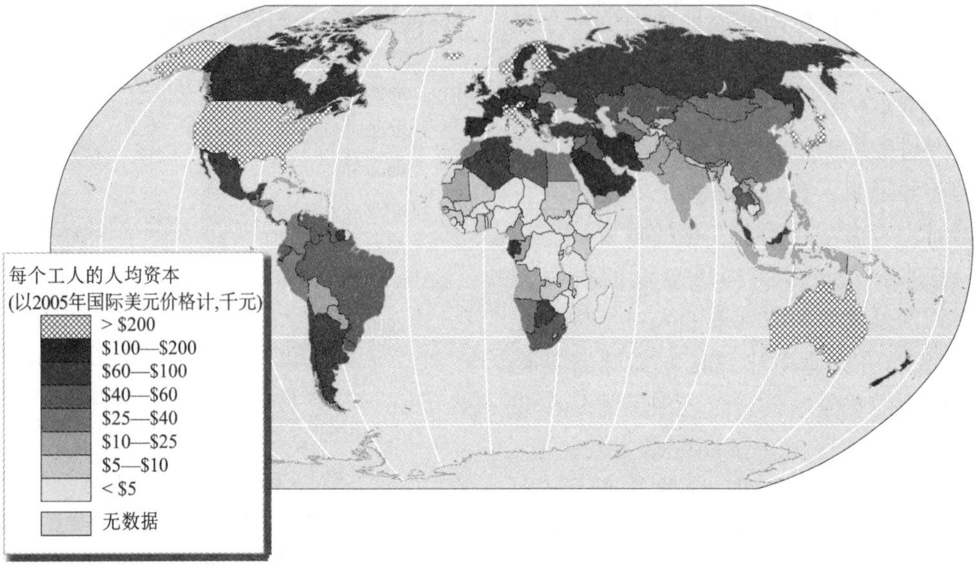

资料来源：世界银行根据“佩恩表（https：//pwt. sas. upenn. edu/）”中数据进行计算。

注：数据来自 2009 年。资本存量用永续盘存法，假设按 5% 的不变折旧率进行计算，并以 2005 年（Geary – Khamis）国际美元表示。

在世界范围内，投资最终将受限于储蓄。这一事实意味着全球储蓄模式的独立变化将直接影响全球投资活动的范围。例如，全球储蓄在未来几年的减少同时也意味着全球投资的减少。然而，一心专注于全球储蓄的供给可能会产生一个关键问题，即在储蓄供给一定的情况下全球投资将如何在国家间分配。全球投资组合的分配将受到两个相互抵触并可能抑制经济体中投资活动的力量的制约：由收益率递减造成的对更多国内投资的抑制（Kraay 等，2006）和阻碍资本跨国流动的摩擦因素，这两个方面都将造成国家间预期回报的差异。理解导致国家间预期回报差异的原因，是预测经济体吸收投融资能力的关键。

宏观经济增长的差异是故事的核心。经济增长较快的经济体倾向于增加投资并能吸引更多的国外投资。尽管增加的投资并不会自动转化为经济增长（Easterly 和 Levine，2001）[9]，但是当预期未来存在收益机会时，公司会增加当前的投资，因此，更多的投资在本质上与增强的经济活动相关。生产力提高会推动更快的增长和更多投资活动，并促进整体经济持续的结构改革。增长和投资的关系可能是实质性的：经济计量的检验结果显示，其他变量不变的情况下，经济增长每额外增长 1% 与投资率增长 0.2% 相联系。

结构因素是投融资的分配变化的重要动力

由于发展中国家投资经验的异质性，即使是对那些具有相似的经济增长速度的经济体来说，很明显经济增长并不能完全解释所有投资活动。进行任何投资活动的机会成本，在于全球范围内其他可投资机会的吸引力，而其吸引力内嵌于其他投资机会的资本预期回报。预期回报的差异不仅取决于国家间的经济增长差别。一个经济体相对于其他经济体所提供的资本收益率极为重要[10]。另外，国家间的结构因素，特别是其金融发展水平和整体制度环境的差异也影响投资的预期收益，因为这种结构因素也会区别不同国家的发展命运。[11]

有两个非常重要的结构因素会对投融资造成负面影响：较低的金融发展水平以及制度建设的不足。这两个因素导致安全性与可投资资产的（实际上或感觉上）不足（Caballero，2008）。在新兴国家这是一个长期问题，它所产生的不稳定可能超越国界之外：对安全投资机会的追逐能够压制长期的实际利率，降低全球储蓄配置的效率，在创造安全资产的国家引发投机泡沫以及导致不可持续的全球失衡（Caballero、Farhi 和 Gourinchas，2008）。总之，实践经验证实了结构因素对决定一个国家能够吸引到的投资数量起到的核心作用，同时对为何国家间投资的表现会有如此大的差异提供了一个可能的解释（专栏 1.5）。

从跨国数据来看，这两个因素对世界投资活动的重要性显而易见。通过经济发展，国家将建立更加成熟和复杂的金融系统，而金融水平的提高，反过来将提高其投资率。这种关系在发展中国家尤其明显，尽管信贷供应的变化长期以来同高收入国家的投资率同样密切相关，而 2000 年后信贷供应在发达国家快速增长期间是例外（图 1.10）。经济计量分析说明，金融发展水平提高 10% 将使投资增加高达 3.3%。

投资也与整体制度环境的质量正相关（图 1.11）。过去 10 年中发展中国家在这一方面取得了巨大进步：根据世界银行全球治理指标，[12] 从 1996—2010 年，发展中国家对腐败的控制以及法制的改善提高大约 4%，而发达国家下滑了大约 1%。尽管在发展中国家仍然存在治理的挑战，但是这些改善将改变其未来可能的投资路径。经济计量分析指出实际投资活动，即使控制了其他一系列干扰因素后，仍然在统计上显著（图 1.11）。制度建设水平每提升 10%，实际投资会增加高达 1.6%。

最后，国家对境外资本的开放也会增加本国的投资。当一国经济进一步融入全球市场，特别是对于较小和较为贫穷的经济体而言，FDI 将起到对其未来投资的拉动作用。如果全球资本市场的摩擦进一步减小，跨境资本流动（仍然）是这种情景下全球市场的一小部分（Lucas，1990），但是如果金融全球化按过去 20 年的速度进行，将对资本流动的模式造成显著的影响，正如我们在第 3 章所讨论的那样。

投资者情绪是塑造未来投资变动的重要因素

对投资行为背后凯恩斯所谓的“动物精神”的一种理解，是这种精神或许体现在对未来投资变动的预期中。投资者的情绪从根本上是基于对未来增长前景的预期以及这种前景的不确定性。这些期望并不能通过对可观测变量的经济计量分析而轻易获得，但是可以通过其他方式来梳理投资者情绪。因此，尽管在报告中使用的 Linkage 模型无法准确模拟出投资者情绪的影响，但是关于情绪在塑造发展中国家未来投资中所起的作用，其他方法为我们提供了部分线索。一种方法是通过测量

专栏 1.5 结构要素影响国内投融资的分配

传统投资模型对投资活动的解释依赖于标准宏观经济的决定因素，如产出、经济增长和资本的实际成本。但是，由于宏观经济变量受周期性冲击的短期性的影响，传统模型所捕捉到的因素的影响可能在长期内消失。同样重要的是，早期模型无法捕捉到信息不对称和不完全市场的潜在影响，而这一缺陷被最近的投资模型修正。

最近的研究强调了不确定性和市场不完全性的重要作用，并暗示了对结构变量如何在全国范围内影响总投资这一思考的必要性。在结构变化如金融部门的中间储蓄能力差异（Dailami，1992）、强化合同执行的法律框架（Cooley、Marimo 和 Quadrini，2004），产权（Besley，1995）以及商业与制度环境（Acemoglu、Johanson 和 Robinson，2005）中往往能够发现这种摩擦力的根源。对经常账户非常关键的经济开放，可能也会对长期投资活动造成影响（Chinn 和 Prasad，2003）。

结构因素的差异可能会潜在地改变任何特定国家所接受的投融资的流动。任何寻求解释跨国投资模式的成功模型都需要考虑到三个主要问题：第一，该方法必须将利率在国家间的差异作为其核心包含进来。第二，为了解释影响预期收益的附加因素（但并非全反映在利率中），此模型应将国家间有系统性差异的经济和结构变量补充进来。第三，此方法应当解释可能会出现在不可见变量中的显著差别，还有解释变量中的潜在内生性。尽管没有单一的模型可以同时考虑到这些不同的注意事项，但是这份报告依靠计量经济学的方法为利率的主要变量指定一系列的可信系数。

正式分析（发表于《全球发展地平线》[GDH] 附录 1.3）表明虽然并非所有结构变量都对投融资的全国分配产生了影响，但有一些明显做到了。一个重要的因素是金融发展的角色：当金融发展的水平提高后，投资也趋于增加。这与文献（Benhabib 和 Spiegel，2000；Levine，2005；世界银行，2012b）的发现相一致。这些文献表明，在所有相关关系中，金融发展尤其对资本形成存在因果影响。整体的制度环境似乎也对驱动投资有着重要的作用。例如，Mauro（1995）已经证明普遍的腐败会导致国家间层面上的投资水平更低，而 Besley（1995）用加纳的例子说明了同样的道理适用于产权制度的强度。制度和投资增长之间更易存在更普遍的，强劲而积极的联系（Acemoglu、Johnson 和 Robinson，2005），特别是那些有助于经济自由化的联系（Dawson，1998）。

“托宾 Q”值来考察资本的隐性（或影子）成本。[13]托宾 Q 值的测量结果显示了金融市场参与者对投资的条件性预测。[14]显著高于单位值的 Q 值暗示对未来投资机会的乐观预期，如果 Q 值明显小于 1 则相反。对发展中国家的托宾 Q 值的计算表明，投资者预测许多发展中国家将延续积极的增长前景（专栏 1.6）。

另外一种理解投资者情绪重要性的方式，是考察临时冲击的不确定性对未来投资的影响。考虑到 2007—2009 年的金融危机经常被与投资者信心的下降相联系，这种方式特别具有相关性。这一机制的隐含逻辑被理解为：资本投资本质上是决定何时执行一个不可逆转项目的期权，这取决于其未来盈利能力的不确定性（Dixit 和 Pindyck，1994；McDonald 和 Siegel，1986）。[15]因此，对未来经济前景的不确定性上升可能将导致总投资的减少，因为公司会通过推迟资本形成的决策以保留它

图 1.10　发达国家与发展中国家的投资率和金融部门发展水平的发展路径十分相似

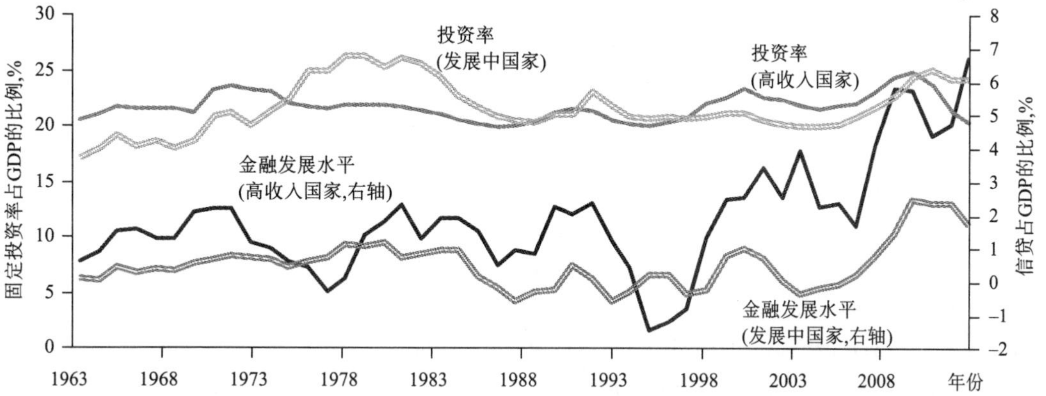

资料来源：世界银行根据“世界银行世界发展指标数据库”和“世界银行全球经济监管数据库”中数据进行计算。

注：投资率定义为固定投资占 GDP 的比例，金融发展水平的改变定义为国内对私人部门信贷占 GDP 比例的年度变化的 3 年移动平均值。这两个值对两个国家组都未加权平均。

们的期权价值。[16]独立于生产力冲击的不确定性的巨大变化本身，就可能会冻结投资活动并造成急速的衰退（Bloom，2009），而且就算实际利率保持稳定的情况下也能产生影响（Fernandez - Villaverde 等，2011）。总的来说，实证分析表明不确定性对投资的确具有腐蚀性（Carruth、Dickerson 和 Henley，2000）。不确定性对发展中国家宏观经济的波动（Aizenman 和 Marion，1999）、实际汇率的不确定性（Serven，2003）以及商品价格的波动（Claessens 和 Duncan，1993）产生了明显的影响。

不确定性造成的负面影响不仅仅局限于短期。对由经济不确定性引发的瞬间冲击的模拟的投资反应显示，尽管不确定性对投资的影响在高收入国家更为显著，但是在发展中国家冲击带来的负面影响同样明显（专栏 1.7）[17]。

图 1.11　投资和制度质量之间存在正相关关系

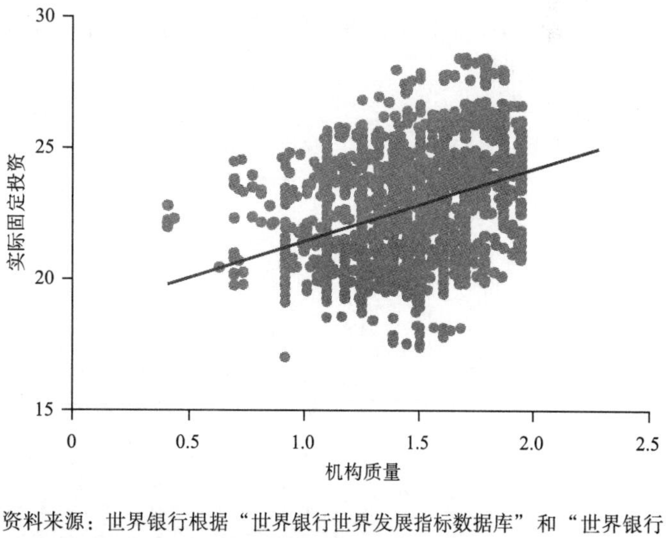

资料来源：世界银行根据“世界银行世界发展指标数据库”和“世界银行全球经济监管数据库”中数据进行计算。

注：采集了 1980—2010 年间所有国家的数据。这个图表是实际固定投资与制度质量的二元散点图，带有线性回归线。投资率定义为 2000 年美元计价的固定投资，制度质量是对腐败和法律监管的（主观）衡量的简单平均。这两个变量都取了对数，未加权，在标准水平下的二元和多元回归都显著。

专栏 1.6　发展中国家的“托宾 Q”值表明了乐观的增长前景

在一定程度上，托宾 Q 作为一个合理的（中期）条件预测，发展中经济体对托宾 Q 的跨国测量展现了一个关于发展中世界投资前景的喜忧参半的图景。一方面，很明显较低收入国家平均拥有更高的平均 Q 值（图 B1.6.1），这与低收入国家未来投资预期的增长相一致（虽然没有形成报告，发达国家的 Q 值通常围绕统一的均衡一致价值而波动）。此外，测量的 Q 值在一些快速增长的发展中国家——如孟加拉国（3.55）、巴西（2.60）、中国（2.08）、印度（2.14）和印度尼西亚（1.87）——比发展中国家的平均水平（1.53）高，这与在这些国家中的预期投资前景总体比较乐观相一致。另一方面，一些东欧国家的托宾 Q 值表明这一地区投资的市场预期依旧谨慎，这反映出欧洲金融和债务危机持久的负面溢出影响。

必须谨慎的是，不要太过依赖于对国家未来投资的单一和不成熟的测量。发展中国家的金融市场通常并不完整和更加低效，这几乎是发展中国家的定义，而这会降低托宾 Q 计算所依赖的基于市场估价的方法的预测价值。对发展中国家公司的更高估价更可能反映的是无形资产——比如政治资源或垄断租金——而不是美好的增长前景。投资率和托宾 Q 之间的关系在高收入经济体中非常紧密，而在发展中经济体中却弱很多，这的确会限制对测量的预测能力的自信。然而，90% 的 Q 值测量水平高于统一值，这些计算的整体信息就是，投资者预期发展中国家将有一个持续和积极的增长路径。

图 B1.6.1　低收入国家平均拥有更高的平均托宾 Q 值，反映了市场对更大增长潜力的预期

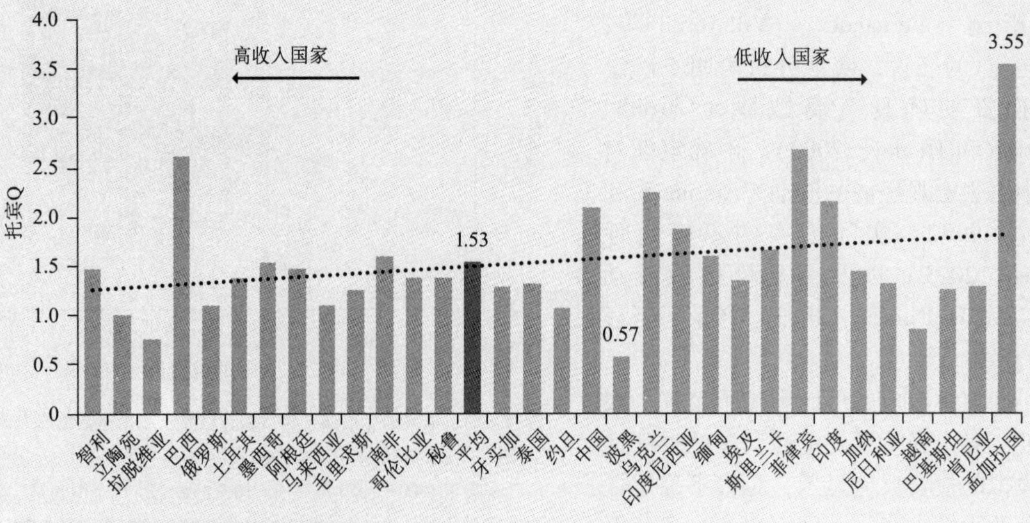

资料来源：世界银行根据“彭博（Bloomberg）数据库”中数据进行的计算。

注：数据为 2010 年的。国家水平的平均托宾 Q 值的计算，是用总市场价值与该国的公共公司的资产账面价值之比的平均值，超过两个标准差的离群数据被剔除。国家按人均收入的降序排列，以 2010 年美元不变价格计。所包含的国家受限于可获得的数据范围。发展中国家的平均值是可用数据的简单平均。线性趋势线的可能的斜率表明，人均收入更低的经济体有更高的托宾 Q 值。

总之，现存有关投资的文献说明，最近所观察到的投融资在不同国家间的差异，特别是投资向发展中国家转移和向第二产业转移的变化，可以通过考察国家间增长率的差异和资本的相对回报率（这种相对回报应被理解为不仅包括可观察到的国家间相对回报率的差异，还包括结构性因素），以及无法观察到的投资者的情绪差异得到解释。因此，总的来说，到2030年全球范围内以及国家层面投资的整体模式，将取决于全球储蓄的供给和国家对资本的特定需求。下一节将回到这个问题。

专栏 1.7　不确定性的瞬时冲击如何对投资产生长期影响

不确定性的负面影响不仅局限于短期。模拟投资对经济不确定性的瞬时冲击的反应显示出，尽管对高收入国家来说不确定性似乎对投资有着更显著的影响（图 B1.7.1，a），发展中国家也未能幸免，在发展中国家中，不确定性冲击的负面效应会在大约 8 年后显现出来（图 B1.7.1，b）。对这两组国家来说，不确定性冲击都颇具持续性，其产生的影响在冲击过后很长时间才会消失。此外，结果还表明，不确定性更根本性的转变可能对投资造成更加不利的影响。

图 B1.7.1　在高收入国家和发展中国家中，投资率对不确定性增加的反应

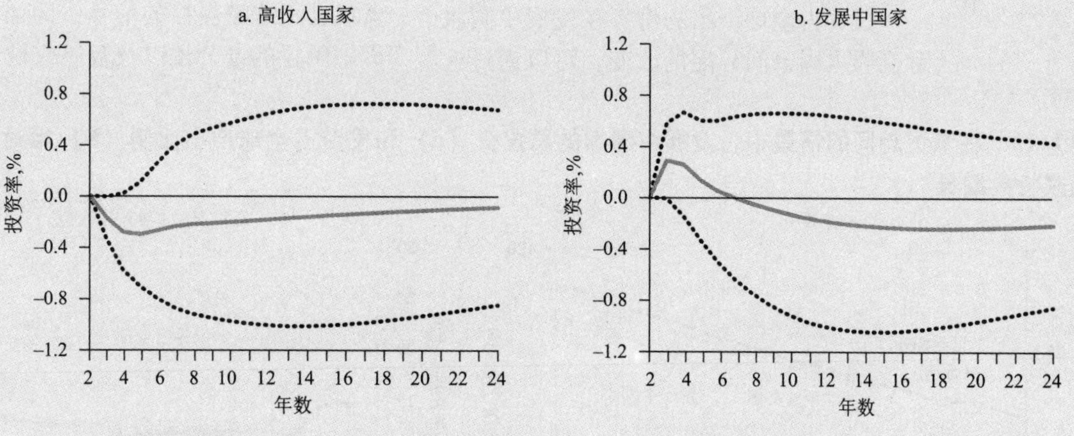

资料来源：世界银行。

注：投资率被定义为固定投资占 GDP 的比例。不确定性的增加是对不确定性一个标准差的冲击，用 GARCH（1，1）模型来测量。条件变量包括：通货膨胀率；实际汇率；以及农业、金属和能源的居民消费价格指数（CPI）。图中显示，即时反应是一个标准差的变化（蓝色实线），误差区间为 +/− 两个标准差（红色虚线），时间长达未来 25 年。这个结果是用带有根据赤池信息量准则（AIC）选取的两个滞后期的水平向量自回归模型（VAR）得出的。关于这种估计的细节请见全球发展地平线在线附录 1.4。

未来投资机会的变化

渐进趋同的情景：非常稳定全球投资率以及国家层面的异质性

在2007—2009年的全球危机造成经济减速后，本章所展示的情景分析表明全球投资将会恢复并有稳步上扬的趋势，其增长率与整体产出一致（图1.12，a）。到2030年，全球投资总量将为25万亿美元（按2010年美元不变价格计），其中发展中国家占总量的2/3（15万亿美元）。按绝对价值计算，发展中国家的投资将在2015年左右超过高收入国家。全球投资率将基本保持稳定，并符合全球储蓄率（22%）的变化趋势（图1.12 b和第2章）。随着发展中国家投资份额的不断扩大，发达国家的投资/全球总产出比预计将经历明显下降，由12.0%减少到9.1%。

投资占全球产出的份额在发展中国家和高收入国家间分配的改变，可以通过这一变化中的两个重要部分加以理解：发展中国家和高收入国家投资率的改变以及两者相对规模的变化。发展中国家份额显著提高的实际原因是其相对规模的增长。高收入国家投资占其产出的份额将会有0.7%的轻微下降（由17.5%下降至16.8%），而发展中国家的相应下降将更加显著（由32.2%下降至30.1%），因此，由于发展中国家对高收入国家的经济赶超，使其投资占全球总产出的份额增加。到2030年，发展中国家的经济规模将从2010年占全球经济的1/3增长至近一半。

正如中国对于发展中国家投资的快速增加所做的贡献一样，中国也将造成发展中国家未来投资率的下降。发展中国家将从48%的高投资率（2010年）逐渐降低到2016年的45%（由于其危机后短期刺激因素消失）并在2030年下降至37%（图1.13，a）。在中国已经出现了一些投资机会正逐渐耗尽的信号，例如，主要城市中闲置的办公楼以及暂停或处于半暂停

图1.12 在渐进趋同的情景中，发展中国家的总投资（a）和投资占全球产出比例（b）相对于高收入国家将会增长

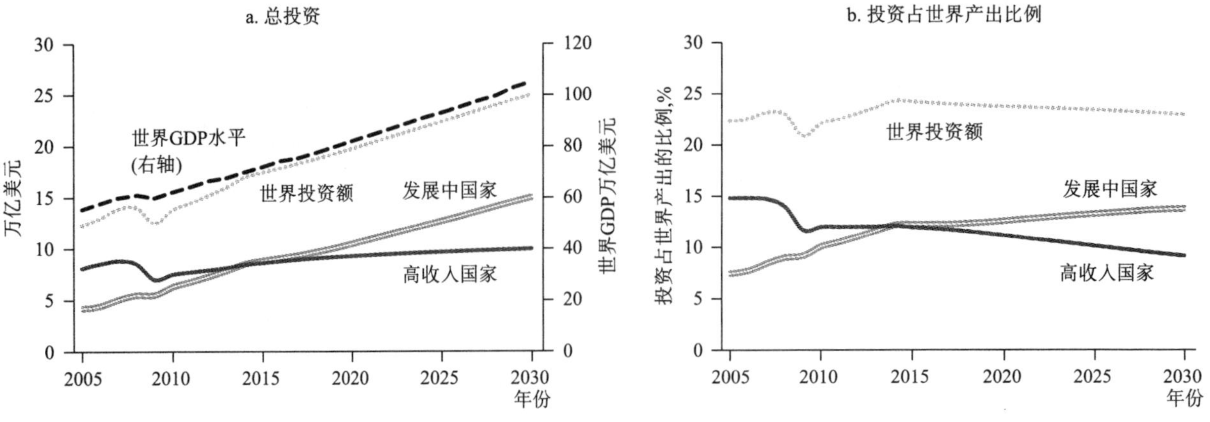

资料来源：世界银行的预测，世界银行根据“世界银行世界发展指标数据库”和“世界银行全球经济监管数据库”中数据进行的计算作为补充。

注：图表的预测假设了渐进趋同情景，这种情景下未来20年的世界年经济增长率为2.6%，其中发展中国家（高收入国家）的年平均增长率分别为5.0%（1.0%）。

图 1.13　在渐进趋同的情景中，投资率在许多发展中国家将经历向下的趋势，但是在高收入国家将保持稳定

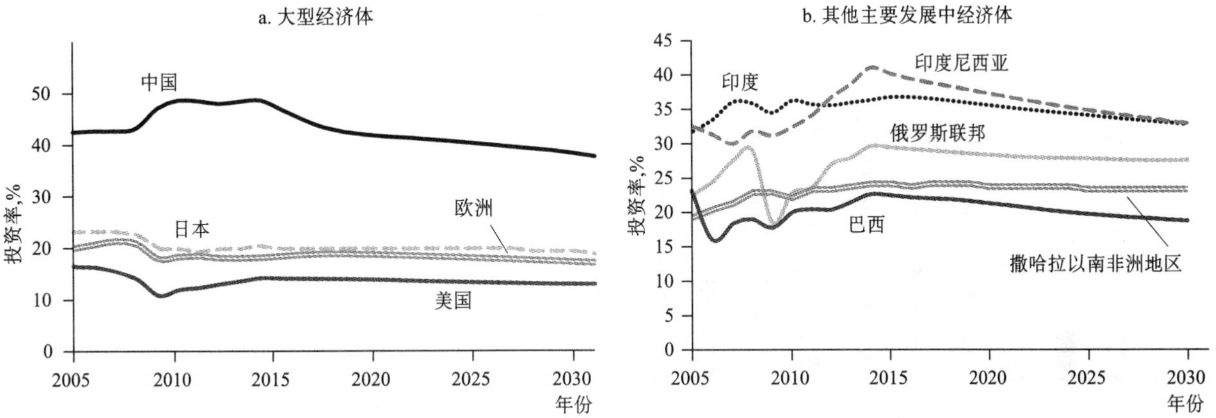

资料来源：世界银行的预测，根据"世界银行全球经济监管数据库"中数据进行的计算作为补充。

注：短期投资率（2011—2013 年）来自世界银行的全球经济前景中的预测，中期和长期的预测（2014—2030 年）来自银行的全球 LINKAGE 模型。2014 年之后的实际情况很可能更复杂。图表的预测假设了渐进趋同情景，这种情景下未来 20 年的世界年经济增长率为 2.6%，其中发展中国家（高收入国家）的年均增长率分别为 5.0%（1.0%）。

状态的高铁项目。投资趋势在中国的下降将伴随着经济增长的减速，其原因为老年人口抚养比的上升导致的资本供给减少（由于储蓄下降）以及劳动力供给下降（劳动年龄人口的萎缩）。中国投资率将下降至 37%这一水平（仍然很高的），这并没有在学术界、市场以及政策经济学家的意料之外，一个基本的共识是，即使考虑到中国较高的预期增长率，投资率也不会一直处于 40% 以上的水平（Bardhan，2010；Dobbs 等，2010；世界银行，2012a）。

尽管其他发展中国家投资率的下降幅度都不会像中国这样急剧，但是一些国家将会在中期达到预期顶点之后经历显著的下降。这包括巴西（从 2014 年的 23%下降到 2030 年的 19%）和印度尼西亚（从 41%下降到 33%）（图 1.13 b）。与此同时，并非所有的发展中国家都将经历投资率的持续下降：例如，撒哈拉以南非洲地区在 2010—2030 年间投资平均增长率为 24%，比在 2005—2009 年的平均 21%要高；同时俄罗斯的平均投资率在预测期内将保持在大概 27%，比在 2005—2009 年的历史平均水平要高得多。与之相对的是，在最大的高收入国家中，投资率将会保持相对稳定，事实证明，微小的生产力增长（仍然是正增长）意味着投资需求在这些资本密集型经济体内将不会明显减少。例如在美国，投资率将在 2030 年接近 13%，这一投资率是其在过去 20 年中的平均值。

在渐进趋同的情景中，未来投资率的下降很大程度上来自于生产力的增长和劳动力供给的减慢，这两个因素决定了投资的需求。但是，投资率的下降还可能是由于在某一国中金融资源的不足（投融资的供给）。收益率相对于全球平均收益率的变化，将预示着是需求还是供给的力量造成投资率的下降。如果（较弱）需求是驱动因素，相应的收益率将会下降，渴望提供资本的投资者将鼓励资本密集型的生产，从而缓和投资率的下降。另外，

图 1.14　高收入国家的可贷资金的收益率将比许多发展中国家上升得更快

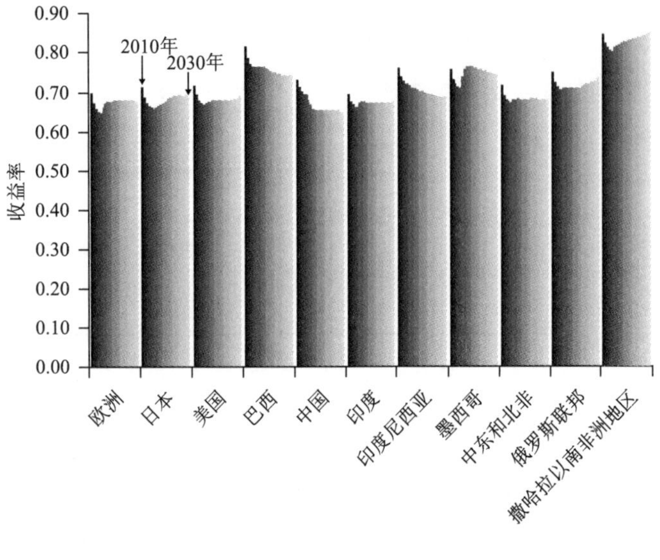

资料来源：世界银行的预测。

注：每个国家条形图的最左侧（最右侧）的条代表 2010（2030）年。这个图表中的撒哈拉以南非洲地区不包括南非。图表的预测假设了渐进趋同情景，在此情景下未来 20 年的世界年经济增长率为 2.6%，其中发展中国家（高收入国家）的年平均增长率分别为 5.0%（1.0%）。收益率都进行了规范化，与 2007 年统一，所以报告的水平在所有国家间并不直接可比。

如果（较弱）供给是驱动因素，对应的收益率将会增加，通过降低生产的资本密集程度来吸引更多的金融资本，同时削弱需求。

例如，在撒哈拉以南非洲地区相对较高的收益率，意味着要想从全球吸引足够的资金，来满足他们的大规模对投资的需求和众多新的投资机遇存在一定的困难（图 1.14）。由于同样的原因，在俄罗斯、墨西哥和高收入国家，也预期有较高的收益率。另外，在中国、印度、印度尼西亚相对下降的收益率，意味着相对于目前水平投资需求的下降。造成撒哈拉以南非洲地区这种转变的根本内在机制是：劳动力的缩水和目前快速增长的生产力增速的放缓，这将意味着投资需求将在未来的 20 年中软化。那么——只有在国内储蓄的趋势下才成立——投资率的下降和较低的收益率将会伴随着净资本流入的放缓（在第 3 章中详细讨论），因为投资者将会在别处寻找回报率相对更高的投资机会。

未来 20 年中，发展中国家对本国经济的高水平的投资，将会对全球资本存量在发展中国家和高收入国家之间分布的不平衡起到修正作用。到 2030 年，全部资本存量的一半以上将会流入发展中国家，东亚和拉丁美洲国家将会占到资本存量的最大份额（分别占发展中国家总量的 56% 和 15%）（图 1.15）。撒哈拉以南非洲地区在发展中国家中，尽管基础很低，资本存量增速将位列第三位；到 2030 年，它的资本存量将会是 4.6 万亿美元的两倍以上（以 2010 年美元不变价格计）。如果从整体来看，到 2030 年发展中国家的资本存量将会增长 212%，而高收入国家则只有 37%。

快速趋同情景：全球投资率存在相似的稳定路径，尽管发展中国家的投资率要稍微更高一些

作为渐进趋同情景的替代，考虑一个快速趋同情景会很有意思，在这个情景中发展中国家与高收入国家趋同得更快。如果金融危机之后高收入国家用较长的时间来缓慢恢复，而发展中国家赶超的速度更快并伴随着显著的结构性和制度性转变，那么这种情景就会出现。例如到 2030 年，巴西、印度和中东的金融发展将会达到美国在 20 世纪 80 年代的发展水平。与此相似，到 2030 年，中国、印度尼西亚和俄罗斯的制度建设将达到斯堪的纳维亚国家，如挪威和瑞典，目前的法治水平。重要的是，这些变量的变化速度被假设在不

图 1.15　在渐进趋同情景下，发展中国家到 2030 年将占全球资本存量的一半以上（b），现在所占比例是 1/3（a）

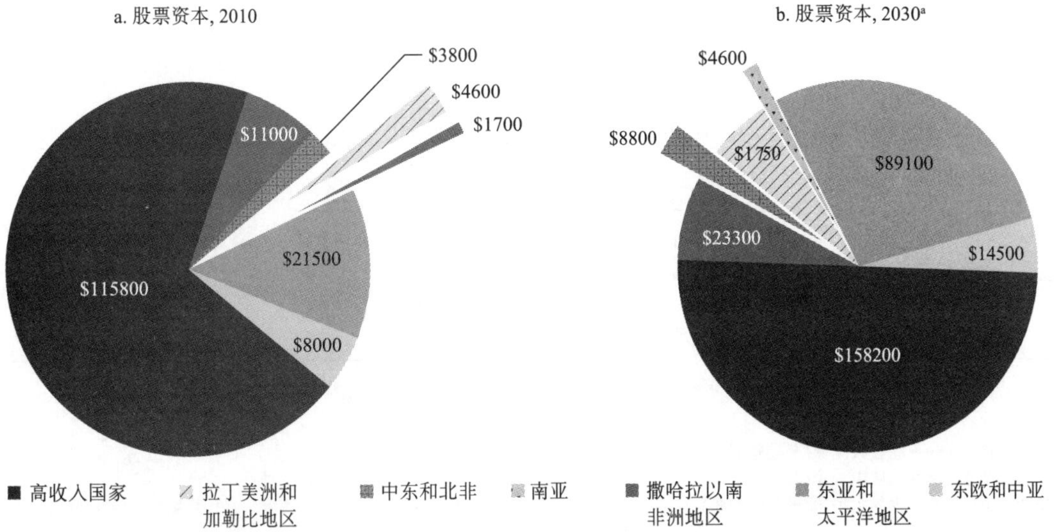

资料来源：世界银行的预测。

注：资本存量用永续盘存法，假设按 5% 的不变折旧率进行计算。

a. 图表 b 的预测假设了渐进趋同情景，在此情景下未来 20 年的世界年经济增长率为 2.6%，其中发展中国家（高收入国家）的年平均增长率分别为 5.0%（1.0%）。

同的国家是不同的：当一个经济起点更低时，增长也会更快（此情景的具体假设详见 GDH 在线附录 1.6）。

这一快速趋同情景的结果显示，到 2030 年全球投资将会更高——由发展中国家比在渐进趋同的情景下的更高水平的投资所驱动——达到总值 26.7 万亿美元（图 1.16，a）。发展中国家投资的增加是由更高的生产力水平支撑的，还有一部分是由于结构性变量变化的影响，尤其是金融市场的发展。[18]因此，发展中世界作为一个整体，在 20 年的预测期内，投资率平均将会高出其在渐进趋同情景下的预测大概 1%。

但是，对高收入国家来说，在快速趋同情景下投资率将会显著更低——大约为 1%——使得随着 2030 年的到来，两个情景的下的差异进一步扩大。整体上来讲，全球投资率将小幅上升（由于发展中国家所占规模的扩大），尽管仍维持在 23% 左右，但这个上升的幅度要比在快速趋同情景下全球储蓄率的下降幅度更小（在第 2 章讨论），这将导致对全球范围内收益率的上行压力（在第 3 章讨论）。

尽管发展中国家总体的投资率将会小幅的上升，相比于渐进趋同情景，在快速趋同情景下他们之间的投资率将存在显著的异质性（图 1.16，b）。例如，中国和印度的投资率相对更高，大约要高出 1%。在图谱的另一边，如巴西、印度尼西亚和墨西哥等经济体的投资率将会小幅下降，达 0.4%—1.1%。国家间的这种变化是由于两个相互抵消的因素造成的：（a）正效应来自于高增长率、金融成熟度的迅速提升和快速的制度进步，这些因素都会吸引更多的投融资，因此增加了投资；与此相

图 1.16 在快速趋同情景下，发展中国家的全球总投资将更高（a），但这掩盖了每个发展中国家的情景的异质性（b）

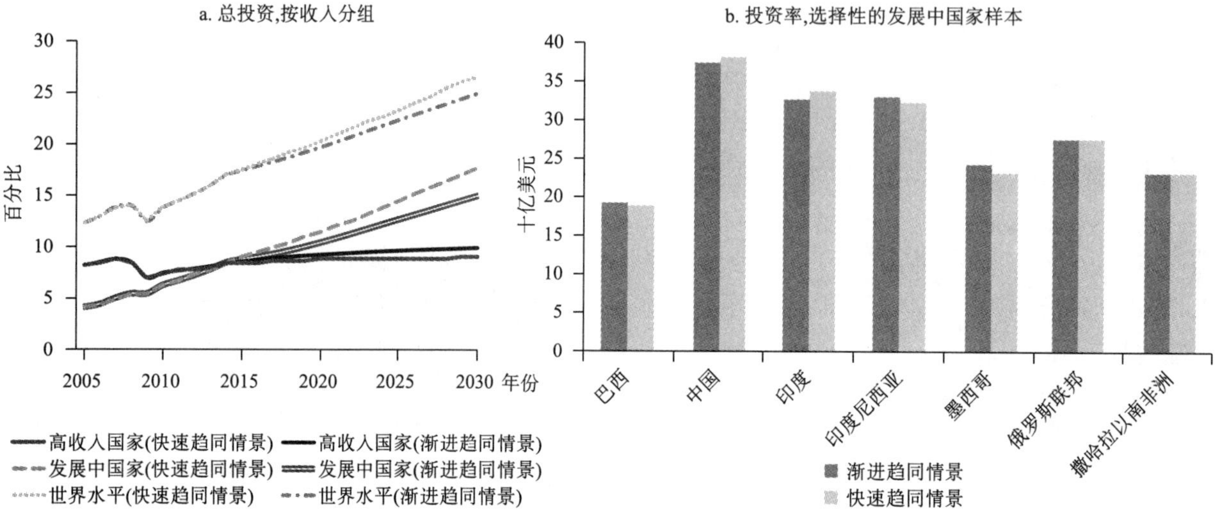

资料来源：世界银行的预测，根据“世界银行世界发展指标数据库”以及“世界银行教育统计数据库”中数据进行的计算作为补充。

注：图表中的预测假设了两种情景，在渐进趋同情景中，未来20年的世界年经济增长率为2.6%，其中发展中国家（高收入国家）的年均增长率分别为5.0%（1.0%）；在快速趋同情景中，未来20年的世界年经济增长率为3.6%，其中发展中国家（高收入国家）的年均增长率分别为5.9%（1.0%）。

对的是，（b）产出可能会增长得更快，GDP水平也会更高，因此投资率占GDP的比例将会下降（当然在投资水平上存在绝对的投资流的增长）。因此，对于中国和印度，这三个投融资驱动因素的增长，再加上全球储蓄变化极小，不会导致产出的增加超过投资的增长，因此投资率将高于渐进趋同情景。巴西、印度尼西亚和墨西哥则是相反的例子。

发展中国家部门投资的转变

可以预期投资向服务业转移

全球投资图景的变化离不开发展中国家部门投资分布的巨大转变。部门转变的一个主要趋势是预期服务业的投资份额的增长。[19]在渐进趋同情景下，[20]到2030年，高收入国家服务业的投资需求占投资总量的比例将上升4%，在日本和美国达到84%的高水平。

在发展中国家，增长甚至会更多：服务业所占的投资需求的比重将增加约5个百分点（到60%），增长最大的是印度（从60%增长至70%）和俄罗斯（66%—73%）。[21]同时一些目前服务业所占份额较小的国家也会有显著增长，如印度尼西亚，预计其份额将会增长大约6个百分点。东亚（不包括中国和印度尼西亚）和撒哈拉以南非洲地区（不包括南非）的发展中经济体的服务业占比也将显著增长6个百分点左右。

以下4个不同趋势支持着服务业投资占总投资比例的增长：

- 最大的发展中国家人均收入的增长；
- 人口结构的变化；
- 供给链中服务成分的增加；
- 基础设施投资的需求（此报告中基础设施按照传统惯例被定义为一种服务）。

第一个影响我们比较熟悉：当人均收入增长，经济中附加值高的服务份额升高。例如，印度在1960年其服务占产出的比例为38%，在2010年这一比例上升至55%。相似的趋势发生在其他发展中经济体，如南非（同期内从51%增长至67%）和阿根廷（1965—2010年间从39%增长至59%）。

第二个影响源于许多地区的人口老龄化（详细讨论见第2章）对医疗需求的增长，同时还有青年人口对高质量教育服务的需求。这些人口结构的压力将导致对服务投资的更多需求。

第三，基础设施可能是一个显著例外，它在任何情况下都会归于服务。未来的农业和制造业产品中将会植入更多的服务成分，而服务在整体上也会更具有流通性。作为一些发展中国家服务出口的一部分，信息与通信技术流通性的增加已经非常明显，例如，印度和巴基斯坦的视觉医疗诊断，海湾国家的人力资源加工，非洲国家例如肯尼亚和南非的呼叫中心（Anand、Gable和Mishra，2011）。

最后一个趋势是随着经济的发展基础设施需求增加（在新兴经济体），再加上陈旧设施的更新换代，这两者将引导更多的投资注入服务部门。

发展中国家将继续成为世界的制造业工厂。总体来讲，到2030年，发展中国家投资在制造业上的数额将几乎两倍于发达国家（2010年的这个数字是4/5）。在目前的中低收入经济体中，制造业投资将会在未来20年稳定增长，例如，印度尼西亚和印度，制造业投资年均分别增长大约7%和5%，撒哈拉以南非洲地区作为一个整体，投资的增长率稍低于5%（表1.2）。东亚其他小型经济体，例如，菲律宾和越南，同样对全球制造业图景有所贡献，特别是考虑到其地理位置靠近东亚的制造业网络。制造业在亚洲其他发展中国家将会按照年均4%的速度增长。

在一些高收入国家，制造业投资将有明显下降：例如，日本的制造业投资每年都在缩水，到2030年将占到全部投资的15%。或许有些令人感到意外的是，欧洲和美国的制造业投资将有小幅（但仍然是正的）年均增长率，尽管制造业在其投资账单中的比例将下降（均为2%；日本的下降比例是它的两倍）。

除了在未来几十年中以发展中国家为代表的全球制造业投资比率在增长，制成品的性质也将发生改变。工业制成品在未来将会嵌入更多的服务成分，将更加具有技术上的复杂性，而不仅仅是单纯质量的提高，将更具有便携性和转换性。技术的复杂性将通过加强设备间的交互连接得以实现（例如，家用设备将通过中央电脑或者手机设备而进行无障碍互动），还可以通过低价、环保的产品（例如，高效率的运输工具、依靠固体氧化物燃料电池运行的空调、生物燃料或电子原料）来实现。其他附加性制造业的进步，例如，3D打印将能够进行针对需求、具有物理复杂性的高度定制化的生产。这种制造程序具有降低特定产品线价格的潜在能力，例如，个人使用的医疗设备，如果采用传统的制造工艺，人们将无处购

表 1.2 发展中国家和发达国家的服务业投资份额都将上升

	农业		制造业		服务业	
	比例（%）	增长率（%）	比例（%）	增长率（%）	比例（%）	增长率（%）
发展中国家						
东亚和太平洋地区	11	6.4	34.0	7.1	56.0	8.0
中国	10	7.4	35.0	7.7	56.0	8.6
印度尼西亚	22	4.5	24.0	5.1	54.0	6.2
东欧和中亚	12	1.8	18.0	2.8	70.0	3.8
俄罗斯联邦	17	1.7	11.0	3.1	73.0	3.9
拉丁美洲和加勒比地区	10	3.0	19.0	3.0	71.0	4.1
巴西	11	3.4	16.0	2.9	74.0	4.3
墨西哥	4	2.8	20.0	2.1	76.0	3.4
中东和北非	39	3.1	16.0	3.9	46.0	5.0
南亚	14	5.1	17.0	6.5	69.0	8.1
印度	13	5.4	17.0	7.0	70.0	8.6
撒哈拉以南非洲地区	26	5.4	17.0	4.6	57.0	5.8
南非	4	1.6	21.0	2.1	75.0	3.3
高收入国家						
欧洲	3	-0.9	16.0	0.9	82.0	1.8
日本	1	-1.2	15.0	-0.1	84.0	1.1
美国	3	-0.8	13.0	1.1	84.0	2.3

资料来源：世界银行的预测。

注：投资份额的计算为2030年每个行业的投资占总投资额的比例。投资增长率的计算为每个行业在2010—2030年间的投资额的复合年增长率，以不变价格计算。农业定义为包括自然资源，制造业定义为包括资本品，服务业定义为包括基础设施和建设。表中的预测假设了渐进趋同情景，在此情景下未来20年的世界年经济增长率为2.6%，其中发展中国家（高收入国家）的年均增长率分别为5.0%（1.0%）。

买这种产品，价格也会超过可承受的范围，特别在低收入国家更是如此。3D打印技术也能突破这种障碍（支持那些负担不起设备和日常产品升级换代的更贫困的农民和手工业者），并潜在地鼓励了那些终端使用者多集中于低收入国家产品的发展。

对于大多数国家来说，服务业投资份额的上升就意味着农业部门份额的下降。发展中国家作为一个整体，农业部门的投资份额将会从16%降低到13%，尽管不同国家的情况很不一样。巴西和撒哈拉以南非洲地区在这方面将成为（相对的）领导者：它们的农业投资份额占全部投资额的比例基本上将会保持到2030年，年均增长率分别为3%和5%。这种增长率反映了巴西在农业改革上的相对优势，以及在非洲大规模农业种植的下一个前沿领域的技术应用，主要是在热带气候下进行耕作和提高产量的本土技术应用。但是，几乎在世界上的任何其他地方，农业投资都将剧烈收缩：在高收入国家——海湾合作委员会（GCC）的高收入国家对自然资源的投资除外——农业投资将下降，平均只占投资额的2%，即使在发展中国家，农业也只占投资支出的13%。总体来讲，世界范围内纯农业（自然资源除外）的下降将会被对自然资源的投资增加所抵消。这种发展可能反映了通过水平钻井和水力压裂进行页岩气开采的复兴。

总会有新出现的技术来吸收投资，从根本上来讲，部门间的投资再分配还是由不同部门间投资的相对回报率（反过来讲，是部门间相对产出和要素价格的函数）的变化所决定的。总之，全球并没有发掘完所有可投资的机会。

2030年发展中国家对基础设施投资的需求将非常高

与即将到来的投资向服务业转移相一致，投资的优先选择将转向大多数发展中国家所面临的扩大的基础设施服务的压力。如在上一部分中讨论的，发展中国家的服务业投资将会在现有基础上显著升高，到2030年将达到约10万亿美元。而其中的6260亿美元（略高于6%）将会投资于基础设施。然而，尽管过去十年经历了极大增长，基础设施的需求对于发展中国家来说依然是最为严峻的挑战，特别是考虑到世界上最为贫困的地区，还存在人均收入的快速增长和人口增长的压力。

为了更好地理解基础设施投资的需求，有必要越过可能的投资路径，而是预测如果对基础设施的期望目标完全得到满足的情况下，将会导致的投资支出。的确，即使不包括维护费用，这种需求将会大大超过可能的实际基础设施投资水平。[22]更进一步来讲，考虑到公共部门在基础设施服务中的关键作用，满足这种基础设施的预计需求对于发展中国家的政策制定来说是首要的考量。[23]

另外，在完善的基础设施上增加投资，能够为投资和经济发展的部门转移起到广泛的促进作用。试图打开全球制造业市场的低收入国家，将需要可以依靠的电力、优越的道路和铁路网络，以及扩大的港口设施。对中低收入经济体来说，当其中产阶级得到发展，基础设施服务的需求不断增加，它们就需要更高质量的公路，更成熟的水利和排水系统，以及优越的因特网和移动电话网络覆盖。中高收入国家在全面升级服务部门的同时，还需要现代化、高速的通信与信息技术网络和高容量发电能力区，才能在高科技制造业和全球流通的服务业中有效竞争。

发展中国家的政策制定者在寻求扩大基础设施投资中的一个核心问题，就是技术进步在过去是如何变化的，在未来将怎样变化，以及关于基础设施服务的提供和运行的机制和可能性。“基础设施”这一术语的意义不言自明：40年前，固定线路的电信电缆看上去是得益于公共部门提供的天然垄断行业；从20世纪90年代起，全球兴起了一波私有化浪潮，扩大了渗透力度和覆盖面，并提升了效率（Li和Xu，2004）。如今，固定的电话线几乎已成为古董，许多发展中国家直接跳过固定线路，而代之以无线电话发射塔。最终，由于电力存储和数字功率转化等技术进步带来的效率提升，意味着未来对电力的基础设施开支将会从生产转向存储。

尽管基础设施资本的性质和特定组成将会随着世界经济的变化而发生改变，然而，代表基础设施特点的经济服务的性质却仍然相同：高资本密集度、带有自然垄断的元素以及位置特定的投资。[24]因此，这个报告的讨论将保留传统类别中的电力、交通运输、电信、水利和卫生设施，同时承认这些类别中隐含的特定技术意味着解释上需要一定灵活性。

虽然估计结果并不统一，但是对基础设施服务的需求分析通常显示，尽管需求随人均收入升高而增长，需求的增长速度在人均收入水平较低时增长得更快。目前，在发展中国家，人均电力消费的范围从低收入国家的452千瓦时到中等收入国家的3073千瓦时。而在发达国家则平均为10408千瓦时。大量人口无法获得其他形式的基础设施，这从另一个侧面反映了投资需求数量：全球目前有11亿人缺乏安全的饮用水，24亿人缺乏足够的卫生设施。

在2030年，发展中国家的基础设施投资需求将达到约8640亿美元（以2010美元不变价格计）（图1.17，a）。[25]这些需求主要集中在电力（2430亿美元）和运输（2540亿美元）的各次级部门中，这两个部分共占总基础设施需求的一半以上。固定线路即电信的基础设施（假设以数字与光纤电缆的形式）也是投资的重要领域，这部分需求为1720亿美元（基础设施总投资需求的20%）。

大部分基础设施投资的需求将集中在东亚和南亚国家：在2030年这两个地区将需要总量为5010亿美元的投资，这反映了中国和印度的大量人口对基础设施的持续巨大需求（图1.17，b）。在中国，电力需求将占据主导地位，但是由于越来越多的消费者和企业寻求高速的联系，因此，对固定线路电信的需求也在增长。在印度，尽管移动连接也将吸引基础设施投资，但投资需要主要用于改善该国落后的道路系统。

然而，即使是5010亿美元的巨额资金，当考虑国际基础设施的联接时（涉及两个或多个国家之间的联接改善），或许仍然低估了亚洲国家对基础设施的巨大需求。使用这一更广泛的定义将使亚洲在2010—2020年间对基础设施的需求迅速增加到每年7500亿美元（亚洲开发银行，2010），高于只估算国内对基础设施需求开支的26%。

在撒哈拉以南非洲地区，该地区的基础设施投资需求按绝对价值计算不会明显高于其他发展中地区。但是，如果完全满足其需求，所需资金将为970亿美元，占该地区投资总额6620亿美元的15%。此外，这一估算并不包括对现有大约30%的管理不善的基础设施使其重新投入使用的投资（非洲开发银行，2010），以及加强区域间相互连接的额外投资（PIDA，2011）。

在地区层面的基础设施投资需求将不会持续增长。由于移动电话很容易获取并且使用广泛，在未来五年中电信基础设施可能成为最大的需求。到2017年或2018年，这种前置的需求或许将在很多发展中国家中达到饱和。[26]当这些需求逐渐减少，固定线路基础设施的重要性将会增加。电力和交通运输需求的增长可能将更加平稳，这反映了人们对这些服务的需求变化较为平缓。

图 1.17　未来 20 年发展中国家的年度基础设施投资需求将十分巨大（a），其中最大的需求来自东亚和南亚（b）

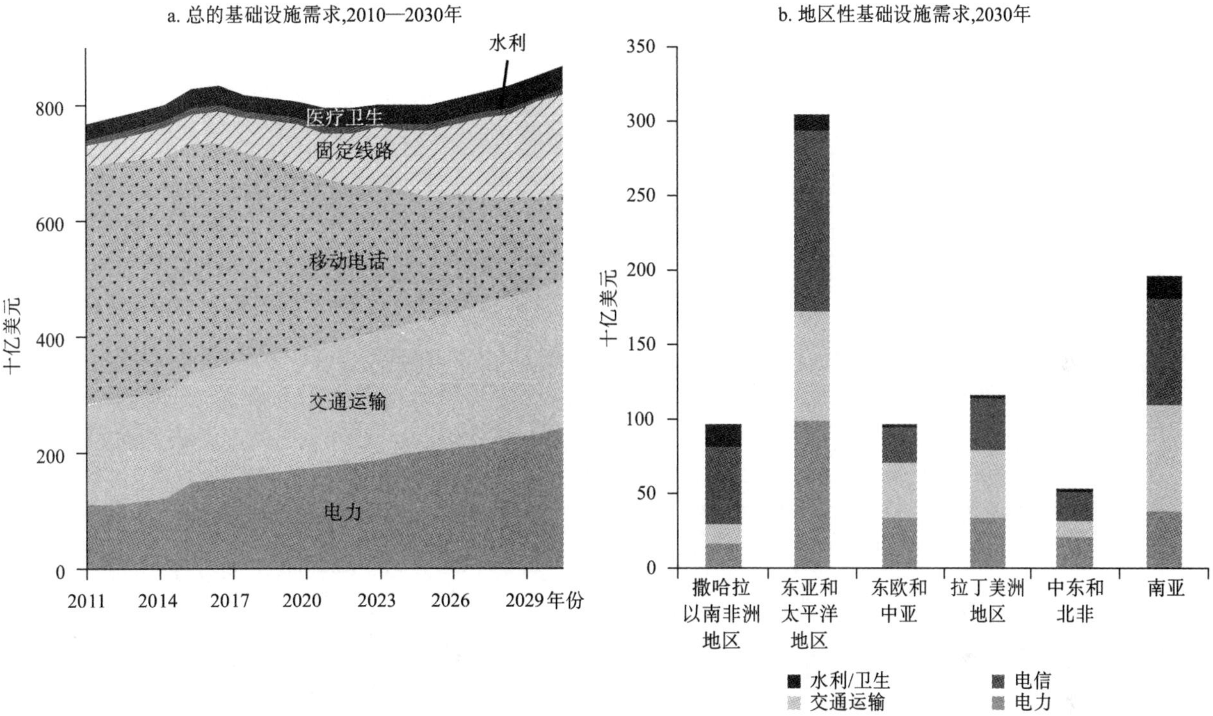

资料来源：世界银行的预测。

注：预测方法的细节详见全球发展地平线在线附录 1.5。

在发展中国家，需要大量的资源流动以满足其基础设施融资的需求

在 2012—2030 年间，要想成功满足发展中国家 14.6 万亿美元的累计基础设施融资需求，将需要大量的资金调拨。这类似于 19 世纪欧洲国家在新世界对边疆的拓展，在这个工程中，产生了以铁路、不动产和大型农业项目为形式的巨大投资需求。虽然基础设施投资历来是公共部门的职权范围，但是这种趋势正在向公私合作的模式转变。事实上，规模巨大的基础设施投资需求（不区分公共或私人投资）表明，充分满足这些需求需要重新思考提供服务的现有体制安排，也需要提高资金来源的国际化水平，以及更好地设计创新的融资策略以满足高水平资本密集度的要求。要想同时满足这些纯粹的金融目标，就必需对广泛的公共政策问题有敏锐的意识，比如，效率、穷人的可接受性以及服务的质量。

与其他部门相比，基础设施融资在政府政策、公共态度以及知识产权处理等方面经历了更为明显的转变。20 世纪中叶以来，这些转变首先鼓励的模式是公共所有权与控制权、产业组织的垂直整合以及投资的公共融资。进入 20 世纪 90 年代，其常见模式转向市场自由化、电力和电信设施的分类定价、公共资产私有化和通过

私人市场融资。最近，该模式已向公私合作融资演变，这一转变在中等收入国家表现得尤为明显。

向私人部门更深入地参与基础设施融资的模式转变将迎来其最好的发展时机。未来的基础设施投融资需求将出现在全球性的环境中，公共部门会面临更大的融资挑战。正如将在第 2 章中进一步讨论的，金融危机的后果将是全球范围内的财政平衡受到损害，发达国家尤为严重，发展中国家也出现了这种情况。此外，对主权债务的可持续性的疑问（将在第 3 章中详细讨论），将对公共部门进入全球资本市场的前景造成负面影响。甚至对传统私人部门中的金融中介（如国际银行）为大型基础设施项目提供必要资金的能力也存在疑问，考虑到其危机后的资产负债表的缺陷（这一问题也将在第 3 章中讨论）。这些因素将限制政策制定者寻求基础设施建设融资的选择。

图 1.18　基础设施投资的融资模式已经随时间改变，在未来更有可能依赖债券融资

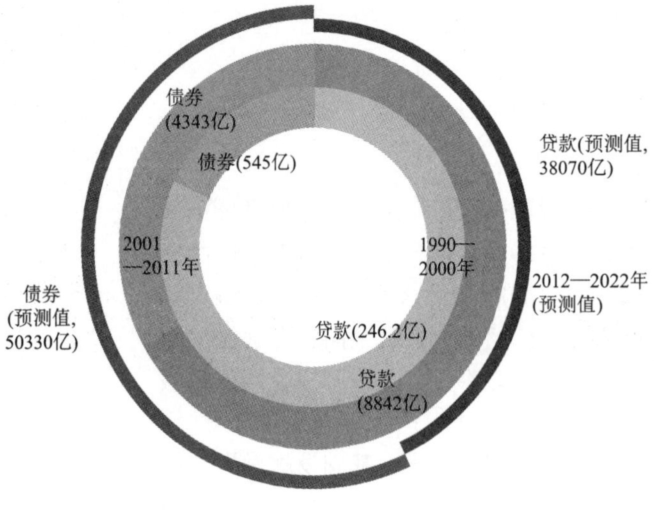

资料来源：世界银行预测，运用“迪罗基债券和贷款在线数据库（Dealogic Bondware and Loanware）”的数据进行的计算作为补充。

注：基础设施融资是将每个时间段的投融资需求份额进行加总得出的。总价值，以 10 亿美元现在价值计算，在括号中给出。2012—2022 年的预测是在后两个时期的增长率与前两个时期的增长率相似和不存在通胀的假设下做出的。2012—2022 年的基础设施总投资是 8.8 万亿美元。

尽管银团贷款量在全球范围内回落，投资的性质允许更具有创新性的融资选择，如未来现金流的证券化，这为基础设施资产的长期久期缓解了部分压力。实际上，有证据表明这种向债券融资形式的转变正在发生（图 1.18），并且将在今后持续扩大，这一形式或许会占到全部基础设施投融资的一半。

当前企业融资的全球化趋势也可能在未来增强，这会进一步支持基础设施从全球金融市场融资。债券市场的成熟最终将降低信贷息差，从而降低资本的成本。有证据显示这一变化正在发生：在 20 世纪 90 年代初新兴市场企业债券的息差高于美国国债约 450 个基点，但是在 2011 年其平均息差收窄至 392 个基点。当然，只有当重要的金融、监管、法律和机构框架是良好的，这种融资结构才是可行的，而这反过来又是发展中国家完善其金融机构的前提。如果这些框架并未良好地运行或仍处于过渡状态，投资者可能会增加其目标回报率。而这通常造成基础设施服务的更高的关税，而正如经验所显示的，这会导致这些服务过于昂贵，特别是对穷人来说。但是融资的创新不应仅仅局限于证券化。创新也可能发生在融资方式的选择，尤其可以借助于现代的 ICT 技术（专栏 1.8）。

结论与政策方向

未来全球投资活动的面貌将更加突出

专栏 1.8　基础设施融资已经开始采用不同的融资机制

在发展中国家的融资历程中，众筹资本的思想有着很长并且相当有价值的历史。归结其本质，公众筹资在将储蓄者与投资者之间进行匹配时追求中介机构作用的最小化。在储蓄方面，滚动储蓄、信贷联合以及最近的创新社区金融协会，都可被看作是公众融资的方式（Besley、Coate 和 Loury，1993）。至于投资方面，一些微观金融组织，如 Kiva，就以采用众筹方式作为其首要融资机制而闻名（Cull、Demirgüç - Kunt 和 Morduch，2009）。

信息技术也提高了发展中国家从众多资金来源为其基础设施融资的能力。其中一项举措，索科尼（Sokoni）建立了一个电子市场，在那里援助者和投资者可以与项目发展人员或政府联系。这种融资机制的创新很有可能使未来的基础设施融资不再依赖传统方式，转而投向现代信息和通信技术带来的诸多便利。

在基础设施融资中已经开始兴起的另一种可选机制是伊斯兰融资，尤其在中东的大型项目中盛行。尽管伊斯兰融资的更广泛的适用性将继续受到经济、法制以及系统性的挑战（Hesse、Jobst 和 Solé，2008），有理由相信伊斯兰融资作为跨境基础设施融资的另一种媒介，规模将会不断扩大。而伊斯兰融资的参与者大多关心直接参与资本市场表现，这种特质也非常适合基础设施融资的长期性，因为其回报率很难预测，并且在初始投资的几年之后才能够实现。

发展中国家的重要性。发展中国家投资在绝对价值和所占全球投资的份额上都要高于高收入国家。自 2000 年以来，发展中国家的投资占其产出的比例已经远高于高收入国家。这些趋势未来并不会一直持续，但其影响已经显而易见，在未来 20 年中其全部后果将会体现出来。

虽然本章重点着眼于国家间真正的投资活动，特别是总的资本形成，经常账户的特点意味着投资应该同储蓄和资本流动一同加以理解。[27] 对于许多小型发展中国家，主要国家如美国的储蓄冲击，将不可避免地影响到其本国的投资方式（Feyrer 和 Shambaugh，2012）。这一结果是一柄双刃剑。一方面，它表明发展中国家可以借助大型高收入国家来放松国内储蓄约束和扩大国内投资来提高其国内储蓄。在另一方面，也意味着当大型经济体致力于放任的公共政策，或不受节制的私人借贷，有可能造成全球储蓄供给的实质性收缩（如果这种行为不能完全由李嘉图等价所抵消）。而小型的、脆弱的发展中国家由于通常只有较小的财政空间来抵消国外的负面冲击，因此，其投资将会被遏制，在未来几年中预期会塑造全球经济的基本力量，包括不同步的人口转型、不对称的生产率增长、结构变化和金融全球化，将随着金融资本的跨区域流动和国际投资的头寸的变化，不仅将改变投资需求和机会，也将改变储蓄决策与选择。下面的章节将解决全球储蓄模式的问题（第 2 章），以及与储蓄投资失衡构成的国际资本流动（第 3 章），并将投资需求的概念与投资机会一起放在全球层面来考察。

政策制定者在支持良好的投资环境方面将起到重要作用

由于投资主要是由私人部门主导的活动，在大多数国家中政府的政策行为对改变投资水平只起到间接作用。政府的作用往往是建立起支持稳健和可持续的投资活动的环境。这并不是说公共投资是无关紧要的，因为当出现明显的市场失灵和非常大的社会回报时，公共投资将起到干预的作用。例如，发展中国家的政府在提供基础设施的行为中具有明确的作用，而这些活动是私人投资的重要基础。但是，投资的政策框架最终还是间接的。

以这种压倒性框架为前提，从全球储蓄中吸收投资的结构因素改变（在之前讨论的通过对比在快速和渐进趋同的情景中投资模式的差异时体现出来）的重要性说明，在未来世界经济中竞争的国家需要注意营造一个良好的投资环境。一般情况下，良好的投资环境的特点不仅体现在可促进私人部门投资的传统政策领域，如稳定的宏观经济和监管制度，同时也包括：（a）企业经营所需的更广泛的制度环境（包括受保护的产权和法治稳定）；（b）治理框架，如对腐败的有效控制，直接和间接税收（包括直接分派的风险）的有限负担及简化管理；（c）金融部门的成熟度。在这个意义上，建立良好的投资环境使政策对话远离一箩筐的具体行动和改革政策，朝着构成一套合理的规则、治理和激励机制的讨论转变，这套机制将激励私人部门投资到具有经济效率和满足社会需要的项目和活动中。此外，从国外吸引投资往往需要一个专业化、知识化、以投资者为中心的投资促进机构，并具有降低跨境信息不对称的能力（世界银行，2012c）。

对于刺激投资感兴趣的政策制定者来说，投资环境的一个核心要素就是金融业的发展水平。正如本章所讨论的，日益成熟的金融体系将促进投资水平的上升。更为重要的是，运行良好的金融体系能够确保储蓄更具流动性，能分配向最具生产力的投资机会（Levine，2005），同时为投资者提供多元化和风险管理带来的收益。关于促进金融业发展的政策的详细讨论超出了本报告的范围，但最近世界银行的工作为其提供了发展思路，特别是由于它涉及国家的作用，防止政府捕获和政策失灵情况的发生（世界银行，2012b）。出于放松信贷相关约束的目的，建立信贷信息机构尤其对小型和中等规模的企业十分有益。然而，需要指出的重要一点是，任何旨在鼓励金融业发展的政策长期目标，都不应该被简单地解释为纯粹的信贷扩张，这样一个狭隘的观点可能会引起对不可持续的短期政策的追逐，并最终不利于经济和金融的稳定。

主要发展中国家仍然努力寻求加强南南投融资的合作。在2012年年初，金砖国家（巴西、俄罗斯、印度、中国和南非）提议成立南南发展银行。例如，将其作为回收过剩储蓄的机制以帮助满足发展中国家的投资需求，而在近几年区域性多边发展银行也纷纷大幅扩大其业务（第3章将重新回顾这一主题）。

发展中国家治理的整体质量，特别是法治方面的改进，也可以对投资环境起到重要作用，有利于从全球资源吸收

投融资。确保投资者能够从投资活动获得回报，法治是必不可少的。然而，要想成功地解决涉及的投资环境治理的挑战，需要超越法律上的修正，而转向法律条文或有益的行动，如建立独立的投资和监管委员会。行动将需要确保法治的内容事实上为行政人员和政客所遵守，以及正规的机构可以对违反法治的行为采取强制手段。

当然，这种根本性的改革，可能会遇到既得利益集团的阻力，因此改革的努力必须通过建立联盟以扩大利益相关者的范围，并且鼓励利益相关者之间互动的合作模式（世界银行，2008）。甚至看似无害的改革努力，如定期的、公正的投资相关的竞争法的实施，如果它们能够削弱现有的处于垄断或寡头垄断地位的企业，都可能面临坚决的政治反对。

成功的投资政策不仅应寻求修正政府失灵的领域，如上所述，也应当在明显的市场失灵（仍然没有被矫正）或高社会回报率的情况下直接干预。最近的研究（Aghion 等，2012；Bloom 和 Van Reenen，2007；Rodrick，2009）已经修正了过去的观点，即有针对性的干预措施可以更好地激励私人部门并促进私人部门的竞争（而不是寻租），尤其当政策不是针对某个特定的部门（随后捕获的风险很高），而是针对特定的约束（如良好的管理实践的知识的不足或获得信贷的困难），同时保持高水平的问责制度，并有明确的日落条款的干预措施。

如果决策者最终决定采取有针对性的干预路线，他们的努力最好应用在即将扩大的服务业投资中（如前所述），尤其是在积极的外部溢出效应特别高的领域（如教育和医疗卫生）。即使在制造业和农业中，也有一定的子行业（如“绿色”技术部分或适应热带的种子），其足够多的社会回报能够证明直接干预带来的风险是值得的。

虽然成功的干预所需要的制度设计具有异质性，全盘否定公共投资的作用并不必要。同样重要的是，由于目前全球的服务业所占产出的比例较大，政府目前从事的政策无论是直接或间接有利于农业和制造业投资（例如，许多国家的政府明确禁止在某些“敏感”或“战略”服务上的外国直接投资），在服务业占据产出的比例越来越大的世界中，将增加其经济效率上的负担。

事实上，在基础设施提供这一领域中，政府的政策能够带来更多的社会回报。如前所述，基础设施部门也将在未来面临对投资的更多需求。即使在这个长期以来由公共投资垄断的部门，政府的角色也正在发生变化。公私合作帮助了存在现金约束的公共部门无法独自完成的项目投资。例如，通过为最低特许经营费的收费公路业务提供担保，私人投资者为智利、印度和墨西哥等许多以前缺少基本服务的偏远地区的交通基础设施建设项目进行了融资。在约旦和俄罗斯，新机场已由国外投资者建成和运营，这反过来通过积极的网络外部性又有助于为未来提供商业机会。甚至是哥伦比亚、加蓬和菲律宾那些公民与国家有过冲突的地区（如水利设施），通过聘用专业管理人员管理国有设施，从而提高了效率并提高了服务质量。

国际金融机构如世界银行、国际金融公司和多边投资担保机构可以在这方面发挥非常重要的作用。世界银行历来活跃在基础设施融资领域，并且通过参与 PPP 放款集团或设计结构性融资选项（如基础设施债券），在提供低成本的基础设施融资中发挥了重要的中介作用。但该机构的作用已经超越了融资。世界银行现在是基础设施公私合作的知识库，因此，可以为基础设施投资项目的跨国经验的多样性提供技术援助和其他咨询服务（世界银行，2012d）。

注释：

1. 在本章中，“投资”在多数情况下被定义为总资本形成，包括实物结构、车间、机器和设备的购买以及库存的积累，但不包含折旧总额。更多的信息和其他定义可参考在线附录 1.1（本章和其他章节的剩余附录在 http://www.worldbank.org/CapitalForTheFuture）。
2. 需要务必注意的是测量困难意味着部门的资本边际产出（MPKs）应当为认为是指示性的而非明确的。另外需要注意的是，MPKs 的计算结果仅表明公司效率分布的中间值，因此在一个国家或一个部门中大多数具备生产能力的企业仍然非常高效。其他类似的计算采用更为常见的测度标准，如资本/产出比，也得出具有类似性质的结果。具体参考在线附录 1.2。
3. 尽管这种模式对刺激经济增长的真实性仍存在大量争议，但是被广泛承认的事实是，如果缺少对经济回报和政治制度的吸收能力，大规模的投资开支不能保证被有效分配，在这种情况下，任何一种以刺激经济为目标的模式都不会发生作用。
4. PPPs 的形成是通过建立政府与私人投资者之间单一的长期协议，以捆绑基础设施投资和服务的提供。
5. 海湾合作委员会（GCC）由巴林、科威特、阿曼、卡塔尔、沙特阿拉伯和阿拉伯联合酋长国通过协议于 1981 年成立。
6. 事实上，在最近几年，发达国家的投资者退出基础设施项目，而由发展中国家的投资者取而代之，开始成为有私人参与的基础设施项目投融资的主要来源（Ettinger 等，2005）。
7. 正如在线附录 1.1 所讨论的（见全球发展地平线网址（GDH）），“生产性物质资本”的定义人为排除了对资本更广义的测量，包括人力资本以及自然资本。这种矫正对某些特定现象的分析是合理的，如对最优自然资源开采率的研究（世界银行，2006，2011）。另外，如在报告的其他部分所讨论的，把所有形式的投资（私人的、公共的或对非再生资本的投资）等同于生产性的资本形成会造成潜在的问题。出于这种考虑，本部分的目的是为了更好地阐释全球固定资本存量分布，以及提供在二次研究中所依赖的资本存量计算所需要的注意事项。
8. 尽管资本存量的计算是基于恒定的 2000 年美元价格和假定不变折旧率的永续盘存法，但是其他的计算方法，如使用 PPP 调整的投资或者资本存量的双曲贴现也得到性质上相似的结果。
9. 经济增长与投资显然具有内生的关系。然而，这两者之间的强关联性是由于经济增长是全要素生产率（TFP）改善的结果，而非要素的简单累计。TFP，反过来是从一组更丰富的、超过高水平投资的要素中得出的。
10. 投融资等式中，相对回报率 $\tilde{r}$ 的定义参考在线附录 1.6（GDH 网站）。
11. 利率无疑应当反映这些结构因素造成的部分差异。但是，由于金融市场存在的缺陷，利率并不足以完整反映出结构差异的影响。例如，在发展中国家非常普遍的金融抑制可能导致扭曲，因此公布的利率与期望利率之间会出现偏差。

12. 这些变化是通过测量全球治理指标中这两年（1996 年和 2010 年）的腐败控制与法治程度分别的简单平均值。关于全球治理指标项目的更多信息，见 http：//info. worldbank. org/governance/wgi /index. asp。

13. 理论假定投资率与每单位投资品价格的公司影子资本价值相等，这种关系即通常所说的边际 Q。但是，由于影子价格无法被观测到，经济学家通过采用公司的（具有可观测性的）市场价值与资本的替换成本的比率，即平均 Q，使影子价格的定义具有了可操作性。在特定的假设前提下，包括完全竞争和完善资本市场，这两个比率事实上是相等的（Hayashi，1982）。最近的研究甚至提出，平均 Q 比边际 Q 更能够捕捉未来的投资机会。托宾 Q 值的实证研究试图只通过 Q 来解释投资，但是追踪记录令人失望，这一结果可能归咎于金融摩擦造成的两种测算方式的分歧。

14. 对托宾 Q 值的一种普遍理解是，它是改变资本存量的调整成本的替代变量。当缺少这种成本时，Q 的系数将为 1。而小的 Q 系数意味着高调整成本（尽管最近 Abel 和 Eberly（2011）的研究质疑对 Q 的这种传统解释）。在报告的样本中，Q 的系数在完整的样本中为 0.01，非常接近于通常在文献中所使用的更加复杂的测算技术和其他规范所得到的结果。

15. 把投资决策当作实物期权，将使用者成本等同于边际产品的传统方法不能把握投资的三个特征：许多投资项目的不可逆性、时机的重要性和最关键的，投资机会评估中固有的不确定性。

16. 不确定性对投资的负面影响的理论预测非常模糊。例如，Caballero（1991）提出投资对不确定性的反应取决于对资本边际回报递减的假设，而 Lee 和 Shin（2001）表明在生产函数中劳动的比例能够影响不确定性的积极影响与消极影响之间的平衡。

17. 如在专栏 1.7 中的图 B1.7.1 中所看到的，冲击的实际影响具有很强的不确定性。脉冲响应函数的误差区间包含 0。尽管如此，Jordan（2009）指出对于脉冲函数在置信区间中包含 0 并不能排除变量具有影响，特别是在冲击传播过程中函数朝某一个方向平稳变化，而非围绕 0 不稳定地摇摆。还应当注意的是，其他研究（例如，Carriere－Swallow 和 Cespedes，即将出版）发现不确定性冲击对投资的影响对新兴经济体更加显著。

18. 由于劳动力供给在这一情景中保持稳定，更高水平的金融发展能够吸引更大量的投融资，将增加经过效率调整的资本存量并充当了经济增长超过生产力增长的额外推动力。当将其分解为增长贡献与结构改变（通过分别只运行情景中任意一个改变），增长的影响往往两倍于结构改变。尽管没有体现在报告中，但是结果可索取获得。

19. 尽管有理由相信，随着财富的增长服务部门投资将会增加（服务部门的产出的确随人均收入提高而增加），但是由于服务部门资本密集度不同于制造业部门，所以这一增长变化并不能马上体现。在本报告采用的模型中，发展中国家服务部门的平均资本密集度的确远低于制造业部门。

20. 由于空间所限，这一节将依靠与渐进趋同情景相一致的估算。尽管数字有变化，但是使用快速趋同情景中的数字所产生的主要信息是相似的。

21. 在全球范围内服务投资的份额（69%）将保持稳定。这一明显的异常可以通过以下事实加以理解，即全球投资的任何改变都可以分解成投资率的变化和相对规模的改变。2010—2030 年间，发展中国家和高收入国家的服务业投资率均会增长。但是，因为发展中国家所占全球经济的比重增加，而在 2010 年服务投资在发展中国家要低得多，这表明全球总增长非常温和。
22. 相应地，与本章前几个节中采用的一般均衡模型相比，这一部分在之前的分析基础上增加了部分均衡方法。它为投资需求测量提供了更好的方法，因为它提取了可能发生的替代效应，而替代效应的产生是由于相对价格改变以及技术进步对效率单位的改善并改变了对基础设施服务的偏好。因此，提供的测量可能高于实际公共投资。但是由于对投资需求的测量并未包括维护，将维护需求包含在公共投资内将可能导致比此处更高的数额。
23. 尽管不是本报告的重点，预期基础设施需求仍然是许多高收入国家优先关注的对象。这些国家正在经历国内公共投资的逐渐侵蚀以及对遗留系统升级的需求。的确，在高收入国家预期的高租金率将是支持在基础设施领域未来国外投资的主要动力。
24. 例如，这种定义将排除对教育的固定投资、医疗以及体育和休闲娱乐，因为这些设施并不反映自然垄断的特征，即持续降低的边际成本。相似的，通常由私人部门提供的移动电话发射塔并不构成基础设施，而光纤和数字电缆的铺设则被认为是基础设施。
25. 由于尾注 24 中说明的原因，这一测量结果比在渐进趋同情景中 6260 亿美元的测量结果高约 18%。这些测算同样也表明，2011—2030 年，基础设施投资的年均增长率仅为 0.6%，而这一增长率比发展中国家服务业的年均增长率 16.2% 低一个数量级。但是，正如图 1.17 所示，这一低增长率主要由于移动基础设施支出的明显下降。基础设施投资的年增长率（不包括这一类别）达 2.5%，并未明显低于总体服务增长率。
26. 假设饱和点为每个使用者拥有两部移动电话。截止到 2010 年，仅有中国香港的覆盖率（微弱地）超过这一水平。
27. 经常账户的特性表明，国民储蓄和投资的差异与一国的净资本流相等。储蓄和投资惊人的高相关度最先由 Feldstein 和 Horika 发现，他们将这一结果作为储蓄和投资本具有本土偏好的证据。随后的研究揭示了高储蓄—投资相关性必然意味着低资本流动性（Kraay 和 Ventura，2000），尽管三个变量联系紧密这一个更普遍的观点也应该予以足够的重视。

参考文献：

Abel, Andrew B., and Janice C. Eberly. 2011. "How Q and Cash Flow Affect Investment Without Frictions: An Analytic Explanation." *Review of Economic Studies* 78 (4): 1179–1200.

Acemoglu, K. Daron, Simon Johnson, and James A. Robinson. 2005. "Institutions as a Fundamental Cause of Long-Run Economic Growth." In *Handbook of Economic Growth, vol. 1*, ed. Philippe Aghion and Steven N. Durlauf, 385–472. Amsterdam: Elsevier.

ADB (Asian Development Bank). 2010. *Infrastructure for a Seamless Asia*. Tokyo: Asian Development Bank Institute.

AfDB (African Development Bank). 2010. *African Development Report 2010: Ports, Logistics, and Trade in Africa*. Oxford: Oxford University Press.

Aghion, Philippe, Mathias F. Dewatripont, Luosha Du, Ann E. Harrison, and Patrick Legros. 2012. "Industrial Policy and Competition." Working Paper

18048, National Bureau of Economic Research, Cambridge, MA.

Aizenman, Joshua, and Nancy P. Marion. 1999. "Volatility and Investment: Interpreting Evidence from Developing Countries." *Economica* 66 (262): 157–79.

Anand, Rahul, Susanna Lundstrom Gable, and Saurabh Mishra. 2011. "Service Export Sophistication and Economic Growth." Policy Research Working Paper 5606, World Bank, Washington, DC.

Bardhan, Pranab K. 2010. *Awakening Giants, Feet of Clay: Assessing the Economic Rise of China and India*. Princeton, NJ: Princeton University Press.

Bartelsman, Eric J., John C. Haltiwanger, and Stefano Scarpetta. 2009. "Measuring and Analyzing Cross-Country Differences in Firm Dynamics." In *Producer Dynamics: New Evidence from Micro Data*, ed. Timothy Dunne, J. Bradford Jensen, and Mark J. Roberts, 15–76. Chicago: University of Chicago Press.

Benhabib, Jess, and Mark M. Spiegel. 2000. "The Role of Financial Development in Growth and Investment." *Journal of Economic Growth* 5 (4): 341–60.

Besley, Timothy J. 1995. "Property Rights and Investment Incentives: Theory and Evidence from Ghana." *Journal of Political Economy* 103 (5): 903–37.

Besley, Timothy J., Stephen Coate, and Glenn C. Loury. 1993. "The Economics of Rotating Savings and Credit Associations." *American Economic Review* 83 (4): 792–810.

Bloom, Nicholas. 2009. "The Impact of Uncertainty Shocks." *Econometrica* 77 (3): 623–85.

Bloom, Nicholas, and John M. van Reenen. 2007. "Measuring and Explaining Management Practices Across Firms and Countries." *Quarterly Journal of Economics* 122 (4): 1351–1408.

Caballero, Ricardo J. 1991. "On the Sign of the Investment-Uncertainty Relationship." *American Economic Review* 81 (1): 279–88.

———. 2008. "On the Macroeconomics of Asset Shortages." In *The Role of Money: Money and Monetary Policy in the Twenty-First Century*, ed. Andreas Beyer and Lucrezia Reichlin, 272–83. Frankfurt: European Central Bank.

Caballero, Ricardo J., Emmanuel Farhi, and Pierre-Olivier Gourinchas. 2008. "An Equilibrium Model of 'Global Imbalances' and Low Interest Rates." *American Economic Review* 98 (1): 358–93.

Calderón, César A., Enrique Moral-Benito, and Luis Servén. 2011. "Is Infrastructure Capital Productive? A Dynamic Heterogeneous Approach." Policy Research Working Paper 5682, World Bank, Washington, DC.

Calderón, César A., and Luis Servén. 2010. "Infrastructure in Latin America." Policy Research Working Paper 5317, World Bank, Washington, DC.

Carrière-Swallow, Yan, and Luis Felipe Céspedes. Forthcoming. "The Impact of Uncertainty Shocks in Emerging Economies." *Journal of International Economics*.

Carruth, Alan A., Andrew P. Dickerson, and Andrew G. Henley. 2000. "What Do We Know About Investment Under Uncertainty?" *Journal of Economic Surveys* 14 (2): 119–53.

Caselli, Francesco, and James D. Feyrer. 2007. "The Marginal Product of Capital." *Quarterly Journal of Economics* 122 (2): 535–68.

Chinn, Menzie D., and Eswar S. Prasad. 2003. "Medium-Term Determinants of Current Accounts in Industrial and Developing Countries: An Empirical Exploration." *Journal of International Economics* 59 (1): 47–76.

Claessens, Stijn, and Ronald C. Duncan, eds. 1993. *Managing Commodity Price Risk in Developing Countries*. Baltimore: Johns Hopkins University Press.

Commission on Growth and Development. 2008. *The Growth Report: Strategies for Sustained Growth and Inclusive Development*. Washington, DC: The World Bank.

Cooley, Thomas F., Ramon Marimon, and Vicenzo Quadrini. 2004. "Aggregate Consequences of Limited Contract Enforceability." *Journal of Political Economy* 112 (4): 817–47.

Cull, Robert J., Asli Demirgüç-Kunt, and Jonathan J. Morduch. 2009. "Microfinance Meets the Market." *Journal of Economic Perspectives* 23 (1): 167–92.

Dailami, Mansoor. 1992. "Optimal Corporate Debt Financing and Real Investment Decisions under Controlled Banking Systems." In *Business Finance in Less Developed Capital Markets*, ed. Klaus P. Fischer and George J. Papaioannou, 229–49. Westport, CT: Greenwood Press.

Dailami, Mansoor, and Robert Hauswald. 2007. "Credit-Spread Determinants and Interlocking Contracts: A Study of the Ras Gas Project." *Journal of Financial Economics* 86 (1): 248–78.

Dawson, John W. 1998. "Institutions, Investment, and Growth: New Cross-Country and Panel Data Evidence." *Economic Inquiry* 36 (4): 603–19.

Dixit, Avinash K., and Robert S. Pindyck. 1994. *Investment Under Uncertainty*. Princeton, NJ: Princeton University Press.

Dobbs, Richard, Susan Lund, Charles Roxburgh, James Manyika, Alex Kim, Andreas Schreiner, Riccardo Boin, Rohit Chopra, Sebastian Jauch, Hyun Kim, Megan McDonald, and John Piotrowski.

2010. *Farewell to Cheap Capital? The Implications of Long-Term Shifts in Global Investment and Saving.* Washington, DC: McKinsey Global Institute.

Easterly, William R., and Ross Levine. 2001. "It's Not Factor Accumulation: Stylized Facts and Growth Models." *World Bank Economic Review* 15 (2): 177–219.

Ettinger, Stephen, Michael Schur, Stephan von Klaudy, Georgina Dellacha, and Shelly Hahn. 2005. "Developing Country Investors and Operators in Infrastructure." *Trends and Policy Options Series* 3, Public-Private Infrastructure Advisory Facility, Washington, DC.

FAO (Food and Agriculture Organization of the United Nations). FAOSTAT database. FAO, Rome. http://faostat.fao.org.

Feldstein, Martin S., and Charles Y. Horioka. 1980. "Domestic Saving and International Capital Flows." *Economic Journal* 90 (358): 314–29.

Fernández-Villaverde, Jesús, Pablo Guerrón-Quintana, Juan F. Rubio-Ramírez, and Matin Uribe. 2011. "Risk Matters: The Real Effects of Volatility Shocks." *American Economic Review* 101 (4): 2530–61.

Feyrer, James D., and Jay C. Shambaugh. 2012. "Global Savings and Global Investment: The Transmission of Identified Fiscal Shocks." *American Economic Journal: Economic Policy* 4 (2): 95–144.

Fisman, Raymond J. 2001. "Estimating the Value of Political Connections." *American Economic Review* 91 (4): 1095–102.

GTAP (Global Trade Analysis Project) database. Center for Global Trade Analysis, Department of Agricultural Economics, Purdue University, West Lafayette, IN. https://www.gtap.agecon.purdue.edu/#2.

Gupta, Sanjeev, Alvar Kangur, Chris Papageorgiou, and Abdoul Wane. 2011. "Efficiency-Adjusted Public Capital and Growth." Working Paper WP/11/217, International Monetary Fund, Washington, DC.

Hayashi, Fumio. 1982. "Tobin's Marginal q and Average q: A Neoclassical Interpretation." *Econometrica* 50 (1): 213–24.

Hesse, Heiko, Andreas A. Jobst, and Juan Solé. 2008. "Trends and Challenges in Islamic Finance." *World Economics* 9 (2): 175–93.

Holmström, Bengt R., and Jean Tirole. 1997. "Financial Intermediation, Loanable Funds, and the Real Sector." *Quarterly Journal of Economics* 112 (3): 663–91.

Hsieh, Chang-Tai, and Peter J. Klenow. 2007. "Relative Prices and Relative Prosperity." *American Economic Review* 97 (3): 562–85.

———. 2009. "Misallocation and Manufacturing TFP in China and India." *Quarterly Journal of Economics* 124 (4): 1403–48.

Jordà, Òscar. 2009. "Simultaneous Confidence Regions for Impulse Responses." *Review of Economics and Statistics* 91 (3): 629–47.

Jorgenson, Dale W. 1963. "Capital Theory and Investment Behavior." *American Economic Review* 53 (2): 47–56.

Kalemi-Ozcan, Sebnem, and Bent E. Sørensen. 2012. "Misallocation, Property Rights, and Access to Finance: Evidence from Within and Across Africa." Working Paper 18030, National Bureau of Economic Research, Cambridge, MA.

Kapur, Devesh, and Ravi Ramamurti. 2001. "India's Emerging Competitive Advantage in Services." *Academy of Management Executive* 15 (2): 20–33.

Keynes, John Maynard. 1936. *The General Theory of Employment, Interest and Money.* New York: Harcourt, Brace & World.

Knowles, Stephen. 2001. "Are the Penn World Tables Data on Government Consumption and Investment Being Misused?" *Economics Letters* 71 (2): 293–98.

Koopman, Robert B., Zhi Wang, and Shang-Jin Wei. 2012. "Estimating Domestic Content in Exports When Processing Trade Is Pervasive." *Journal of Development Economics* 99 (1): 178–189.

Kraay, Aart C., Norman V. Loayza, Luis Servén, and Jaume Ventura. 2006. "Country Portfolios." *Journal of the European Economic Association* 3 (4): 914–45.

Kraay, Aart C., and Jaume Ventura. 2000. "Current Accounts in Debtor and Creditor Countries." *Quarterly Journal of Economics* 115 (4): 1137–66.

Lee, Jaewoo, and Kwanho Shin. 2001. "The Role of a Variable Input in the Relationship Between Investment and Uncertainty." *American Economic Review* 90 (3): 667–80.

Levine, Ross. 2005. "Finance and Growth: Theory and Evidence." In *Handbook of Economic Growth, vol. 1*, ed. Philippe Aghion and Steven N. Durlauf, 866–934. Amsterdam: Elsevier.

Li, Wei, and Lixin Colin Xu. 2004. "The Impact of Privatization and Competition in the Telecommunications Sector around the World." *Journal of Law and Economics* 47 (2): 395–430.

Lorenzoni, Guido, and Karl Walentin. 2007. "Financial Frictions, Investment and Tobin's *q*." Working Paper 13092, National Bureau of Economic Research, Cambridge, MA.

Lucas, Robert E., Jr. 1990. "Why Doesn't Capital Flow from Rich to Poor Countries?" *American Economic Review* 80 (2): 92–6.

Lucas, Robert E., Jr., and Edward C. Prescott. 1971. "Investment Under Uncertainty." *Econometrica* 39 (5): 659–81.

Mankiw, N. Gregory, David H. Romer, and David N. Weil. 1992. "A Contribution to the Empirics of Economic Growth." *Quarterly Journal of Economics* 107 (2): 407–37.

Mauro, Paolo. 1995. "Corruption and Growth." *Quarterly Journal of Economics* 110 (3): 681–712.

McDonald, Robert L., and Daniel Siegel. 1986. "The Value of Waiting to Invest." *Quarterly Journal of Economics* 101 (4): 707–27.

Meier, Gerald M., and Dudley Seers, eds. 1984. *Pioneers in Development*. New York: Oxford University Press.

Mostrous, Yiannis G., Elliott H. Gue, and David F. Dittman. 2010. *The Rise of the State: Profitable Investing and Geopolitics in the 21st Century*. Upper Saddle River, NJ: FT Press.

Olken, Benjamin A. 2007. "Monitoring Corruption: Evidence from a Field Experiment in Indonesia." *Journal of Political Economy* 115 (2): 200–49.

PFI (Project Finance International). Newsletter database and website, Thomson Reuters, London. http://www.pfie.com.

Pritchett, Lant. 2000. "The Tyranny of Concepts: CUDIE (Cumulated, Depreciated, Investment Effort) Is Not Capital." *Journal of Economic Growth* 5 (4): 361–84.

PIDA (Programme for Infrastructure Development in Africa). 2011. *Interconnecting, Integrating, and Transforming a Continent*. Tunis, Tunisia: African Development Bank.

Rada, Nicholas E., and Steven T. Buccola. 2012. "Agricultural Policy and Productivity: Evidence from Brazilian Censuses." *Agricultural Economics* 43 (4): 355–67.

Rodrik, Dani. 2009. "Industrial Policy: Don't Ask Why, Ask How." *Middle East Development Journal* 1 (1): 1–29.

Romer, Paul M. 1990. "Endogenous Technological Change." *Journal of Political Economy* 98 (5/2): S71–S102.

Servén, Luis. 2003. "Real-Exchange-Rate Uncertainty and Private Investment in LDCs." *Review of Economics and Statistics* 85 (1): 212–18.

Summers, Robert, and Alan W. Heston. 1991. "Penn World Table (Mark 5): An Expanded Set of International Comparisons, 1950–1988." *Quarterly Journal of Economics* 106 (2): 327–68.

Tobin, James. 1969. "A General Equilibrium Approach to Monetary Theory." *Journal of Money, Credit and Banking* 1 (1): 15–29.

Tornell, Aaron, and Frank Westermann. 2002. "Boom-Bust Cycles in Middle Income Countries: Facts and Explanation." *International Monetary Fund Staff Papers* 49 (Special Issue): 111–55.

UN (United Nations). 1951. "Measures for the Economic Development of Underdeveloped Countries." Report by a Group of Experts appointed by the Secretary-General of the United Nations, UN Department of Economic Affairs, New York.

UNIDO (United Nations Industrial Development Organization) Industrial Statistics database. UNIDO, Vienna, Austria. http://www.unido.org/statistics.html.

World Bank. 2006. *Where Is the Wealth of Nations? Measuring Capital for the 21st Century*. Washington, DC: World Bank.

———. 2008. *The Political Economy of Policy Reform: Issues and Implications for Policy Dialog and Development Operations*. Washington, DC: World Bank.

———. 2011. *The Changing Wealth of Nations: Measuring Sustainable Development in the New Millennium*. Washington, DC: World Bank.

———. 2012a. *China 2030: Building a Modern, Harmonious, and Creative High-Income Society*. Washington, DC: World Bank and Development Research Center of the State Council, the People's Republic of China.

———. 2012b. *Global Financial Development Report 2013: Rethinking the Role of the State in Finance*. Washington, DC: World Bank.

———. 2012c. *Global Investment Promotion Best Practices 2012*. Washington, DC: World Bank.

———. 2012d. *World Bank Group Infrastructure Strategy Update FY2012–2015: Transformation Through Infrastructure*. Washington, DC: The World Bank.

World Bank EdStats database. Education statistics website, World Bank, Washington, DC. http://www.world bank.org/education/edstats.

World Bank Global Economic Monitor database. World Bank, Washington, DC. http://data.worldbank.org/data-catalog/global-economic-monitor.

World Bank Private Participation in Infrastructure database. World Bank, Washington, DC. http://ppi.worldbank.org/.

World Bank World Development Indicators database. World Bank, Washington, DC. http://data.world bank.org/data-catalog/world-development-indicators.

2

2030 年的全球储蓄

储蓄是否是发展中国家经济增长的阻碍，这个问题长久以来一直备受关注。在20世纪60年代末期，发展中国家仅把收入的18%用于储蓄，而低收入经济体甚至只有13%，相比而言，高收入经济体则达到21%。由于发展中国家吸引国外资金的能力不强，直观而言，是国内储蓄的不足限制了投资规模，因而限制了经济增长，使得必须从高储蓄的富裕国家获得大量资金。储蓄是否是限制发展的首要因素仍然值得探讨，但发展中国家储蓄不足的情况已经得到极大改观。发展中国家的国内平均储蓄在2009年达到了收入的32%，而发达国家则降至17%。[1] 然而，发展中国家储蓄率的显著增长依然没能完全消除储蓄不足会限制它们的经济增长前景的顾虑，因为人口老龄化在未来十年会给储蓄率带来下行压力。

本章得出的一个结论是，虽然人口老龄化有使储蓄率降低的倾向，但是储蓄却不太可能成为全球增长的限制因素。尽管这一结论适用于全球范围，但由于不同国家和地区之间的储蓄率会有显著差异，其中一些地区将会在未来面临着难题。

本章的主要观点如下：

- *发展中国家储蓄率的改变主要受三个因素驱动：人口老龄化、经济增长率以及金融市场的深化程度。*在大部分发展中世界里普遍存在的人口老龄化问题将给家庭储蓄率带来向下压力。然而，老龄化也将使（年轻）劳动力相对于资本来说变得更稀缺，使得实际工资水平相对资本回报率更高。这一要素价格的相对变化使收入进行了再分配，从资本持有者——通常年龄更大因而有更低的储蓄率转向工人——通常更年轻并有更高的储蓄率，使向下压力得到缓解。

发展中国家更高的经济增长率也将促进储蓄。事实上，在发达国家和发展中国家的收入和结构性变化逐渐趋同的情况下，对于很多发展中国家来说，经济增长率会持续提高至2020年，届时将会趋于稳定并缓慢下降。而一些国家，特别是撒哈拉以南的非洲地区，经济增长率将会持续提高到2030年。在高收入国家和发展中世界的生产力差距缩小得更快的情况下，增长的加速效果会更明显。增长过程带来的这些积极变化促进了储蓄并部分抵消了老年人口比例增加带来的负效应。

其他与经济增长相关的机制也起着重要作用。预期寿命的延长会增加储蓄来为更长的教育和退休年限融资。反过来，更多有着更高教育水平和更陡峭的年龄—收入分布的工人倾向于提高储蓄率。此外，高收入往往意味着更少的后代和更高的女性劳动参与率，增加了工人在最富生产力的年华的储蓄潜力。

发展中国家的金融市场深化则会给储蓄水平带来负面影响。特别是金融的发展会放松流动性限制，因此，减少了个人及拥有高投资回报率的公司进行储蓄的必要。金融深化反映在保险和养老金安排上，它们的便利性和应用广泛性的提升也减少了预防性储蓄的需要。但金融深化往往和更有效的资本配置，进而和更高的收入增长联系在一起，而这倾向于增加储蓄。这种老龄化、经济增长和金融深化之间的复杂互动，预期会导致发展中国家平均储蓄率的略微下降，从 2014 年的最高值 34% 降至 2030 年的32% 。

- *储蓄的演化过程在不同的地区间将会有显著差异。*在两个区域内——东亚以及东欧和中亚——人口老龄化带来的储蓄率下行压力会被经济的快速增长至少部分抵消，因此，储蓄率并不会像高收入国家一样下降得如此之多。比如，在印度尼西亚，2010—2030 年间老年人口抚养比将会和高收入国家增长得一样迅速，但在高收入国家的储蓄率预期从 18% 下降到 16% 的同时，它的储蓄率仅会从 32% 降至 31%（在渐进趋同情景下）。这种差异性部分体现了结构性变量的改变，如金融部门深度及社会保障体系的规模，但主要还是由于印度尼西亚更高的经济增长率。在人口图谱的另一端，撒哈拉以南非洲地区有着相对年轻并增长迅速的人口，再加上生产率增长带来的经济增长，使得它成为唯一在我们所考虑的时间范围内储蓄率没有下降的地区。
- *发展中国家的崛起将支撑起全球储蓄率。*2010—2030 年，发展中国家将经历产出上的快速增长，有相对年轻的人口水平的地区还将经历人口的快速增长，同时还保有相对较高的储蓄率。而高收入经济体则会经历经济较缓增长以及下降的储蓄率水平。到 2030 年，每 100 美元的全球储蓄就有 62 美元是由发展中国家贡献的，而 2010 年的这一数字仅为 45 美元。具有高储蓄水平的发展中经济体经济权重的提高平衡了高收入经济体储蓄的收缩。发展中国家全球储蓄份额的快速增加意味着它们的全球财富份额也将增加，尽管这个增长过程要更加缓慢。
- *发展中国家的储蓄似乎更多集中于高收入家庭。*尽管储蓄（以及财富）集中于一个国家的一小部分人中，也许能够促进金融深化并以此促进经济增长，但这种集中性并不利于经济的流动性前景，因此不利于对经济增长来说至关重要的政治和社会共识的达成。高收入家庭并不仅比低收入家庭倾向于将收入的更大比例用来储蓄，而且在经济发展和人口结构转变的不同阶段它们都为国家提供了大量储蓄。在有较高经济流动性的国家，低收入和低储蓄之间的相关性可能反映了收入暂时性减少的家庭试图平稳消费的努力。不幸的是，类似的相关性也出现在按教育素养分组的家庭中，而教育素养通常被当作永久收入的替代变量，因此，比暂时的收入分配水平更为稳定。一个国家中受教育程度最低的人群储蓄很少甚至没有储蓄，这意味着他们无法提高自己获取收入的能力，最贫困的人口也就无力摆脱贫困陷阱。发展中国家的政策决策者扮演的角色至关重要，他们可以通过提高人力资本政策，特别是对穷人的人力资本政策来刺激储蓄。

- *家庭结构的改变增加了金融市场在为老年人提供收入保障方面的重要性。*随着收入的增加家庭规模会变小，因为这会更方便工人在各地区之间移动，老年人也更有能力依靠积蓄独立生活。随着家庭规模的减小，老年人口抚养结构出现了深刻变革——从非正式的多代同堂家庭体系转向更正式的个人养老金或公共社会保障体系。在老年时更多地依靠私人融资的养老金而非家庭储蓄和财富，能够在老年人和他们的子女都选择独立生活时提高双方的福利水平。另一个好处是使用个人金融市场作为养老金储蓄的媒介能够增加金融深度，并有助于金融市场的发展。然而，从依赖家庭成员的收入转为依赖金融机构，同时也突显了加强监管以限制欺诈和金融中介机构所承担的额外风险的重要性。
- *人口结构的变化将给公共财政的可持续性带来挑战。*在发展中国家，超过劳动年龄的人口比例正在快速增长，财政预算将面临着逐渐增长的养老金和医疗保健成本的考验。公共支出组成将向老龄化相关项目转移，而人口老龄化带来的教育支出的减少只能少量抵消这种影响。另外，非年龄相关支出的减少程度极为有限。复杂的政策挑战将来自于为减轻医疗和养老金负担同时又不使福利和社会服务水平下降过多所做的努力。要想在不给老龄人口造成严重生活困难的同时确保公共财政的可持续性，就必须解决这些难题。

总水平上的储蓄：过去、现在以及将来

发展中国家的储蓄已经增加

现在全球储蓄的很大一部分都来自于发展中国家，然而这种现象是最近才开始出现的。从 1980 年到 2000 年的 20 年间，发展中国家的储蓄较稳定地维持在全球收入的约 4% （图 2.1）。然而这个比例自 2000 年以来快速增长，到 2009 年超过了 9%。与此同时高收入国家的总储蓄从全球总收入的 18% 降至 12.5%。在高收入国家储蓄减少的情况下，发展中国家储蓄的快速增长使全球储蓄率保持稳定。发展中国家储蓄增长的一个值得注意的后续影响，就是它们占有了更大份额的全球财富（图 2.1）。

发表中国家对全球储蓄总量的贡献的增加可以分为两个部分：（a） 相对全球经

图 2.1 自 2000 年左右开始，发展中国家占全球储蓄的份额在增长

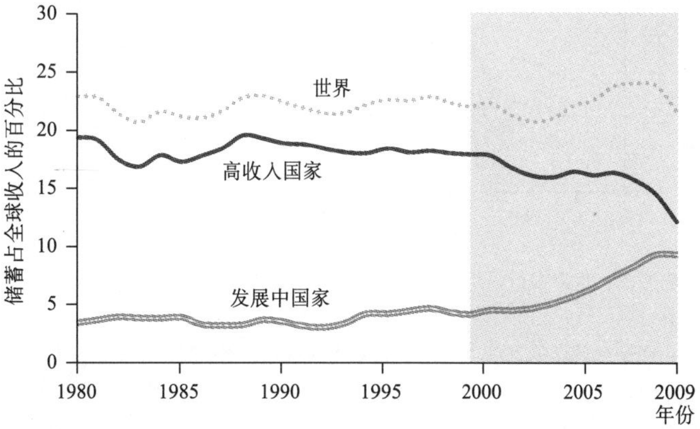

资料来源：世界银行运用“世界银行世界发展指标数据库”的数据进行的计算。

注：阴影区域表示 2000 年以后的阶段，发展中国家总储蓄的权重改变正是发生在这个时期。（发展中国家的储蓄率对时间的一个简单线性回归在 1985—1999 年为 $S = 0.000t - 1.464$，而 2000—2009 年为 $S = 0.002t - 47.369$，其中，S 和 t 分别代表发展中国家的总储蓄和年份）。

图 2.2　相对规模和储蓄率均对发展中国家储蓄的重要性的上升有极大贡献

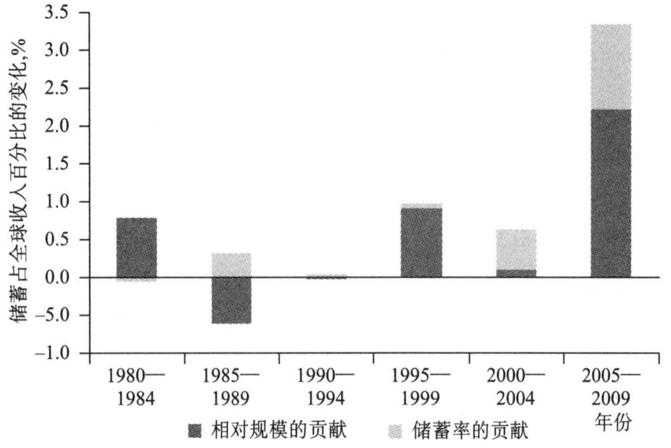

资料来源：世界银行运用“世界银行世界发展指标数据库”的数据进行的计算。

注：投资份额的分解来源于公式$(s/Y)=(s/Y)*(y/Y)$，其中，s，y，Y 分别代表发展中国家储蓄，发展中国家收入以及全球收入。

图 2.3　发展中国家的储蓄率已经上升

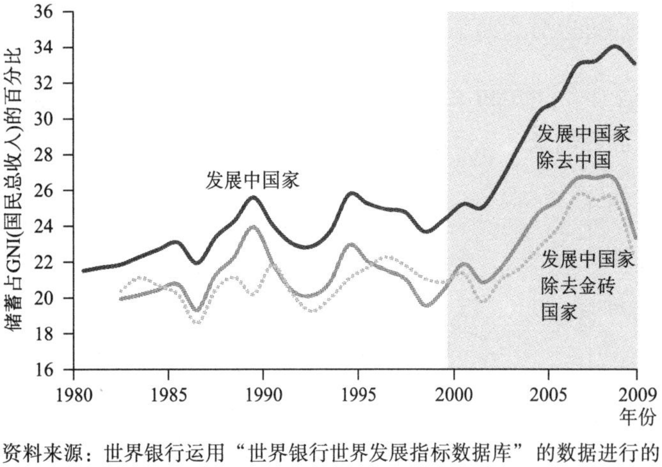

资料来源：世界银行运用“世界银行世界发展指标数据库”的数据进行的计算。

注：阴影区域表示 2000 年以后，发展中国家总储蓄的权重改变正是发生在这个时期。（一个发展中国家的储蓄率对时间的简单线性回归在 1985—1999 年为 $S=0.000t-1.464$，而 2000—2009 年为 $S=0.002t-47.369$，其中，S 和 t 分别代表发展中国家的总储蓄和年份）。BRIICs = 巴西、俄罗斯联邦、印度、印度尼西亚和中国。

济总量而言它们的经济规模和（b）它们的储蓄率。自 1980 年以来每五年为期发展中国家储蓄的变化表明，平均来讲，无论是相对规模还是储蓄率都有所贡献（图 2.2）。2000—2009 年，储蓄率的改变使得发展中国家的总储蓄占全球总收入的百分比上升了 1.5 个百分点。而另 1.9 个百分点的上升则要归功于经济规模。

发展中国家的储蓄水平与 50 年前相比已经大幅提升。发展中国家作为一个整体在 20 世纪 60 年代把收入的 18% 用于储蓄，而低收入经济体甚至只有 13%，相比而言，高收入经济体则达到 21%。[2] 低储蓄率被认为是投资进而是未来经济增长的最大阻碍。其他因素比如不确定的政策环境，基础设施较差以及不完备的金融体系也阻碍了投资并减少了储蓄的动力。

但 20 世纪 60 年代以来发生了许多变化。过去的 30 年见证了政策的改善以及发展以及储蓄和投资的大幅增长。到 2009 年，储蓄已增加至将近收入的 1/3，尽管在全球金融危机时略有下降（图 2.3）。反过来，人口老龄化给发达经济体的储蓄率带来极大的负面压力。发展中国家与发达国家之间储蓄率的比值从 1980 年的 0.9 稳步上升至 2009 年的 2.0。

与投资的情况一样，发展中国家大部分增加的储蓄都来自于中国，其他大型新兴经济体，比如，印度和印度尼西亚也做出了很大贡献（图 2.4）。大型发展中国家间的储蓄率变化路径大不相同：印度的储蓄率稳步上升；巴西一直缓慢增长并于 1989 年达到峰值，但自那之后就有明显下降的趋势；而俄罗斯联邦的储蓄率自苏联解体后就极不稳定。

特别地，中国的储蓄发展趋势受到了决策界和学术界的极大关注。中国之所以被关注并不仅仅是因为其巨大的储蓄总量和极高的储蓄率，还因为它的储蓄来源十分广泛：中国的家庭、公司以及政府储蓄都在大幅上升。文献指出了导致储蓄率上升的几个因素，包括以下几点：

- Chamon 和 Prasad（2010）认为住房、教育及卫生保健支出对个人的压力以及增加的预防性储蓄是城市家庭储蓄率在 1995—2005 年间增长了 7 个百分点的重要驱动因素。
- Ma 和 Yi（2010）重点关注了总人口中劳动年龄人口比例的快速增长、农业的结构性转变以及城市化进程、艰难的公司结构调整、缩水的社会保障以及向部分融资养老金体系的转变。
- Wei 和 Zhang（2011）强调由于人口的性别比例存在偏度，家长为了使儿子更容易步入婚姻殿堂而进行竞争性的储蓄。
- Curtis、Lugauer 和 Mark（2011）显示如果将赠予遗产作为储蓄的动机考虑在内，中国人口的年龄分布变化便成为一个重要因素。

另外一个关键因素是中国金融市场发展的相对不平衡；家庭和小中型企业经常面临严格的信贷限制，所以它们必须储蓄以自我融资，而国有企业则能轻易获得信贷。但最近几十年来中国高储蓄水平的最重要因素也许是它极高的经济增长率，这会带动储蓄率上升。

尽管推升中国储蓄率的很多因素对许多发展中国家都适用，但在其他任何地方都没有像在中国这样效果显著；事实上，一个甚至多个在中国观察到的特征在许多发展中国家并没有出现。例如，撒哈拉以南非洲地区与其他发展中地区相比处于人

图 2.4　主要发展中国家的储蓄率变化路径大不相同

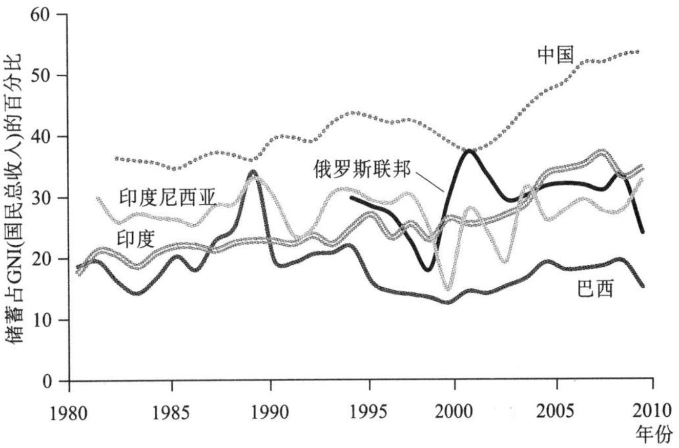

资料来源：世界银行运用“世界银行世界发展指标数据库”的数据进行的计算。

口结构转变的早期，这种转变也进行得更为缓慢。另外，全球范围内金融体系都在深化；这个过程集中于高收入国家，但中等收入国家自 20 世纪 90 年代以来也经历了显著的深化过程（Beck、Demirgüç - Kunt 和 Levine，2010）。[3]

发展中国家间的地区性储蓄趋势显示，最近储蓄的上升源于东亚和太平洋地区、中东和北非以及南亚这些国家储蓄的增长。这种上升势头伴随着显著的外部顺差（这应归功于制成品和能源的强劲出口）。然而，尤其在南亚，在存在小额逆差的情况下仍然出现了储蓄增长。

在区域内部同样存在着国内储蓄水平和趋势的差异。特别是在低收入国家储蓄率更低（图 2.5）。例如，在东亚，这个地区整体来说较高的储蓄率——1980—2010 年间平均在 24%——掩盖了低收入国家有较低的储蓄率的事实，尽管不同收入水平国家的储蓄率都在随时间而增长（图 2.5，a）。在发生危机时，如 1997—1998 年的亚洲金融危机和 2007—2009 年的全球金融危机，由于收入的减少以及为了平稳消费而借贷的增加，储蓄率下降。

图 2.5　低收入国家的储蓄率通常也较低

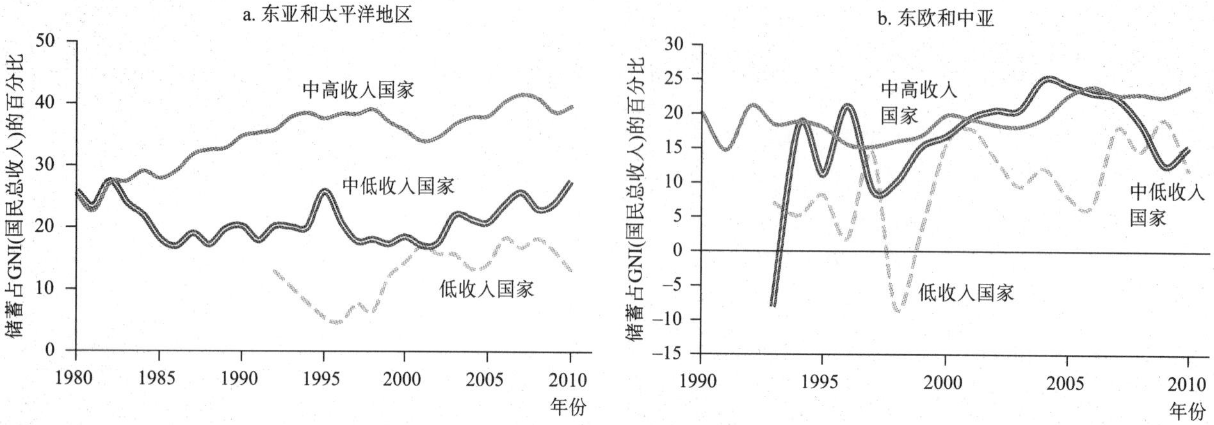

资料来源：世界银行运用“世界银行世界发展指标数据库”的数据进行的计算。

注：储蓄率是每个收入分组内未加权占比的结果。经过 GDP 加权后的定性结果除了东亚地区的中低收入组之外都与此十分相似，因为中国所占的巨大权重。

储蓄的私人部门和公共部门组成在不同的国家和不同的时间段都有显著差异

当国民储蓄被分成私人部分和公共部分，很明显两者都十分重要。

私人部门储蓄往往占比更大，而且历史上波动性也比公共部门储蓄更大。对很多国家而言，家庭储蓄自身占据了国民储蓄的绝大部分，尽管当一国数据加总到地区层面时，各地的家庭储蓄的水平显著不同（图2.6）。自20世纪50年代以来，总储蓄中的家庭储蓄的平均占比从拉丁美洲的25%到印度的68%不等。拉美家庭储蓄较低的一个原因是那里的公司储蓄较高，而公司又多被家庭所拥有，公司储蓄取代了家庭储蓄。由于家庭储蓄对经济增长和人口结构变化都很敏感，未来十年中的人口结构改变和经济增长的时机会通过影响家庭储蓄决策来影响全球储蓄形势。

在几个发展中大国（特别是中国和印度），私人部门储蓄异乎寻常地高，并且近年来增长得比家庭储蓄更快（图 2.7）。有理论认为公司储蓄与现金流呈负相关关系（Riddick 和 Whited，2009），这反过来表明金融管制——可能来源于金融的发展没有跟上经济发展的脚步——可能导致了最近这些经济体的公司储蓄率的升高。因此，随着中国和印度金融部门的成熟，这种高公司储蓄（导致高私人部门储蓄）的倾向很可能消失。

公共部门储蓄没有显示出明显的长期趋势。尽管它也存在某种程度的波动，但1981—2011 的 30 年间，发展中国家国民储蓄的公共部分大致维持在 10%—20% 的范围之内（图 2.8）。显著的例外出现在 21 世纪头十年末期的全球衰退之前的几年中，2006—2008 年公共部门储蓄超过了国民储蓄的 25%，但在 2009 年又迅速回归到了历史水平。

全世界的公共部门储蓄趋势和发展中国家过去 30 年所显示的路径大致相同，尽管 20 世纪 90 年代以前，发展中国家的公共部门储蓄占总储蓄的比例比高收入国

图 2.6　家庭储蓄在不同区域间的明显差异

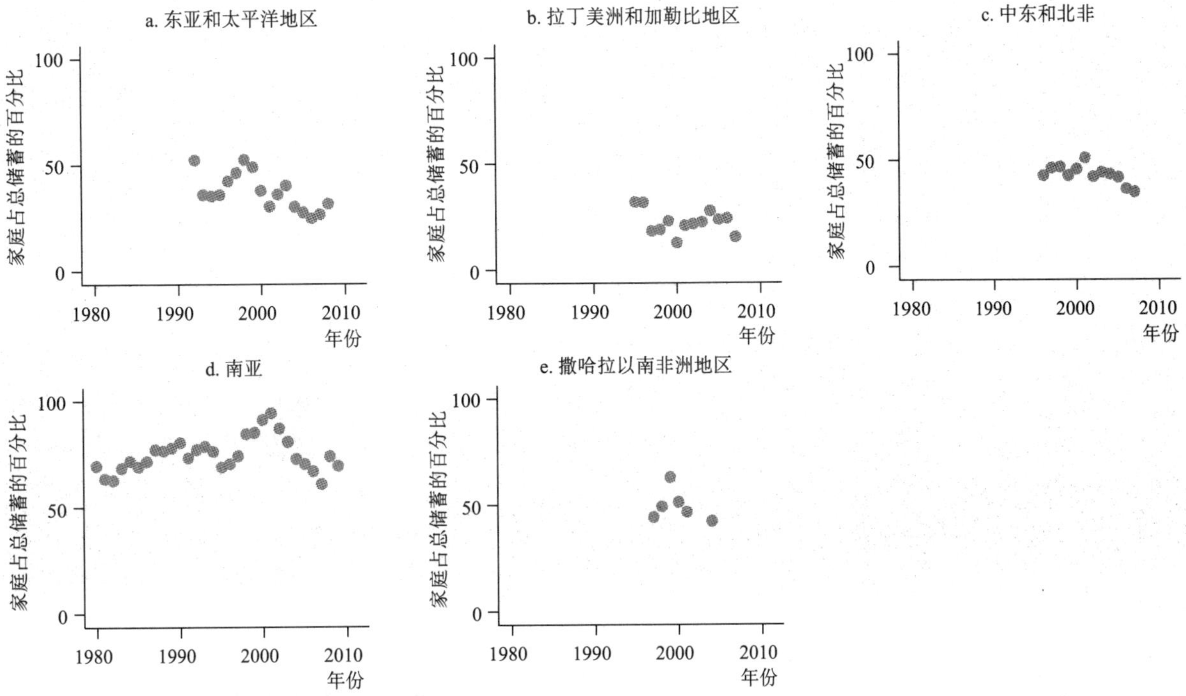

资料来源：世界银行运用“联合国国民账户主要加总数据库”的数据进行的计算。

注：纵坐标的百分比是所研究的区域内国家家庭储蓄占国民储蓄比例的未加权平均结果，只采用了近几年的数据，所分析的国家超过该区域 GDP 的 40%。

图 2.7　近几年在中国和印度公司储蓄比家庭储蓄增长得更快

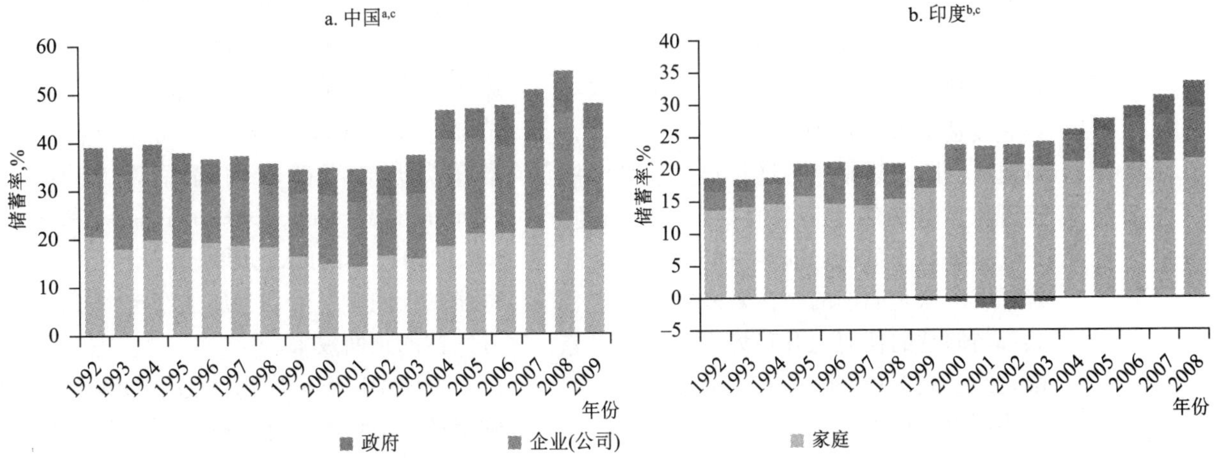

资料来源：世界银行运用“ACMR 中国数据中心数据库（中国）和 CSO 国民账户数据库（印度）”数据进行的计算。

注：a 对中国，2009 年的家庭和企业储蓄由其 2008 年的百分比和 2009 年的私人总储蓄推算得出。

b. 对印度，2007 年的数据是临时性的，2008 年的数据是估计值，家庭储蓄被定义为家庭金融储蓄和家庭实物储蓄之和。

c. “企业”和“公司”这两个名词是从原始数据中延用而来（中国称为企业，印度称为公司）。

图 2.8　国民储蓄的公共部分在固定范围内波动

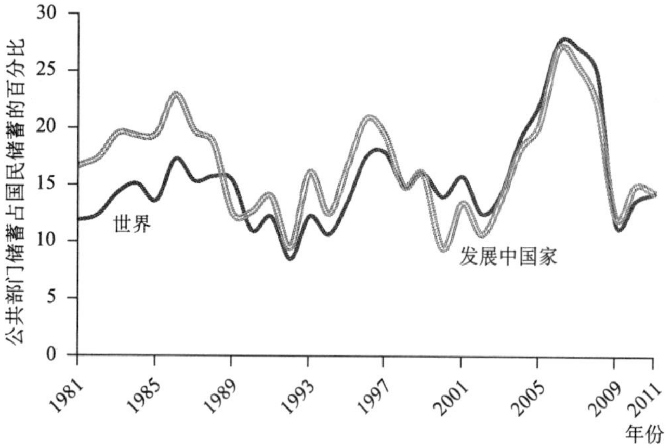

资料来源：世界银行根据"IMF 世界经济展望数据库"数据计算得出。

注：国民总储蓄按照国民收入账户标准进行定义：国民总收入与公共和私人部门消费之差，再加上净现金流入。公共部门总储蓄等于所有层级政府部门的当前收入减去当前支出。当前支出包括政府消费支出、当前转移支付、利息支付以及补贴；公共投资并不算在当前支出之内，因此，它实际上算作公共部门储蓄的一部分。1992—2011 年，这个图表显示了在这些年度内都有数据的所有国家的公共部门总储蓄与国民总储蓄之比的未加权平均值（这些国家中不包括科威特，因为它在第一次海湾战争时期储蓄率波动极大）。上述样本包含 40 个发达国家和 102 个发展中国家。在 1992 年以前的年份中，该样本包含在给定年份有数据的所有国家（同样不包括科威特）。

家更大，在 21 世纪初的全球衰退中该比例在发展中国家下降的幅度也更大。

政府在储蓄和资本形成中扮演着日益重要的角色（也许是由于发展中国家基础设施投资更多）这种趋势是否被全球金融危机所打断，还是这种增长势头只是个短期现象，这仍然是一个值得探讨的问题。不管哪种对于危机之前年份的描述更为准确，有一点是明确的，在未来的几十年公共部门储蓄的任何上升趋势都会被人口老龄化给公共医疗保障和养老金支出带来的沉重压力所抵消。

尽管财富的积累比支出，储蓄、投资和资本流动发展得更为缓慢，发展中国家在资本流动中快速增长的份额将会逐渐积累成为在全球资本和国际投资上的地位。（关于全球财富分配在近期的变化的更多细节，参见专栏 2.1）

经济增长，人口结构变化以及金融市场发展会改变全球储蓄的形势

这篇报告的一个关键目标就是为了未来 20 年的世界储蓄情况提供一个预览。目前尚不存在一个关于储蓄的明确决定因素的确定性理论（参考近期的一个研究，Attanasio 和 Weber，2010）。然而，普遍共识是经济增长，人口结构变化和特定结构性变量如金融业的发展都影响着储蓄。理论模型和简化的经验方程都表明了这些变量间的相关关系。

例如，收入增长和人口增长造成的年龄结构变化，在生命周期模型（Modigliani 和 Brumberg，1954）和永久收入模型（Friedman，1957）中对解释储蓄行为都至关重要。这些模型仍然是衡量储蓄行为的重要基准。较新的模型则考虑储存的财富怎样作为应对意外冲击的预防措施（Carroll，1997）以及未来收入的不确定性可能对家庭（Weil，1993）和公司（Riddick 和 Whited，2000）储蓄产生何等影响，特别是缺乏健全的风险保险市场的情况下（Aiyagari，1994）。[4] 寿命延长能够潜在提升全年龄段的储蓄率（Bloom、Canning 和 Graham，2003；Kinugasa 和 Mason，2007）。因此，如果经济增长和人口寿命延长同时发生，会加强经济增长对提升储蓄的正面效果。

发展中国家的结构性变化能够缓解不确定性和信息不对称的程度，并促进市场更加健全。例如，金融市场的发展能够放松流动性限制，因此对储蓄活动产生影响（Deaton，1991；Jappelli 和 Pagano，1994）。与此同时，社会保障机制的存在

与否也能决定一个国家中多少家庭选择储蓄（Hubbard、Skinner 和 Zeldes，1995）。

我们运用一个全球动态可计算一般均衡模型（CGE）来构造未来世界储蓄的前景，这个模型包含一个储蓄方程，其决定因素为人均收入增长、人口结构（老年依存度）、金融市场发展水平、社会保障以及过去的储蓄率。根据惯例，这个方程依

专栏 2.1　正在进行中的全球财富分配格局的缓慢变化

发展中国家相对于高收入国家储蓄率的上升已经导致了发展中国家在全球财富（国民储蓄随时间加总）占比的增加。发展中国家的日益重要性在外部财富的持有方面体现得最为明显：新崛起国家在 20 世纪末和 21 世纪初负外部头寸大幅减少（Lane 和 Milesi－Ferretti，2007），并自此变为正头寸而且在继续增长[a]。尽管财富分配变化缓慢，在 1992—2007 年的 15 年间，国民财富的全球分配格局已经发生了显著的变化。

图 B2.1.1 显示：图 a 描述的是 1992 年和 2007 年全球人均财富在国家间的分布[b] 情况；图 b 描述的两者之间的差异，1992 年均值显示出独立于全球均值变化的分布形态的改变。分布偏向右侧意味着世界实际上在变得更富有。图 a 中分布显示的双峰特性说明存在两组国家，左侧峰值的变化——在 2007 年变得更高了，表明一些相对贫困的国家（比如，中国、多米尼亚以及纳米比亚）在积累资产并已经成为中等收入国家。由更富有的高收入国家（像中国香港、卢森堡、挪威及新加坡这样的经济体）组成的右侧峰值的变化，随着人均财富的快速增长而降低，意味着它们已从分布的右峰变为右尾。因此，在最富有的高收入国家和右峰附近国家——例如，海湾国家是前者而南欧国家则是后者——之间的差距越来越大。

世界上的大部分财富仍然存在于高收入国家。最近对家庭财富的分析，如 Davies 等（2011），表明北美，欧洲和高收入亚太国家占有全球财富的 90%。在发展中国家，财富通常以非金融资产的形式被持有，比如，房产和土地（Shorrocks、Davies 和 Lluberas，2010）。然而，虽然财富仍不断集中于高收入国家，过去的 15 年中人均国民财富在不同收入水平的国家间的分配逐渐趋向于平均化。如果把国家以人口数量加权[c]，基尼系数由 1992 年的 0.77 下降到 2007 年的 0.74。未来随着发展中国家在全球输出、储蓄和投资上的占比越来越大，这种人均国民财富的收敛趋势尽管缓慢但会一直持续下去。

a. 净国际投资头寸数据来自 IMF 的国际金融统计（http：//www.imf.org/external/data.htm）。需要注意的是中国的头寸构成了发展中国家总和中的很大一部分。

b. Milanovic（2005）讨论了测量国家间收入不平等的三个主要概念。原则上，它们也能应用于财富不平等。测量国家间不平等的假定条件，是在全球分配中赋予每个国家的人均财富以相同的权重。国际不平等把国家的相对规模考虑在内，用每个国家的人口作为权重。全球不平等将国家内部不平等考虑在内，测量个人的分布而不考虑其国籍（参见 Bourguignon 和 Morrisson，2002）全球不平等方法的缺陷是数据限制。全球不平等方法很好地展示了全球范围内发生了什么，但这个结果很有可能受一个或两个大国的左右（如发展中国家里的中国和印度就很有可能左右了分布结果）

c. 测度国际不平等的人口加权基尼系数方法通过如下方式得出，将每个国家的平均人均财富分配给每个居民，然后获取相应的全球分布的基尼系数。在相同时段，未加权（国家间）基尼系数从 0.66 上升至 0.68，表明国际间不平等的计算结果很大程度上取决于人口众多的发展中国家，如中国和印度的情况。

专栏2.1（续）

图B2.1.1　人均国民财富的全球分布已随时间改变

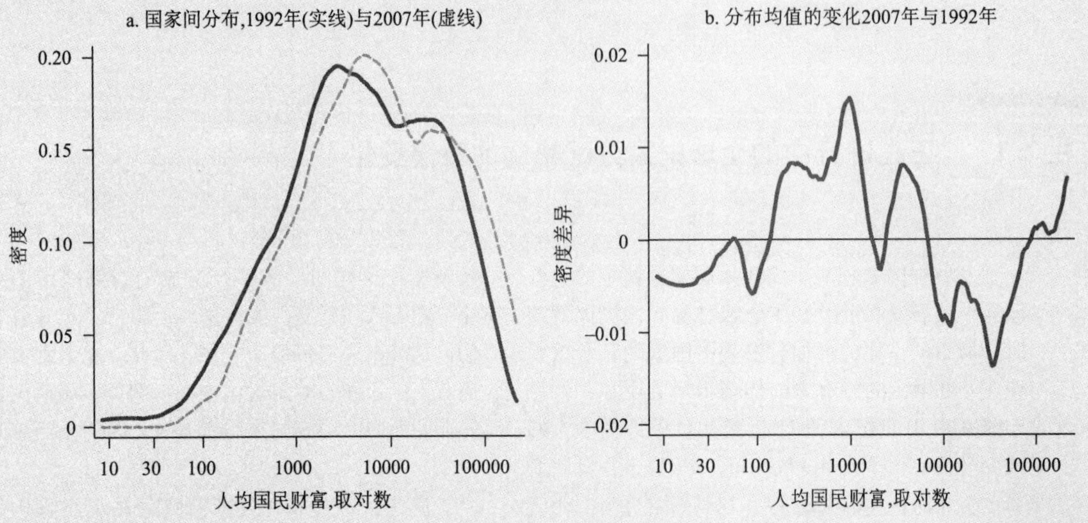

资料来源：世界银行根据“世界银行世界发展指标数据库和全球经济指数数据库及 Milesi – Ferretti 2007”中数据计算得出。

注：图a显示了国民总财富取对数后的概率分布，选取了100个在两个年度都有数据的国家，运用高斯内核密度估计方法。国民财富被定义为资本存量与净国外资产之和，以2000年美元不变价格计。资本存量用永续盘存法及5%的不变折旧率进行计算，并以每个国家的投资平减指数进行折算。根据 Lane 和 Milesi – Ferretti（2007），国外净资产作为存量、和外汇差异的变化的原因，并以每个国家的GDP平减指数进行折算。这两年（1992年和2007年）人均财富分布的均值差异，体现在b中，是将国家2007年观测到的数值减去2007年均值相对于1992年增长的部分。

据观测到的数据和计量估计得到的弹性进行了调整。对全球储蓄进行测量，发展方式和政策转变对一般均衡结果的影响的会计处理，以及对未来进行预测都是经济中很难解决的问题，还很容易遭到非议。然而，基于模型进行分析的主要优势不在于提供准确的预测结果，而在于能够提供一个与经济理论相容的分析框架，因此能够检验和解释在其他因素不变时关键因素发生变化产生的影响。

CGE模型用到的弹性是从正式多元计量分析中获得的，它的主要结果的图形描述见图2.9和图2.10.[5]

正如图2.9 a中所显示的，储蓄率和人均收入增长之间呈条件性的[6]正相关关系。人均收入增长率每增加10%，国民储蓄率增加0.5%—1%。这个相对较强的联系也许能够解释为什么当过去十年中发展中国家的人均收入呈现强劲增长势头时，许多发展中国家的储蓄率也一路走高。

储蓄和增长之间的正向关系受到两个因素的限制：老年人口抚养比的改变和金融发展水平的变化，两者均与储蓄率呈负相关关系。金融机构的发展总体来说对储蓄有向下的压力：金融市场越发精细，其中的信贷产品也更加一应俱全，家庭更有

图 2.9　储蓄率倾向于随着经济的增长而升高（a）并随着金融市场的发展而降低（b）

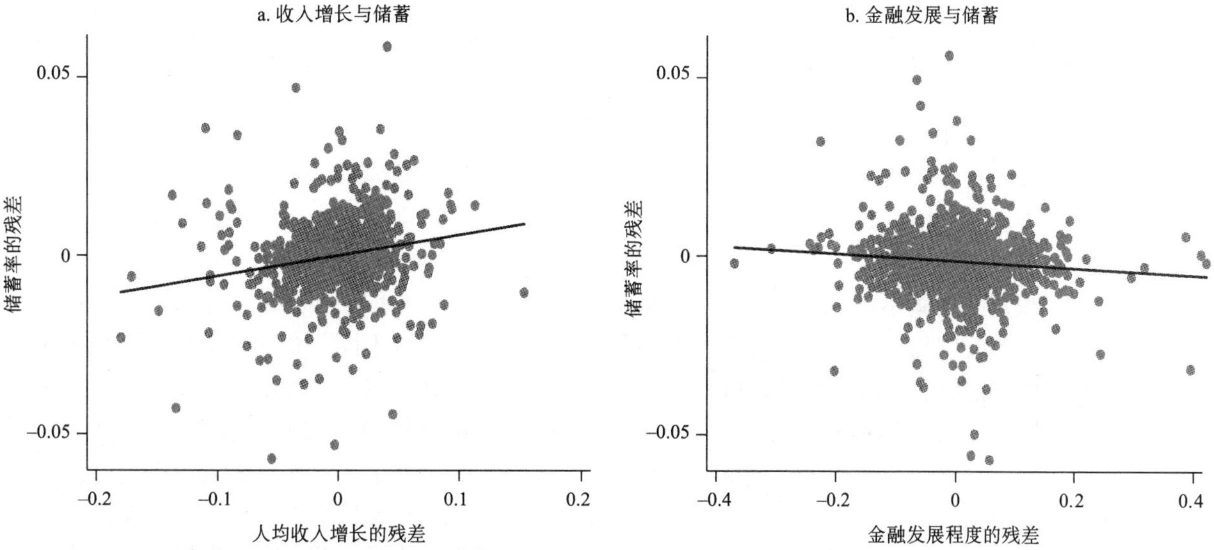

资料来源：世界银行根据“世界银行世界发展指标数据库”和“金融结构与发展数据库”中数据计算得出。

注：图中运用储蓄率的残差与人均收入增长的残差（a）以及储蓄率的残差与金融发展的残差（b）绘制了散点图。其中，储蓄率被定义为国内储蓄占 GDP 的比例，以本国货币计量；金融发展程度被定义国内私人部门可获得信贷占 GDP 的比例；人均收入增长率用实际人均收入计算，以 2000 年不变美元价格计；横轴和纵轴变量间的关系是有条件的，因为这种关系把其他因素可能产生的影响视为不变。上面的图表是由在线附录 1.6 中的表 1A，规范 S4 的结果得出。所有变量均取对数，未加权，在多元回归中标准水平下显著。发展中国家样本的散点图呈现相似的规律。

可能运用消费者信贷来满足其金融需求。与此相似，如果公司能更轻易在资本市场中满足资本需求，它们将没有足够的动机来留存它们的收益。

图 2.10 说明了老年依存度与储蓄之间的负相关关系，这证实了生命周期理论中的一个标准结论。

即将到来的人口结构转变将对全球劳动力供给和储蓄产生强烈影响

已经悄然发生的重大人口结构转变，是影响未来储蓄形势的重要因素。需要考虑的有三大人口结构因素：（a）发展中国家人口规模相对全球人口扩大；（b）世界人口年龄结构变化；（c）人口结构变化在不同地区间的不同步性。加之较高的经济

图 2.10　储蓄率倾向于随着人口老龄化而降低

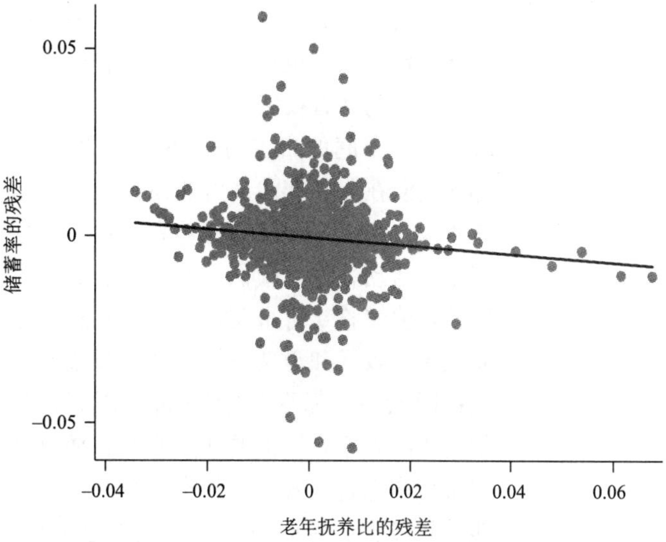

资料来源：世界银行根据“世界银行世界发展指标数据库和金融结构与发展数据库”中数据计算得出。

增长率，这些因素意味着全球储蓄越来越取决于发展中国家的情况。

未来的几十年中世界人口将快速增长，从 2010 年的 70 亿增长到 2050 年的 90 亿（联合国人口署，2011）。[7] 尽管现阶段的人口增长率远低于前四十年，到 2050 年世界新增的这 20 亿人口（大致相当于中国、印度尼西亚和美国的当前人口总和）并非微不足道的数字。特别是这些增长的人口几乎完全产生于发展中国家。发展中国家已经成为世界人口增长的主要来源，它们的贡献还在稳步上升。在 1950 年，每 100 个新生儿中有 80 个出生于发展中国家；到了 2010 年这个比例增加到 95%；而自 2050 年以后，发展中国家极有可能是世界人口增长的唯一源头。随着发展中国家占世界经济的比重越来越大，其储蓄形势也将对影响全球储蓄前景起到更重要的作用。

不断变化的人口年龄结构在发展中国家和发达国家都对储蓄率有着深刻影响。通常情况下，家庭在生命周期中经历三个主要阶段：(a) 第一阶段，一个家庭在抚养下一代，收入也在增长，此时它的支出和下一代的教育投资也增加；(b) 第二阶段，一个家庭的户主可能还有他的配偶，都达到潜在收入和购买力的顶峰；(c) 最终阶段，家庭中主要的供养者不再参与经济生产活动，并依赖积累的资产和养老金以及其他转移支付来支持消费。在这三个阶段中，收入和消费——家庭成员福利的关键因素——都受到生命周期因素，比如，年龄和家庭结构的强烈影响，而这些因素平均而言在发展中国家和发达国家可能差异极大。然而在一个典型的家庭中，生命周期造成了随时间推移的驼峰形储蓄曲线：在第一阶段储蓄率从较低甚或为负的水平开始上升，在第二阶段达到顶峰，并在第三阶段开始下降。这个第三阶段也意味着当一国的人口中老年人比例上升时，国民储蓄将下降。

事实上世界人口结构正在进行着极大转变。到 2021 年，也就是不到十年以后，世界劳动年龄人口的增长将完全取决于发展中国家（也就是说，图 2.11 中的曲线将与水平线交于 100%）。到 2050 年情况又将十分不同：全球每增加 100 个劳动年龄个体意味着发展中国家增加 110 个劳动年龄个体而高收入国家则减少 10 个。假设劳动年龄人口比老龄人口有更高的储蓄率，发展中国家在全世界劳动年龄人口中逐渐扩大的份额意味着发展中国家占全球储蓄的比例也在增长。

发展中国家与高收入国家在出生、死亡与移民率之间极大的差距有助于解释发展中国家的人口增长和世界人口年龄结构的变化。对任何给定国家，出生率和死亡率之差（假设没有净移民）就是人口增长率，而这两个比率下降的先后顺序——也就是人口结构变化——决定了一段人口快速增长期。

图 2.12 描述了 6 个发展中国家近阶段[8] 的人口结构变化。最近几十年内人口动态的几个侧面都被展现出来：首先，所有的地区出生率均高于死亡率；其次，死亡率仍然在下降，但在每 1000 人中 10 例死亡这个水平下趋于平衡。最后，出生率与死亡率的差值以及二者趋近的速度在不同的地区的发展趋势不同（决定这个问题的因素在专栏 2.2 中讨论）。

一个国家出生率和死亡率之间的差值的变化时机的背后，有着相对复杂的一套机制。当一个国家的婴儿死亡率出现下降，将会出现远超以前几代的更大批的年

图 2.11　到 2020 年，世界劳动年龄人口的增长将完全取决于发展中国家

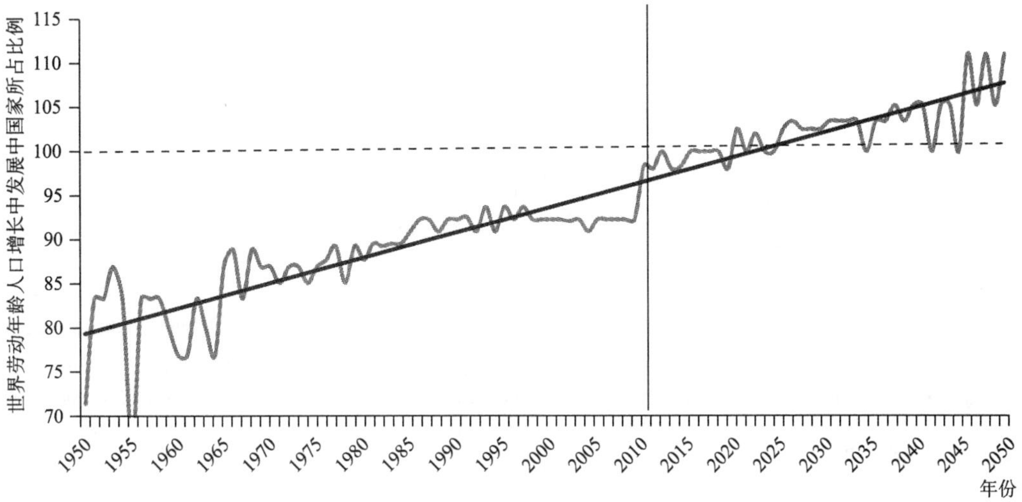

资料来源：世界银行的预测数字，辅以世界银行根据“世界银行世界发展指标数据库”以及联合国人口署 2011 年数据进行的计算。

注：粗线表示曲线所显示出的线性时间趋势。当比例超过 100% 时，表示高收入国家劳动年龄人口在减少。例如，到 2050 年，全球每增加 100 个劳动年龄个体意味着发展中国家增加 110 个劳动年龄个体而高收入国家则减少 10 个。

轻人。到了某一时点，生育率开始放缓，年轻人口的增长也会结束。但是，像专栏 2.2 中图 B2.2.1 中所显示的，出生率与死亡率在不同地区之间接近的速度也不同。初始的差值越大，差值缩小的时间越短，年龄结构的“膨胀”就越大。随着时间流逝，“膨胀”群体进入劳动市场，提升了劳动年龄人口与非劳动年龄人口的比例。当“膨胀”群体达到退休年龄时相反的效应就会出现，非劳动年龄人口与劳动年龄人口比例将上升。

图 2.13 中许多地区都出现了这个“膨胀”形状。这张表中突出显示的一个有意思的特点就是老龄化在地区间是不同步的——高收入国家以及一些发展中国家在人口结构变化上更为提前。劳动年龄人口与非劳动年龄人口比例的峰值，出现峰值的时间以及峰值附近曲线的斜率的不同都体现了这种不同步性。

在高收入国家，劳动年龄人口与非劳动年龄人口比例在 1950—2000 年间增长缓慢，并且现在在下降。[9] 由于这种相对缓慢的人口结构变化，这些国家的年龄结构效应较温和。与之相对，在东亚和太平洋地区生育率下降迅速（见专栏 2.2），劳动年龄人口比例上升极快。南亚、中东和北非以及拉丁美洲和加勒比地区情形相似：它们的生育率已经下降，但人口红利还没有达到最大值。而撒哈拉以南非洲地区再一次成为例外，它的人口结构变化进展缓慢。生育率维持在较高水平（如图 B2.2.2 所示），并且只要它们保持这种趋势，人口平均年龄与劳动年龄人口比例将仍较其他地区更低。青壮年中艾滋病的高发更加重了劳动人口占年轻人和老年人比例的减少。

由于人口结构的异质性，不同地区间的储蓄动态，相对要素回报率（资本与工

图 2.12　出生率和死亡率在不同地区间显示出明显不同的趋势

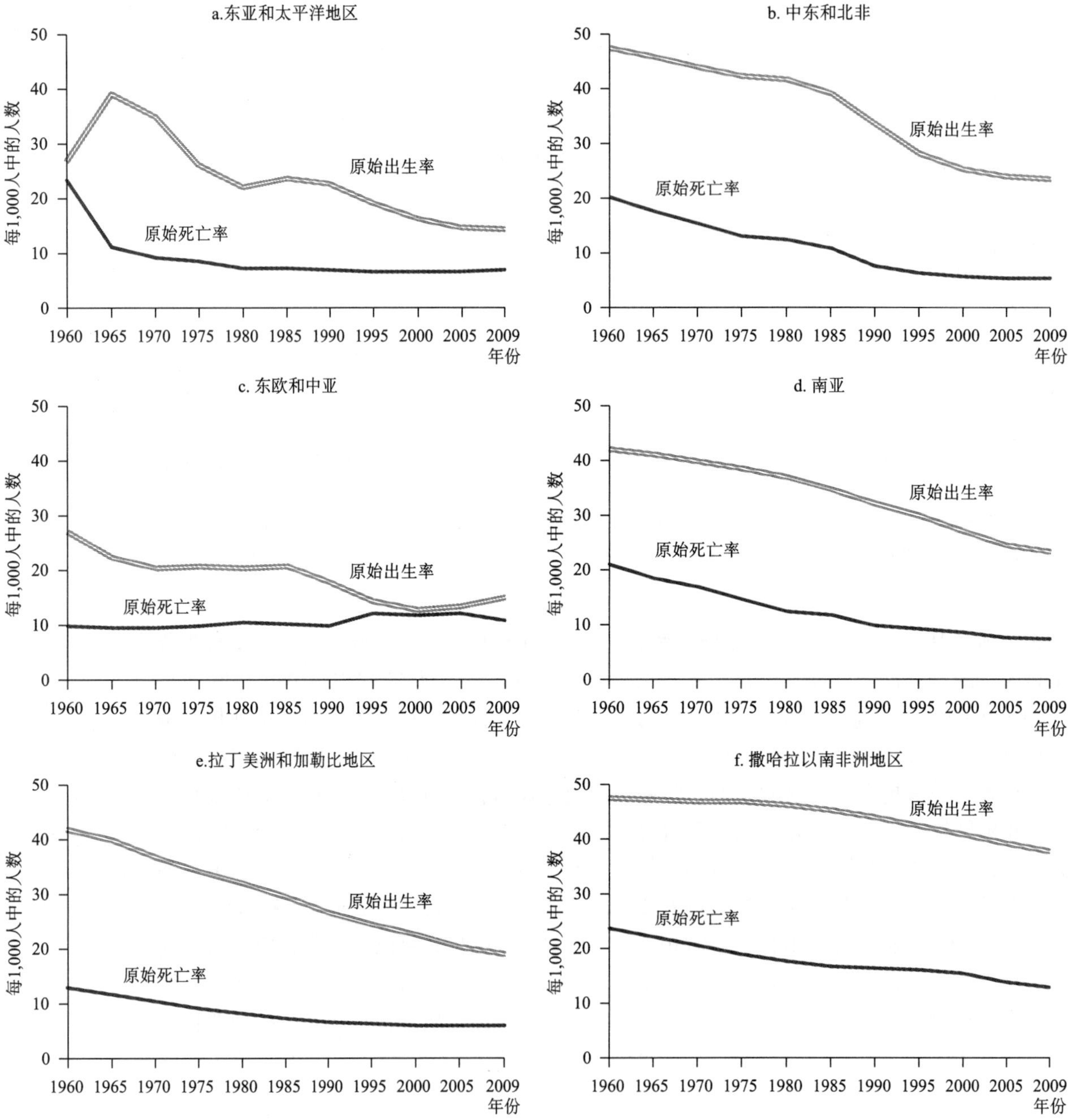

资料来源：世界银行根据"世界银行世界发展指标数据库"数据计算得出。

注：原始死亡率是指给定地区在给定年份，每 1000 个人中的死亡人数的年中估计数值。原始出生率是指一年中每 1000 个人中的出生存活数的年中估计数值。从原始出生率中减去原始死亡率就得到了自然增长率，等于在没有移民情况下的人口变化率。

专栏 2.2　国家间一些关键因素的差异导致了人口结构变化的地域不同步性

对任何一个国家而言，人口统计的两个关键指标——死亡率和生育率的降低导致了人口老龄化。首先考虑死亡率。由于更清洁的用水和更好的卫生条件以及预防医疗条件（比如，传染性疾病的疫苗接种）使得婴儿和儿童死亡率下降，这是人口增长的首要动力，并解释了近几十年人口寿命的增加。高收入国家有金融资源上的优势来改善这些条件，这也体现在它们在 1960 年的 5 岁以下儿童死亡率上，比任何发展中地区都要低得多（图 B2. 2. 1）。然而在此后的 50 年中，发展中国家在降低儿童死亡率方面成效显著，尽管各自起点不一，速度也不尽相同。[a]

以 2010 年为例，东亚和太平洋地区、东欧和中亚、拉丁美洲和加勒比地区的 5 岁以下儿童死亡率与高收入国家 20 世纪 70 年代的情况相似。同时，东亚和北非 2010 年的这个比率与高收入国家 20 世纪 60 年代的数据接近。然而，2010 年 5 岁以下儿童死亡率在南亚和撒哈拉以南非洲地区仍然相对较高，分别是高收入国家的 10 倍和 19 倍。相比之下，高收入国家整体死亡率的下降可能是由于老年人口死亡率下降引起的，这要归功于更昂贵的医疗条件以及更广泛的意义上说，更高的收入。

最近几十年的人口老龄化也反映了生育率的大幅下降。在 20 世纪 60 年代，发展中地区（东欧和中亚除外）的生育率达到每名妇女 6. 2 次生育，超过高收入国家的两倍。这个差距现在则要小得多（图 B2. 2. 2）。如在 2010 年，东亚和太平洋地区以及东欧和中亚的生育率与高收入国家持平，并与每名妇女 2 次生育的所谓人口替代率相当。现在拉丁美洲和加勒比地区的生育率只比人口替代率略高，分别是每名妇女 2. 7 和 2. 8 次生

图 B2. 2. 1　发展中国家在降低儿童死亡率方面成效显著，尽管各自起点不一，速度也不尽相同

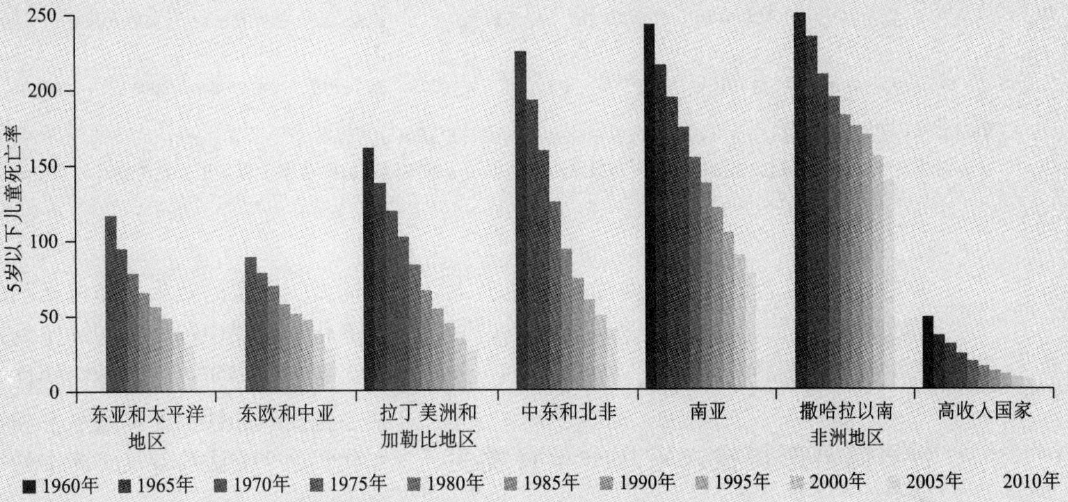

资料来源：世界银行根据“世界银行世界发展指标数据库”中数据计算得出。

注：5 岁以下儿童死亡率是根据现有的不同年龄的死亡率，每 1000 个新生儿中的一个会在 5 岁之前死去的概率。

专栏 2.2（续）

育。中东和北非以及南亚也高于这个数值不多，只有撒哈拉以南非洲地区仍然是个例外，在 2010 年的生育率是 5。生育率的快速下降主要有两个原因：婴儿死亡率的降低和妇女受教育程度的增加，后者提高了女性参与劳动竞争的机会并提高了生养孩子的机会成本。

a. 婴儿死亡率，尽管比图 B2.2.1 中所示的 5 岁以下儿童死亡率要低，在地区间的分布和降低情况都与之类似。

图 B2.2.2　不同地区间的生育率差异在缩小

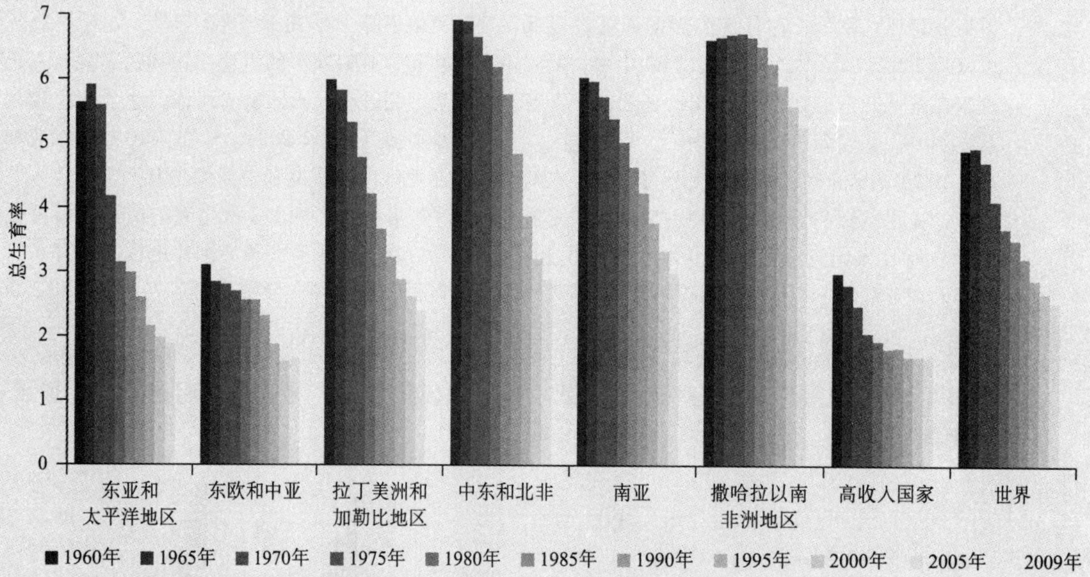

资料来源：世界银行根据“世界银行世界发展指标数据库”中数据计算得出。
注：总生育率是指一名妇女如果活到生育年龄结束并根据相应的不同年龄生育率生育孩子，她将拥有的孩子数量。

资之比），养老金、医疗保障和其他养老需求都不一样。这些反过来又会影响国际资本流动（见专栏 2.3）。

世界储蓄形势在未来几十年将发生改变

这篇报告关于未来全球储蓄前景的观点源于建立在多国动态一般均衡模型基础上的情景分析。这个模型用于评估几大影响储蓄的因素的效果：即将来临的人口结构变化、发展中国家将继续比发达国家发展得更快的事实以及其他结构性决定因素如金融发展和社会保障的水平和覆盖率的变化。这个方法与专栏 2.3 中的第二组研究十分相似。

运用这个模型运行了两种情景。两种情景的主要区别在于发展中国家与高收入国家在经济增长和金融发展水平上的趋同

图 2.13　不同地区间人口结构"膨胀"的大小和时机各不相同

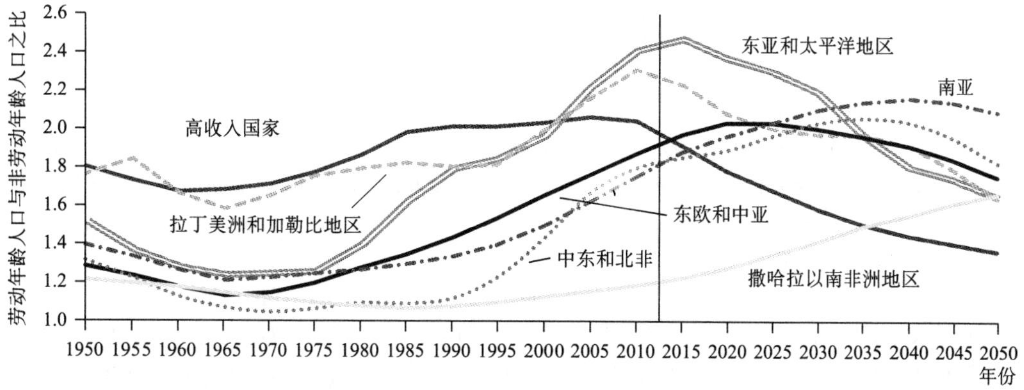

资料来源：世界银行的预测数字，辅以世界银行根据"世界银行世界发展指标数据库"以及联合国人口署 2011 年数据进行的计算。

速度。渐进趋同情景假定伴随着内生性的金融深化的一定程度的经济增长趋同。快速趋同情景假设了更快的经济趋同速度，并假设发展中国家能够把它们和美国在金融市场发展上的差距在 2030 年前缩小 25%。其他内生变量（特别是年龄构成和劳动力供给的结构性变化）以及其他政策变量（如税率、关税和政府支出）保持不变（模型的假设和参数在在线附录 1.6 中详细讨论）。

这两种情景所分析的是国民储蓄的结果——也就是说，他们代表了私人部门和公共部门储蓄的综合变化。从长远视角来看，模型采用了政府进行平衡预算的简化假设：公共支出的任何增加都会通过直接税收的增加转嫁给家庭。人口结构变化对私人和公共部门的年龄相关支出的影响，都反应在私人部门消费和储蓄的变化上，并因此反应在国民储蓄上。人口结构变化对国民储蓄中公共部门部分的影响机制并没有在 CGE 框架下明确模型化，但仍然有所体现。本章后面的部分将展示对即将到来的年龄相关的公共支出的扩张的更详细的部分均衡分析。

在渐进趋同的情景下，全球储蓄将为 2010 年水平的近两倍

到 2030 年，发展中国家将占有全球储蓄的非常大的比例——几乎达到 2/3（图 2.14，b），2010 年这个比例还不到一半。中国和其他亚洲经济体（无论是发展中还是高收入经济体）将继续作为主要的储蓄者，其中中国比任何单独其他国家都将占据更大的储蓄份额。高收入的欧洲各国作为一个群体仍然为全球储蓄做出巨大贡献。

与 21 世纪初相比，到 2030 年储蓄率将下降，这是世界各地人口老龄化压力和经济增速放缓的反映。无论是发展中国家还是发达国家，储蓄率都会从最高值下降（图 2.14，a）。对发展中国家整体来说，预测其储蓄率将会在 2014 年达到峰值——占收入的 34% 并稳步下降至 2030 年的 32%；而高收入国家相应的下降是从 20% 到 16%。发展中国家储蓄率下降的速

专栏 2.3 关于年龄对全球水平的储蓄影响的模型的文献回顾[a]

近期一批研究运用多国或多地区一般均衡模型来分析国家间人口结构变化对储蓄的影响——一些考虑的是历史经验，另外的是对未来几十年的展望。在这些文献中能够梳理出至少两种不同的线索。

Auerbach 和 Kotlikoff（1987）提供了一个运用大规模重叠世代模型来分析政策改革的意义的早期方法。许多文章沿用这种方法来研究社会保障改革（例如，Conesa 和 Krueger，1999）和基本税收改革（例如，Altia 等，2001；Conesa 和 Krueger，2006）以及其他一些问题。在第一类研究中，其中一些文章重点关注封闭经济中人口老龄化的经济后果。其中一个特定问题就是人口结构变化所需要的社会保障体系的调整。重要的例子包括 Huang、Improhoroglu 和 Sargent（1997）；以及研究资本价格的 Abel（2003）。

在封闭经济假定中，老龄化的地理不同步性没有影响，人口结构变化的储蓄效应——特别是在后期，社会处于老龄化阶段——取决于“膨胀群体”的年龄结构和其规模的变化速度。更具体地，一个对国际资本流动封闭的经济，劳动力供给和总储蓄的变化影响相应的劳动力和资本回报率以及经济的增长。在一个老龄化国家，年轻劳动力相对资本变得稀缺，因此劳动回报率相对资本回报率升高。

这种要素相对价格的变化也有代际分配效应。那些由于较低的资本回报率受损的人一般都是年龄较大的资产所有者，而那些因工资上升而获利的人则更年轻。[b]

死亡率降低和随之出现的生育率降低会造成两者之间差异的迅速减少，再加上人口结构的快速变化，将加深上述这些影响。这两个方面的人口结构变化加强了总储蓄和劳动力供给的变化，因此使要素相对供给和要素相对价格的差异更大。

对开放经济来说，不同国家老龄化的地理不同步性会影响储蓄，并通过国际资本流动影响要素的相对价格。[c] 一个国家的当前账户赤字和资本流入由投资与储蓄之差所决定（相反就是盈余和资本流出）。因为储蓄供给是通过生命周期而与人口的年龄结构相关的，当前账户余额在其他因素不变的情况下受人口结构变化的影响。在存在资本自由流动的世界中，资本会从资本相对过剩的快速老龄化地区流向劳动力相对过剩的人口快速增长地区。

第二类研究就是通过明确地考虑这些开放经济的问题而扩展了以前的方法。通过将国际联系（贸易和资本流动）考虑在内和多国或多地区一般均衡模型的运用，第三类研究重新评估了国家间人口结构变化对许多经济问题的影响。例如，许多研究用对人口的预测来量化养老金改革对社会保障体系可行性的影响（Aglietta 等，2007；Attanasio、Kitao 和 Violante，2006，2007；Börsch - Supan、Ludwig 和 Winter，2006；Fehr、Jokisch 和 Kotlikoff，2003）。Krueger 和 Ludwig（2007）研究了人口预测对经济合作与发展组织国家的财富和福利的影响。其他研究采用了一种事后方法。例如，运用调整的生命周期模型，Domeij 和 Flodén（2006），Feroli（2003），以及 Henriksen（2002）发现人口结构的改变很大程度上解释了历史经常账户问题。

a. 这个专栏大量借鉴了 Marchiori（2011）和 Krueger 和 Ludwig（2007）。

b. 当养老金的资金来源于工资税时，代际分配效应被进一步复杂化了。

c. 国际移民也将受到影响，机制与国际资本流动相类似。

度更慢，加之在全球经济中所占比重上升，与高收入国家在储蓄贡献上的差异将进一步扩大。

发展中国家相对规模的扩大还意味着尽管两者的储蓄率下降，全球储蓄率并不会下降。发展中国家有更大的经济规模，储蓄率更高且下降速度更为缓慢，将抵消高收入国家储蓄下降的影响。综上所述，尽管 2010—2030 年储蓄的全球流动在绝对值上上升极快，全球储蓄率将稳定在 24% 左右。

中国将继续在全球储蓄图景中占据主导地位。在分析视野内这个国家的储蓄持续上升，意味着到 2030 年，它的绝对储蓄量将在所有经济体中遥遥领先，达到 9 万亿美元（以 2010 年美元不变价格计）（图 2. 15）。经常被提到的中国的人口规模和高储蓄倾向造成了如此巨大储蓄量，但这些强大的上升潜力将某种程度上被上升的老年人口抚养比（到 21 世纪 20 年代后半段中国该比率将超越美国在 2010 年的水平）和经济增速放缓所抵消。因此，尽管中国的储蓄无疑仍将十分巨大，但却比没有人口结构变化和经济扩张没有减速的情况要小。

巨大的人口总量对国民储蓄的影响在印度身上也能看到，它的国民储蓄绝对值将在 21 世纪 20 年代超越日本和美国。支持印度储蓄快速上涨的一个重要因素就是它有利的人口结构：印度的老年人口抚养比率比东亚或高收入国家上涨得都要缓慢。但正如前文所讲的，印度的人口红利将随着 2030 年的临近而逐渐消失，这将减缓储蓄的上升幅度。尽管如此，由于资本收益的上升，印度的储蓄率仍然要比许多发展中国家要高很多。

人口结构变化的不同步性对储蓄活动的预期影响，在比较发展中国家的储蓄率变化路径时体现得最为明显（图 2. 16）。在劳动年龄人口比例将要快速下降、老年人口比例将要上升的那些国家，比如印度尼西亚和俄罗斯，储蓄率下降显著。而墨

图 2. 14　发展中国家的储蓄率降速更为缓慢，到 2030 年这些国家将占有全球储蓄的 2/3

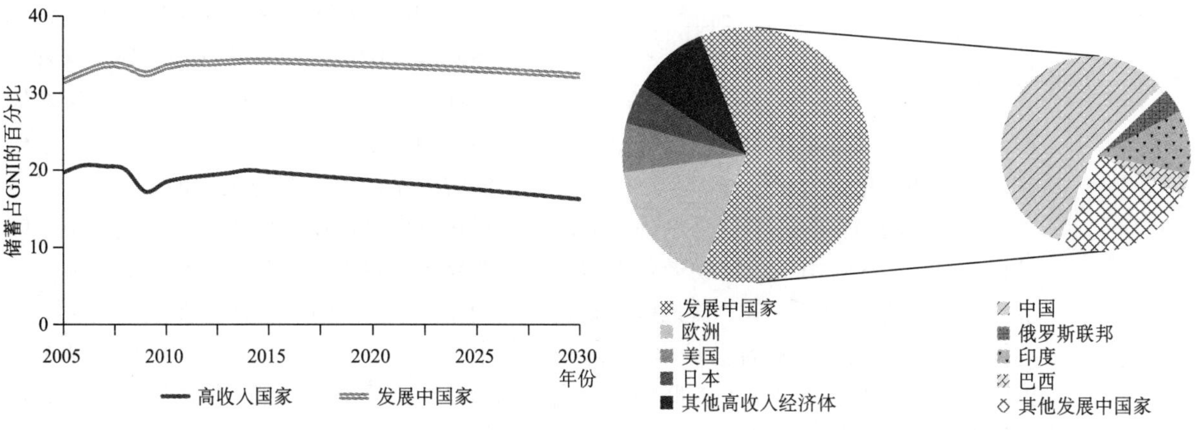

资料来源：世界银行的预测。

图 2. 15　中国将在全球储蓄图景中占据主导地位

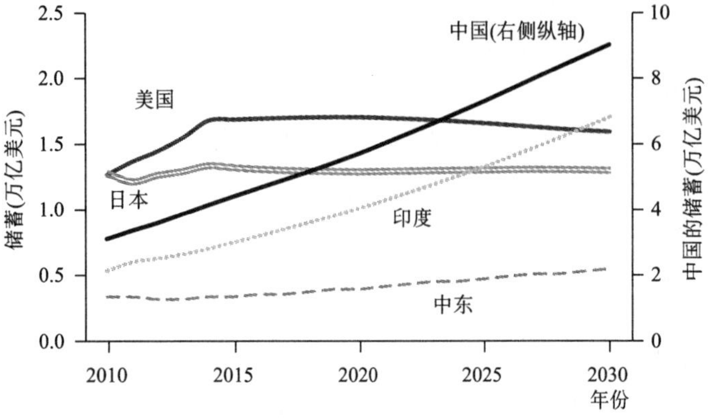

资料来源：世界银行的预测。

注释：储蓄水平以 2010 年美元不变价格计。

图 2. 16　不同的人口结构变化情况意味着不同的储蓄率趋势

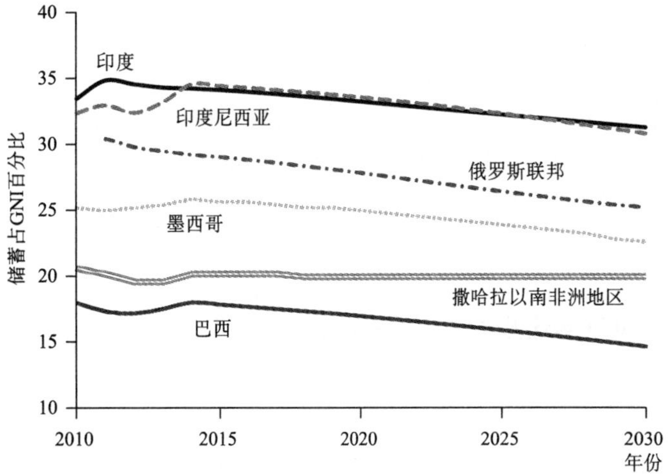

资料来源：世界银行的预测。

西哥储蓄率下降得相对和缓，部分是由于它人口结构变化更为积极。

这些一般趋势的一个显著例外是撒哈拉以南非洲地区，由于稳定的老年人口抚养比和健康的经济增长率（该地区在渐进趋同情景下平均有 5% 的增长率），那里的储蓄率不会下降。事实上，撒哈拉以南非洲地区是世界范围储蓄率下降的显著例外，很大程度上是由于它的生产力增长和较小的人口结构压力。

在快速趋同情景下，全球储蓄的绝对水平将略微上升

在快速趋同情景下，全球储蓄将达到 27 万亿美元，而在渐近式趋同情景下则为 25 万亿。更大规模的全球储蓄主要是源于更高的全球经济增长率的假设。但在这个新情景下全球储蓄率仍然会略微下降。这主要是因为，尽管发展中国家储蓄的绝对量更大，但更高水平的金融发展造成的负面影响将占据主导——在存在更好的金融工具的情况下家庭和公司会将更少的钱用于储蓄，因此，造成的净影响就是发展中国家的储蓄率并不是像在渐进式趋同情景下那样下降到 32%，而是下降到 30%（图 2. 17，a）。[10]

在快速趋同情景中，发展中国家更迅速的金融发展降低了它们的储蓄率，但发展中国家（仍然比发达国家有更高的储蓄率）的全球份额将比缓慢趋同情景下还要大，抵消了对全球储蓄率的负面影响。因此，两种情景下的全球储蓄率变化大致相同。

发展中国家在快速趋同情景下将占有比第一种情景下略大的全球储蓄份额（图 2. 17，b）。然而，这个微小的改变掩盖了不同国家储蓄路径上的巨大差异。这种异质性是由于在第二种情景下金融发展对储蓄影响的不同所导致的：金融初始水平较低的国家，将它们与美国的差距缩小 1/4 意味着金融市场的巨大发展。例如，中国的储蓄率将下降 7 个百分点（从 52% 下降到 45%），而印度尼西亚则会下降超过 7 个百分点（从 32% 下降到 25%）。两个国家发展路径都很健康，但印度尼西亚 2010 年的金融发展程度只有高收入国家平均水平的 1/5（而中国在相同年份则达到 2/3），

因此，金融市场的变化更大，对储蓄率冲击也更大。

然而全球储蓄的小幅下降意味着世界范围内资本的租金率的上升，因为全球储蓄的降低减少了资本供给，而更高的经济整体增长率则增加了资本需求（就像在本书第 1 章中详细讨论的）。利率在快速趋同情景下比渐进式趋同情景高很多。然而更强的价格信号，覆盖范围更广、更有效率的金融中介机构将把储蓄更有效地输送到更富产出的用途上。

关于储蓄前景的一种更细致入微的观点：分布、公共财政、老年人口抚养比以及其他影响

前一部分描绘的两种情景探讨了对生产率增长、人口结构以及金融发展的预测对全球储蓄的意义。主要的结论是更高的经济增长率会提高储蓄，老年人口抚养比的上升会降低储蓄，而金融发展会降低储蓄率，但能够提高投资分配的效率因此提高经济增长率。整体来讲，全球平均储蓄率在 2030 年会维持大致不变，部分是由于有较高储蓄率的国家占全球 GDP 份额的上升。这个宏观分析需要一系列简化假设。例如，一个国家（或一组国家）的人口年龄结构被简单的老年人口抚养比代表，假设经济增长使所有家庭均等受益，储蓄也没有分为家庭、政府和公司等部分。

其他研究全球储蓄前景的方法要考虑人口结构和经济增长如何影响家庭部门储蓄，以及老龄化如何影响公共财政。从微观角度来检验储蓄能够为储蓄的变化提供一个更实际也更精细的视角，尽管代价是由于数据可用性的原因只能考虑有限的一

图 2.17 国民储蓄率（a）以及全球储蓄份额（b）以收入水平分组，渐进与快速趋同情景的对比，2010—2030 年

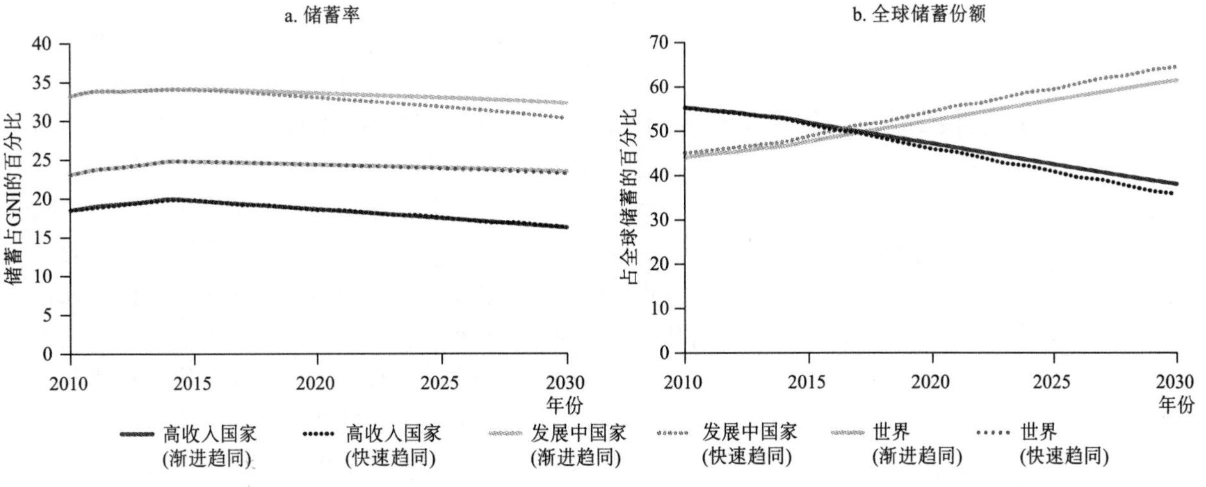

资料来源：世界银行的预测。

注：渐进与快速趋同情景指基于两种关于生产率增长和结构性变化的假设的数值模拟（细节见正文）。

部分国家。虽然家庭水平分析证实了宏观分析的广泛结论，微观数据还揭示了老龄化、储蓄和增长之间相互作用的复杂性。通过分析发现：（a）老龄化倾向于降低储蓄；（b）家庭的规模和组成同时影响储蓄、劳动力供给和其他关键经济决策；（c）这三个因素都反过来作用于人口结构。它还发现储蓄倾向于高度集中，这在开始时会刺激金融体系的发展但对经济的流动性和包容性有潜在的负面影响。[11]

这些发现有显著的公共政策意义，很重要的一点就是许多国家内家族抚养体系的消减提高了对正式金融机构的依赖性，这反过来对金融市场和政府财政都会产生影响。许多国家会发现，在保证财政可持续性和经济的稳定增长的情况下，要为老年人提供足够的医疗保障和退休福利颇具挑战。

本章的第二部分对前文基于一般均衡模型的情景分析进行了补充。这一部分中对家庭和政府储蓄的分解分析利用了不同的工具和数据，因此，一些设定的运行机制——比如，教育对生命周期储蓄行为的影响以及人口结构变化对政府支出的影响——并没有出现在CGE模型中。

家庭部门储蓄：到底是谁在存钱

家庭储蓄的增长和经济增长之间有很强的联系。以图2.6为例，家庭储蓄代表了一个经济体的国民储蓄的很大一部分，并因此代表了它运用国内资源为投资融资的能力。事实上，关于储蓄的基础经济决策是在家庭之中做出的：时间如何在闲暇和工作之间分配；收入怎样获得和分享；多少收入用来消费（消费在什么商品和服务上）而多少用来储蓄；把多少资源投资在下一代的教育上。[12]微观层面的分析因此可以提供极佳的见解，还因为它考虑了被委托—代理模型所忽略的分配方面。

这里采用的微观分析考虑了一组发展中国家的家庭层面数据，其中储蓄行为受一系列显著特征所驱动：有着温和经济增长率的中等收入经济体（墨西哥），经济增长强劲的中等收入经济体（泰国），有着老龄化人口的转轨经济体（俄罗斯），以及有极大人口红利的国家（加纳）。这里采用的分析方法运用了一系列重复出现的收入和消费的地区间数据，是一个队列方法（或伪面板方法）。这种方法不仅能够测量个体在不同年龄段的储蓄率，还能决定这些个体是否属于不同的世代（也即是否出生于不同年份）。换句话来说，年轻一代和老年人之间的收入和储蓄差距可以一部分归因于年龄差距（年龄效应），还有一部分是由于年轻一代平均来说有不同的收入和储蓄（世代效应）。另外，由于需要应对意外冲击，储蓄率会逐年而变（时间效应）。专栏2.4以及在线附录2.1对此提供了数学细节。

随时间追踪不同世代的做法十分有效，因为它揭示了储蓄的两大驱动因素——人口结构和经济增长——是如何在更加分解的层面上运作的。世代分析有助于决定储蓄的增长是因为处于高储蓄倾向年龄段的人口份额增加还是因为年轻人因为经济增长的原因而储蓄得更多了。辨明这两种情况十分重要，因为这能够说明总储蓄的扩张是暂时的（由于大规模世代正处于生命周期中的劳动年龄阶段）还是更为持久。对储蓄的年龄和世代分布情况的估计也能用来探索性地推断储蓄的前景。

在仔细考虑分析的结果之前，首先检验储蓄的一些描述统计结果十分有用。图2.18显示，泰国、俄罗斯、墨西哥和加

专栏2.4 微观分析是决定未来储蓄的可能趋势的有用工具

在关于年龄—储蓄的预测中将年龄、世代和时间因素区分开并不简单，而且需要一些定义上的限制。这份报告中的微观分析首先由Heckman和Robb（1987）提出，接下来被应用于Deaton和Paxson（1994）；MaCurdy和Mroz（1995）；Gokhale、Kotlikoff和Sabelhaus（1996）；Paxson（1996）；Attanasio（1998）；以及最近的Chamon和Prasad（2010）。储蓄数据，包括每个世代和每个年份的数据是因变量，它们对虚拟变量年龄、世代和时间（其中时间是调查年份）进行回归。限制条件相当于假设“所有储蓄率的确定性趋势都来自世代和年龄因素的共同作用”（Attanasio和Szekely，2003，15）.[a]

作为研究对象的四个国家，关于家庭储蓄量的预测是根据高质量的居户调查做出的。这些调查具有国家代表性，运用广泛可比较的方法，覆盖了20世纪80年代中期到本世纪头十年后期这一较长的时间段。根据调查预测的储蓄变量只是家庭总的可支配收入（包含一些估计数值，比如拥有房屋的估计租金，实物收入，汽车消费）与总支出之差。[b, c]

这项分析的大部分后续发现都是通过把相关变量沿生命周期做图的方式进行说明的。因此十分有必要描述一下这些图表是如何做出的。在每个国家每一次居户调查中大约建立起14个5年期世代。例如在墨西哥，世代1代表所有出生于1985—1989年的户主，因此在调查进行的2009—2010年度，他们就有20—25岁。世代2代表出生于1980—1984年的户主，在2004年进行的调查中他们的平均年龄是22岁，而在2005年的调查中就是23岁，以此类推，在最近的2010年进行的调查中平均年龄就为28岁。最老的世代，世代14代表出生于1920—1924年的户主，在1984年墨西哥进行的第一次调查中，这些人是60—64岁。图表将世代的平均年龄作为相关变量对个体年龄做散点图，因此通过将世代在不同观测时点的值连接起来就获得了世代的年龄分布。由于调查跨越了大约20年，被观测的世代经历了生命周期的很大部分。另外，这种方法能够观测到不同的世代在相同年龄时的情况。图2.23、图2.27、图2.28和图2.29就是用这种方法做出的。

a. 关于估测程序的更多细节以及它与生命周期理论的联系，请看在线附录2.1。

b. 也应用了其他对于储蓄的定义，但对主要结果的影响并不显著。其余的定义包括：（a）从总支出中剔除投资因素——例如耐用品的购买和教育和医疗支出；（b）将净转移支付，如养老金从总收入中剔除。注意在俄罗斯的例子中，关于消费的估测是不可靠的，调查问卷有直接关于储蓄的问题。因此，对俄罗斯我们运用了这个自报的结果作为储蓄变量。

c. 这个基于微观的家庭储蓄的估测与国民经济核算（NA）中的国内储蓄并不具有严格的可比性：对于这些国家来说，NA的国内储蓄包含公司储蓄，收入和消费的定义在NA和居户调查中也不一致。

纳的国民储蓄率的水平和变化与它们所处的地区相似，因此，支持了能够用特定国家分析来有效概括更广泛的国家群的情况的想法。

就像是国民储蓄率的情况一样，四国家庭储蓄率的趋势近十几年来波动巨大（表2.1）。在加纳和泰国，自20世纪80年代末期以来家庭储蓄率就有上升的趋势。同期泰国的家庭储蓄率要比其他三个国家高得多。墨西哥的家庭储蓄率显示出

图 2.18　泰国、俄罗斯联邦、墨西哥和加纳的国民储蓄率与它们所处的地区相似

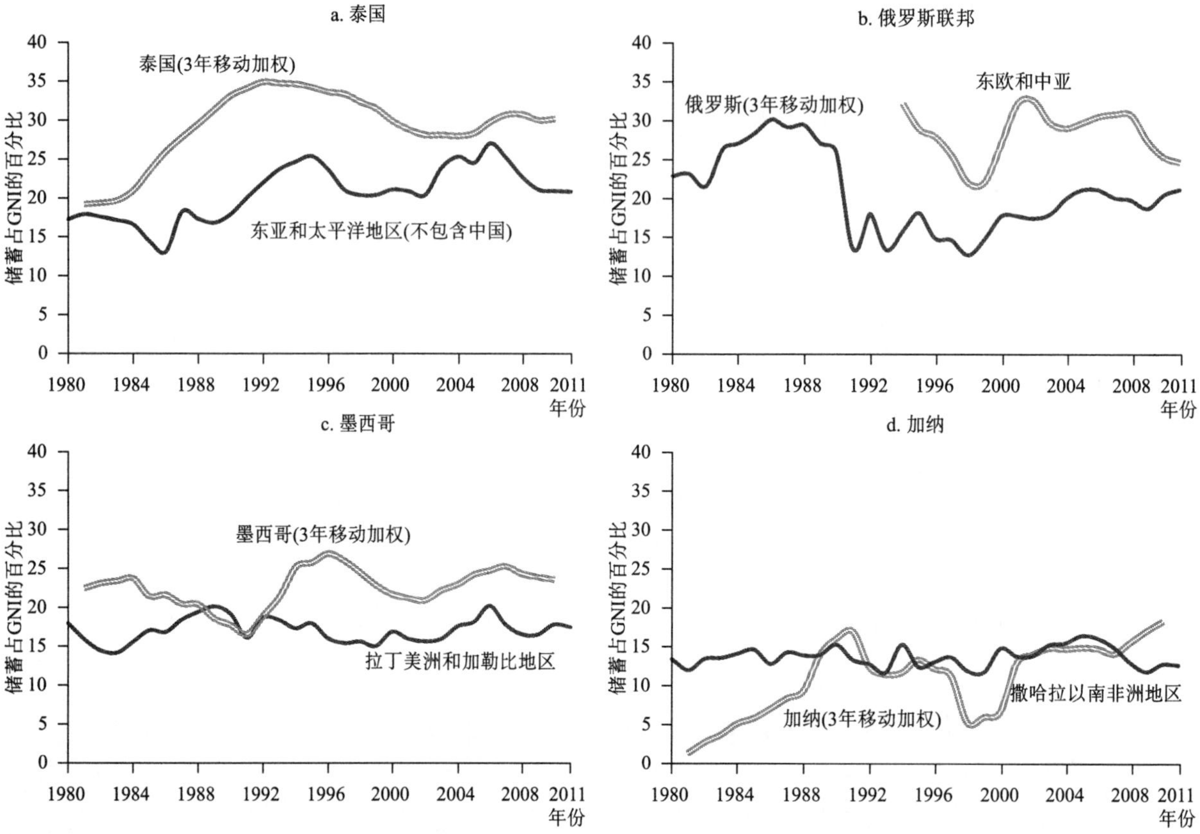

资料来源：世界银行根据“联合国国民账户主要加总数据库”数据计算得出。
注：这一系列采用3年移动加权（MA）方法。

增长到21世纪中叶的势头，但如果将2010年包括在内它又再次下降了，这可能是全球金融危机的影响。俄罗斯的家庭部门数据不仅显示出比其他三国更低的储蓄率，而且随时间波动也更小。俄罗斯较低水平的家庭储蓄也许并不令人惊讶，因为东欧和中亚地区的家庭储蓄率比其他发展中国家都要低。

这些微观数据证实了本章前面所描述的宏观趋势中的一个主要结论：除了俄罗斯以外，发展中国家提高了它们的储蓄率，微观数据显示这种增长部分要归功于家庭部门储蓄率的增长。

人口结构的不同如何造成储蓄的差异？加纳对比俄罗斯

年龄—储蓄分布的伪面板分析方法，加上生命周期理论的假设，能够用来对家庭储蓄的前景做一些简单推测。理论表明，一个人一生的储蓄大部分产生在生命周期的中段，即处于劳动年龄时。因此，劳动年龄人口份额的增加能够增加总储蓄。然而这个推测是基于很强的假定之上：它假设没有行为变化，没有价格、工资、租金或其他一般均衡效应。事实上，它基本上只是一个会计估计，使用时要小心。但研究年龄结构和储蓄之间的关系仍然十分有趣和重要，它能够预测在未来的几十年国家的人口结构变化将怎样影响储蓄分布。首先考虑加纳与俄罗斯的情况。

估计出的储蓄率（如图 2.19 所示）是用下面这个等式估算的：

$$\hat{S}_{tot,t} = \sum_{c} \hat{S}_{c,t} \frac{\hat{Y}_{c,t} N_{c,t}}{\sum_{c} \hat{Y}_{c,t} N_{c,t}} \quad (2.1)$$

其中，$\hat{S}_{tot,t}$ 表示 t 年时的估计总储蓄率，$\hat{S}_{c,t}$ 表示世代 c 在 t 年时的储蓄率估计值（运用在线附录 1.5 中描述的回归方法计算出的年龄和世代分布），分数部分代表世代 c 在 t 年时的收入权重。这些权重也是运用年龄和世代对收入水平（$\hat{Y}_{c,t}$）和未来人口水平（$N_{c,t}$）的影响估计出的 t 年时的数值。

这部分的结果显示在图 2.20 中，加纳的家庭总储蓄率呈上升趋势，而俄罗斯的则下降。

这种家庭储蓄的相反趋势是由于年龄对储蓄的不同影响（参见图 2.19）和加纳与俄罗斯的不同人口结构转变形势造成的。图 2.20（a）表明在加纳，从 2010 年到 2050 年劳动年龄与非劳动年龄人口之比会从 1.4 上升到 1.8（事实上整个撒哈拉以南非洲地区都是如此，参见图 2.13）。而在俄罗斯这个比率会显著地从 2.3 下降到 1.4。

表 2.1　不同国家的储蓄率变化趋势不同

年份	墨西哥	俄罗斯联邦	泰国	加纳
1984	7.2	—	—	—
1987	—	—	—	4.9
1988	—	—	8.6	6.4
1989	11.1	—	—	—
1990	—	—	17.1	—
1991	—	—	—	14.2
1992	12.0	—	20.9	—
1994	14.2	—	21.2	—
1996	9.5	—	27.8	—
1997	—	4.7	—	—
1998	13.0	3.8	31.6	13.2
1999	—	3.4	33.5	—
2000	11.0	5.2	31.2	—
2001	—	5.5	—	—
2002	11.0	5.4	29.9	—
2003	—	4.6	—	—
2004	10.3	3.3	27.6	—
2005	14.2	4.4	—	—
2006	10.8	5.9	20.6	11.3
2007	—	5.3	22.8	—
2008	20.3	4.0	—	—
2009	—	—	24.1	—
2010	11.1	—	—	—

资料来源：世界银行根据居户调查数据计算得出。

注：除了俄罗斯之外的所有国家，家庭储蓄率被估计为家庭收入减去消费之差。而俄罗斯的家庭储蓄率来自调查参与者的自报。

“—”代表数据不存在。

人口结构和经济增长之间的互动如何影响储蓄：泰国对比俄罗斯

2010—2050 年间，在泰国尽管劳动年龄人口比例预期将下降，储蓄率仍然被预测会上升。通过仔细观察预测是如何做出的可以解释这个结果。首先，注意到泰国退休年龄人口的储蓄率只会略微下降（图 2.21，a）。其次，在泰国世代效应十分显

图 2.19　加纳和俄罗斯联邦中年龄对家庭储蓄率的影响的估计

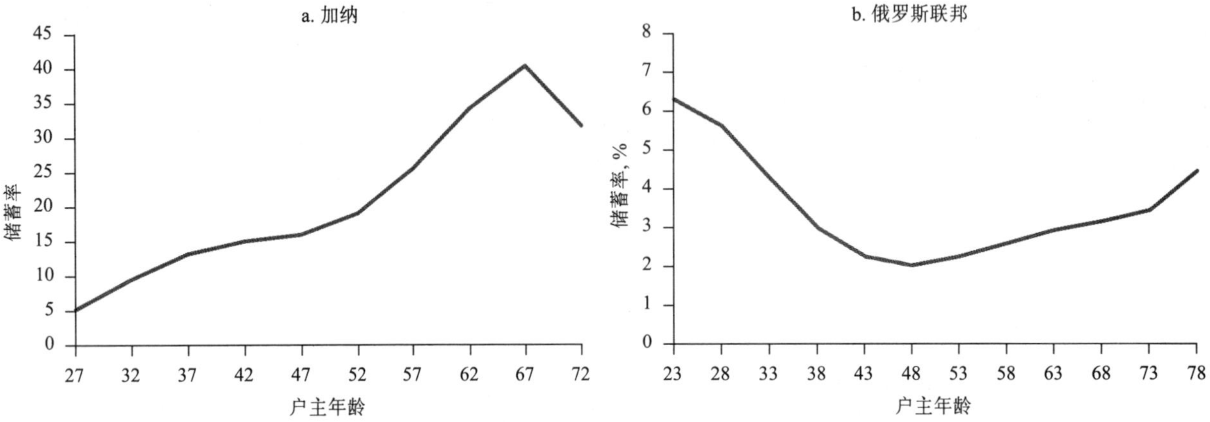

资料来源：世界银行根据居户调查数据计算得出。

图 2.20　人口结构变化推动未来几十年储蓄率的大幅变动

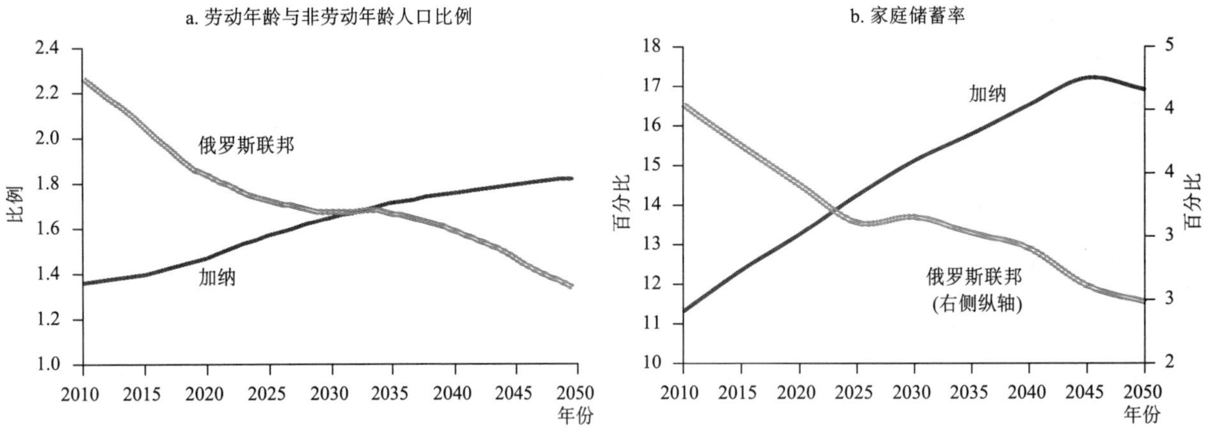

资料来源：世界银行根据居户调查数据计算得出。

著（图 2.21，b）。在预测中，未来（仍未出生）的世代被认为与相邻世代（即贴近纵轴的世代）有相同的效应——在泰国这代表相当高的储蓄率（年轻世代收入的快速增长导致他们储蓄率较年长世代要高)。因此储蓄率随着年轻世代（更高储蓄）替代年老世代（更低储蓄）而升高。这个效应还在被强化，因为年轻世代规模更大，且处于收入—年龄分布上年老世代的上方，所以他们占总储蓄的权重随时间而上升。

通过俄罗斯的基准线预测与替代情景的对比，能够得出关于更高的收入如何增加储蓄的另一项证据。在替代情景

图 2.21　由于强势经济增长，世代效应将在泰国的储蓄率变化中起到重要作用

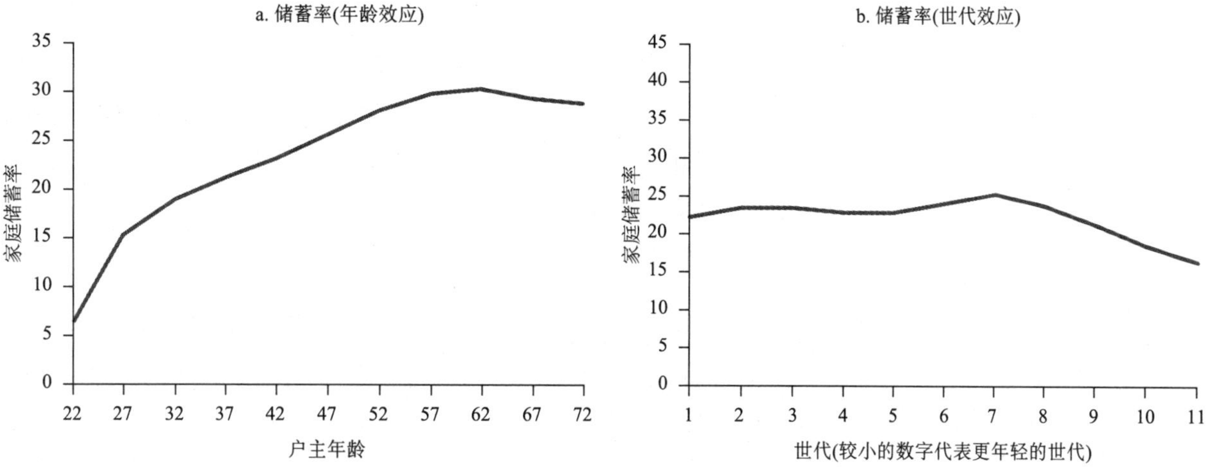

资料来源：世界银行根据居户调查数据计算得出。

注：世代被定义为按出生年份的每 5 年期分组。在泰国，世代 1，最年轻的世代，代表出生于 1985—1989 年的户主，因此，在 2009—2010 年进行的最近的调查中他们大致是 20—25 岁。世代 2 代表出生于 1980—1984 年的户主，以此类推。

中，通过增加作用于新（未出生）世代的收入的世代效应来刺激经济增长。[13]与泰国未来的情况相似，这些新世代比老世代有更高的储蓄率和收入。到 2030 年，替代情景中，经济增长的情况下年轻世代（出生于 1990—2009 年间）挣得的总收入份额将达到 37%，基准线情景下则只有 27%。更年轻世代（出生于 2010—2009）的总收入份额达到 51%，基准线情景下 26%，这个差距甚至更大了。

随着有更高储蓄率的世代占总收入的比例升高，总储蓄率也随之升高。因此，俄罗斯到 2050 年替代情景中的储蓄率将比基准线情景中高出 0.5 个百分点（图 2.22）。这个结论——升高的收入与更高的储蓄率相联系加强了先前宏观模型的发现，经济增长提供了自我维持的方法（这也与标准生命周期模型的一个基础预测相一致）。[14]

图 2.22　经济增长是储蓄率的一个重要决定因素：俄罗斯联邦的两种情景

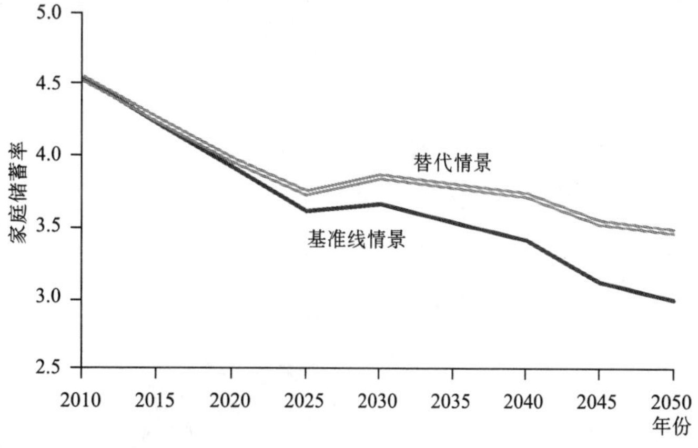

资料来源：世界银行根据居户调查数据计算得出。

注：图中显示俄罗斯两种收入增长情景中储蓄率估计值的不同，这两种情景约等于本章第一部分所讨论的渐进式趋同（基准线）和快速趋同（替代）情景。

教育素养上升将支持经济增长和储蓄：墨西哥的例子

墨西哥和其他发展中国家一样，未来几十年大量技术工人将进入劳动力市场，即便把由于供给增加造成的对工资溢价的侵蚀计算在内，这也将在收入和储蓄率上支撑经济发展。这个效应能够通过依据户主的教育素养将家庭分组显示出来。如图 2.23a 所示，年轻世代比年老世代的户主更有可能受到中等或更高的教育：只有 10% 出生于 20 世纪 20 年代的户主接受过中等教育，但这个数字随时间稳步上升，20 世纪 80 年代中期出生的户主达到 50%。户主接受高等教育的情况与此类似（图 2.23b）。

墨西哥家庭的储蓄分布随教育水平的差异而显著不同。年龄—储蓄分布在教育程度最低的群组中十分平坦，而在教育程度更高的人群中则更高也更陡峭（图 2.24 a）。平均年龄超过 65 岁的户主的储蓄率略有下降，特别是受到高等教育的那些更是如此。受教育程度更高的家庭户主的更高的储蓄率体现了他们预期收入水平的上升，而教育程度更低的户主则面临着更平坦的年龄—收入分布。因为教育水平通常是永久收入的替代变量，[15]这个分析有助于解释为何低收入（而且通常受教育程度不高）家庭储蓄少于高收入（通常受教育程度更好）家庭。

从图 2.24b 中能观察的另外一点是年轻世代（最靠近纵轴）比年老世代有更高的储蓄率：最年轻世代的储蓄率比最年老世代高 10 个百分点，这是一个显著的差异。这说明储蓄的长期趋势是上升的（至少调查中最近的几十年是如此）。[16]而

图 2.23　在墨西哥教育素养随时间提升

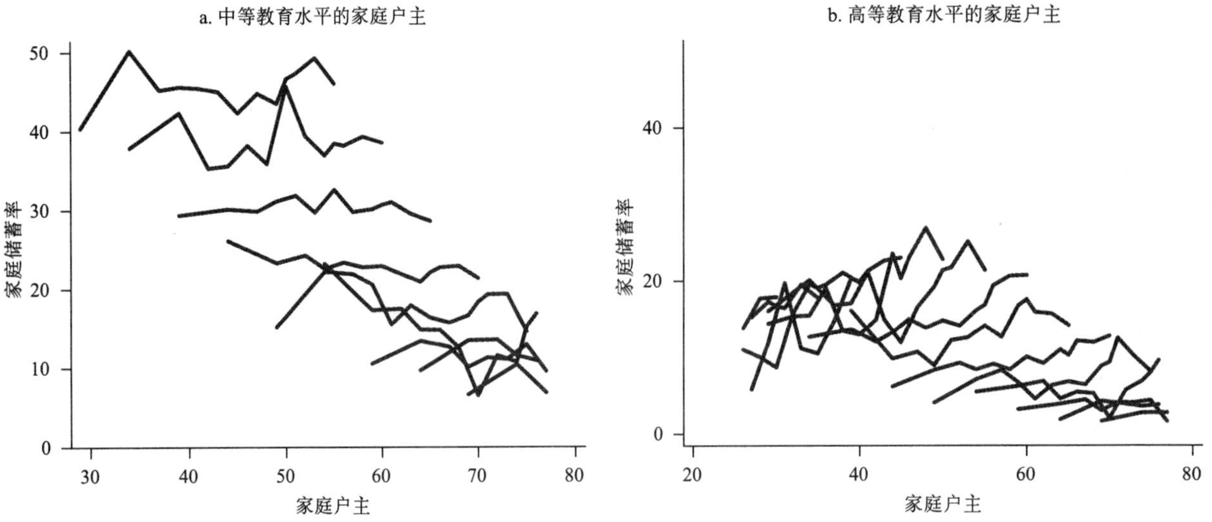

资料来源：世界银行根据居户调查数据计算得出。

注：专栏 2.4 解释了这些图中的世代是如何构建的。

图 2.24　储蓄生命周期由于教育素养差异而显著不同（a），但不同的教育水平中年轻世代都要比年老世代更倾向于储蓄（b）

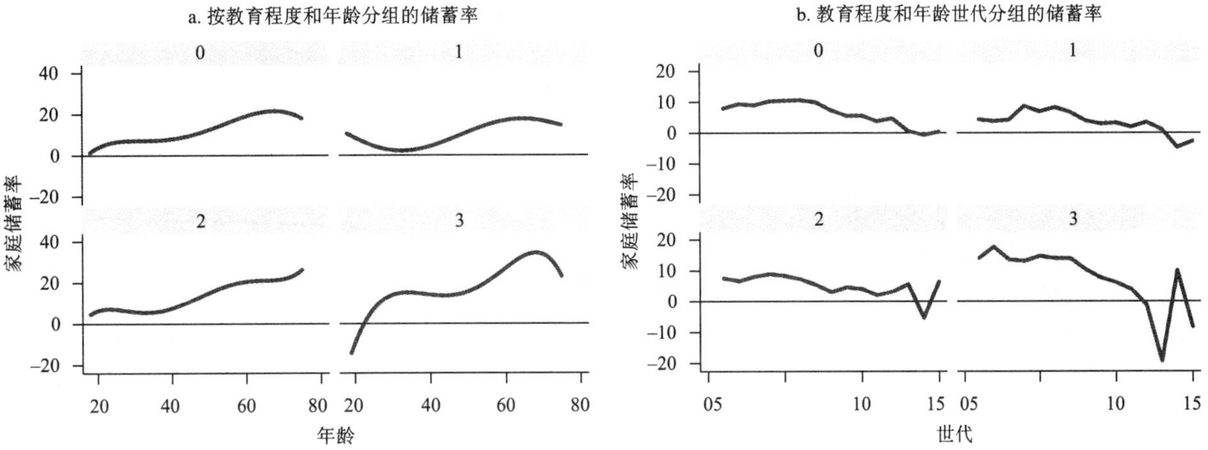

资料来源：世界银行根据居户调查数据计算得出。

注：0 代表所有人口，1 代表未受教育或初等教育人群，2 代表中等教育，3 代表高等教育。世代被定义为按出生年份的每 5 年期分组。

这个趋势的陡峭程度在不同受教育程度人群中有所区别。墨西哥的数据显示正的世代效应在受过最良好教育的群体中最为显著。

为了估计未来几十年墨西哥总储蓄的路径，我们首先做一个基准预测，其中，教育程度对储蓄率的影响没有被考虑在内。结果显示总储蓄率持续上升至 2025 年，因为同期劳动年龄人口占总人口的比例上升，更多的人口能取得收入导致总储蓄率的上升。预测总储蓄率在 2025 年趋于稳定，但随着劳动年龄人口比例下降，储蓄率也在达到峰值后开始下滑。

在替代情境中反映了升高的教育程度对储蓄的影响，相同的预测阶段储蓄率预期会更高。为了建立将不同储蓄和收入分布考虑在内的估计，等式（2.1）能够分别应用于三组家庭：未受教育或初等教育水平、中等教育水平和高等教育水平。把这三组家庭分别用它们的收入占总收入的比重加权得到平均储蓄率。这些加入教育因素的人口结构预测（图 2.25，a）显示，到 2050 年，受教育程度最低的群组将占墨西哥非劳动年龄人口的最小份额。因为受教育程度最低的人群收入和储蓄率——由于年龄和世代效应的影响——仍将比另两组低，整个经济体系的储蓄率到 2050 年将比基准情境下高近 5 个百分点。

贫困家庭储蓄得更少，限制了他们脱离贫困的能力：墨西哥与泰国

在大多数国家，储蓄大多集中在收入比全国平均水平更高的家庭中。在墨西哥和泰国，收入分布的下四分位数左侧的储蓄事实上是负的。就算部分是由于测量误差或暂时性波动引起的，[17]最贫困的 1/4 家庭似乎积累了更少的储蓄，而上四分位数右侧的家庭储蓄率则很高：最富有的 10% 家庭储蓄在墨西哥超过 60%，在泰国则超

图 2.25　收入增长将成为墨西哥家庭储蓄最有力的推动因素

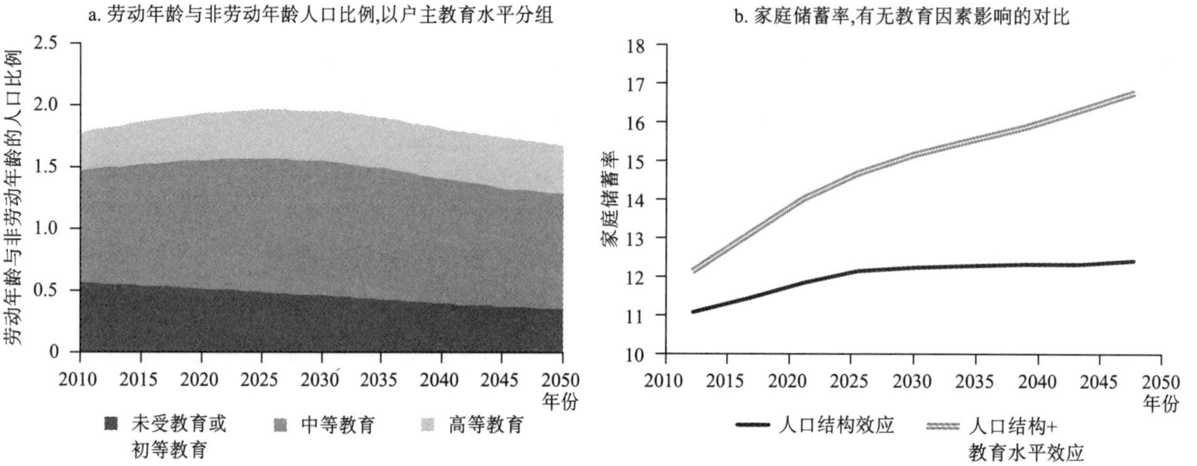

资料来源：世界银行根据居户调查数据计算得出。

过 70%（表 2.2）。此外，贫困和富有家庭之间的储蓄差距近几十年并没有消失。

对比不同收入百分位数上家庭的储蓄行为，以判别特定的群组是否有永久性弱点的方法存在缺陷。较低或负的储蓄率可能是由于家庭面临暂时性冲击而进行平稳消费引起的。相似地，高收入家庭不对称地处于生命周期的高收入年份中，而他们的收入很有可能超过平均水平的和年龄无关的暂时性因素。收入的总的暂时性因素可能很大，而且由于经济的流动性，那些在某个时点处在收入百分位上的家庭的储蓄可能是由长期储蓄行为或者复合效应所决定。也就是说最低百分位数上的家庭的低储蓄可能反映了暂时贫困家庭的收入平稳行为，而高百分位家庭上高储蓄可能反应暂时繁荣家庭的平稳行为。或者，低储蓄反映了某些家庭永久性地缺乏为退休积累资产或应对收入意外下滑的能力。以家庭户主的教育水平来给储蓄数据分组为永久收入提供了一个很好的替代变量，因为户主在组成家庭后很少再去改变自己的教育素养。因此，跟踪以教育水平分组的家庭随时间的变化情况使复合效应引起的潜在偏倚最小化。

在墨西哥和泰国，户主教育水平低的家庭储蓄也较低。根据最近的居户调查数据——墨西哥于 2010 年而泰国于 2009 年——教育水平最低的组的储蓄分别占总储蓄的 17% 和 34%。相比之下，墨西哥 60% 的总储蓄都是由户主教育水平最高的家庭提供的，在泰国这个数字是 47%。除此之外，储蓄甚至比收入更集中：最近调查的数据显示，墨西哥和泰国受教育程度最高的组的收入分别占总收入的 50% 和 37%。收入比例比储蓄比例低的事实表明，受教育程度更高的人不仅在绝对水平上储蓄得更多，他们也把收入的更大一部分用于储蓄。

储蓄更多地集中于受过高等教育因而有更强的永久收入能力的户主上的趋势，在泰国的最近 20 年一直在增长，而墨西哥则不是这样。在泰国，中等教育水平家庭的储蓄占总储蓄份额较为稳定，而高等

表 2.2　家庭储蓄率随收入分布而显著不同

	百分位数							
	1%	5%	10%	25%	75%	90%	95%	99%
年份	墨西哥							
1984	-177.4	-69.7	-38.2	-12.9	22.7	39.2	48.0	64.1
1989	-215.9	-79.1	-49.1	-14.9	25.6	41.9	52.5	70.5
1992	-140.0	-60.6	-40.3	-13.0	21.7	36.4	46.1	65.4
1994	-120.4	-47.5	-29.5	-8.6	22.8	38.4	47.4	64.6
1996	-135.9	-55.2	-34.2	-12.7	17.2	32.0	41.8	60.4
1998	-178.9	-66.8	-39.7	-13.4	21.9	38.8	47.1	64.9
2000	-142.8	-54.9	-33.5	-10.3	22.2	36.8	45.4	62.2
2002	-131.5	-53.3	-32.3	-8.7	23.6	39.0	47.6	61.7
2004	-158.2	-72.9	-45.2	-14.7	24.6	40.2	49.0	62.7
2005	-178.8	-66.8	-39.2	-11.2	27.9	43.2	51.5	67.5
2006	-154.5	-66.7	-41.7	-12.4	24.2	39.1	47.7	63.8
2008	-151.6	-76.9	-49.7	-16.8	31.5	49.0	58.5	73.8
2010	-237.2	-91.8	-55.0	-17.5	26.8	42.9	52.1	68.0
	泰国							
1990	-387.2	-141.6	-81.8	-28.4	26.7	45.2	55.3	71.6
1992	-302.2	-127.2	-76.3	-23.1	28.0	46.3	55.8	73.8
1994	-332.7	-130.5	-80.0	-26.3	31.8	49.6	58.9	74.6
1996	-193.7	-108.3	-64.1	-14.5	36.9	54.6	63.1	76.5
1998	-254.5	-97.9	-55.8	-11.7	37.2	54.3	63.0	78.3
1999	-264.3	-95.4	-51.5	-9.3	36.2	52.9	62.3	75.6
2000	-226.2	-88.5	-47.7	-8.1	37.5	54.6	63.5	77.7
2002	-239.9	-85.0	-46.5	-8.0	37.9	53.8	62.0	76.1
2004	-231.3	-83.3	-46.4	-8.7	37.3	53.7	62.5	76.7
2006	-278.6	-98.2	-54.9	-16.1	24.9	43.3	53.9	72.7
2007	-214.4	-79.6	-44.5	-10.6	26.3	44.8	55.0	72.9
2009	-166.9	-60.3	-32.2	-6.9	26.2	43.5	54.3	73.4

资料来源：世界银行根据居户调查数据计算得出。

教育水平家庭的份额有所上升，与之相对应的就是未受教育或教育水平较低的家庭的份额下降。这种储蓄趋于集中的趋势部分反映了受过教育的个体占总人口比重的上升。有较高教育水平户主的家庭所占比例也显著增加，并不仅限于以上讨论的两国，众多的发展中国家均是如此。[18]然而在墨西哥，技术溢价的减少可能削弱了高等教育人口储蓄比重增加的程度。[19]

教育水平偏低的人群的低储蓄很可能反映了长期储蓄能力的不足，因为他们面临着平坦得多的年龄—收益分布。负储蓄可能反映了这些家庭在长期无法积累资金，因为当由于公共或私人转移的原因消费超过收入时，他们面临着失业或其他获得收入的障碍。储蓄不足使这些家庭很难获得收入的持续增长，因为他们无法给家庭成员的教育投资或者有效应对不利冲击。储蓄的集中增加了减少贫困的难度，下层阶级向上流动的机会也更加渺茫。

储蓄集中于高收入者的现象也显示了发展中国家的金融包容性程度。一方面，金融服务的集中，无论是地理上还是收入水平上，都使金融机构进入发展中国家金融市场和在其中运作的成本降低。另一方面，这会导致金融机构集中于高收入人口以及他们生活和工作的地区，使穷人仍然无法获得金融服务。最近对发展中国家储蓄媒介的调查数据的分析（Demirgüç - Kunt 和 Klapper，2012）表明，收入最低的 40% 人口不但比高收入的 60% 人口储蓄更少，而且通常也不通过正规金融机构来储蓄（图 2.26）。贫困家庭较少通过正规金融机构储蓄进一步限制了针对其他贫困家庭的金融包容性，这种溢出效应使得与收入不平等相联系的储蓄集中情况更为恶化，并潜在造成了贫困陷阱。

图 2.26　收入最低的 40% 人口不但比高收入的 60% 人口储蓄更少，而且通常也不通过正规金融机构储蓄

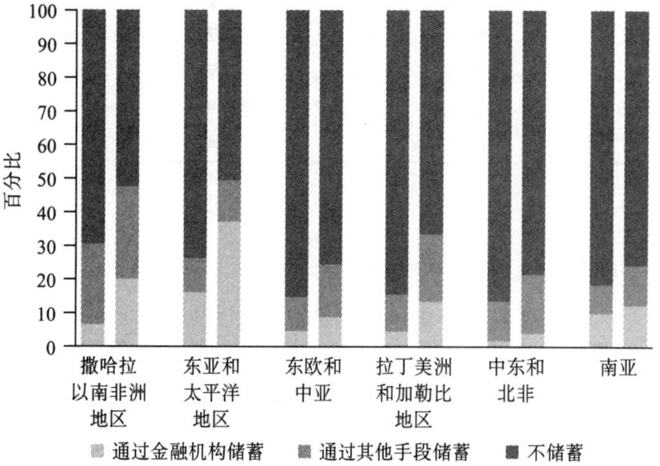

资料来源：世界银行根据居户调查数据计算得出。

注释：每一地区的左边柱形表示收入最低的 40% 人口；右边柱形表示收入最高的 60% 人口。

储蓄行为取决于生命周期内家庭的形成和结构

发展中国家的家庭数据没有显示出年龄和储蓄之间的倒 U 型结构（一个人的储蓄随工作年限的增加而增长，然后趋于平稳并在退休时开始下降），这可能由几个原因造成的：

- 因为消费通常是在家庭层面衡量的，很难将消费量具体分配给家庭中成员。正如 Deaton 和 Pexson（2000）所指出的，许多个体可能生活在多代同堂的家庭中，比如，一个 45 岁的户主同他 20 岁的儿子和 70 岁的父亲一起生活。家庭层面上，45 岁个体的正储蓄可能被家庭中年轻人和老年人的负储蓄所抵消。因此，家庭储蓄的年龄分布可能存在误差，并与个体储蓄的年龄分布差异较大。
- 相对贫困的比相对富有的老年人更有可能和自己的儿子一起居住，这就造成了选择误差。
- 不同的死亡率可能影响世代结构，因为如 Attanasio 和 Hoynes（2000）所指出的，长寿和财富可能是正相关的。当一个世代年龄增长时，更富有的个体活得更久，因此，在世代内占据更大比例。如果他们继续储蓄并留下遗产，倒 U 型年龄—储蓄分布可能因为世代结构的改变而消失。

这些观察中提到的潜在误差有助于解释理论所预测的年龄储蓄间的驼峰型关系

为什么并不总能在我们所检验的案例中观察到。

图 2.27 显示了在墨西哥、泰国和俄罗斯，户主的平均年龄与家庭个体年龄的对比。每个国家有 4 张子图：一个表示总人口，三个分别表示不同教育水平。45 度线表示如果所有的个体都是户主或者与户主同龄，世代结构将会出现的情况。然而，如同未来所显示的，本例中出现了明显的偏离，特别是在生命周期的起始和结束的时候。

在生命周期起始阶段，户主通常比家庭其他成员更年老一些（在 45 度线之上）。这是因为年轻人中很少有户主，而很多年轻个体仍然和父母住在一起。生命周期的结束阶段出现相反的效应，这时老年人回去和自己的子女一起生活，他们也不再是户主了，这就使户主比其他家庭成员更年轻（在 45 度线之下）。

对 45 度线的偏离显示了所有国家的一个普遍规律：教育水平越高，老年人生活在一个比自己年轻的人当户主的家庭中的可能性就越小。这表示受过更高水平教育的人更可能在年老时更好地养活自己（积累储蓄）。相反，对于教育水平较低储蓄能力有限的老人来说，家庭起到平稳消费的十分重要的作用。

除了这些共性，这三个国家在多代（扩展的）家庭体系的相关性上差异十分显著。特别是这一现象在墨西哥并不像在俄罗斯或泰国那样普遍。这一发现同样出现在地区层面上，如表 2.3 所示，老年人口做户主的比例在拉丁美洲比东亚或东欧和中亚地区要更大。这个表格还说明老年人口不做户主，即无须承担过多供养家庭的责任的比例，随收入水平的上升而下降：这个比例从低收入国家的 30% 下降到

图 2.27　家庭的年龄结构随户主年龄的改变而改变；教育程度更高的个体生活在户主比自己年轻的家庭中的可能性更小

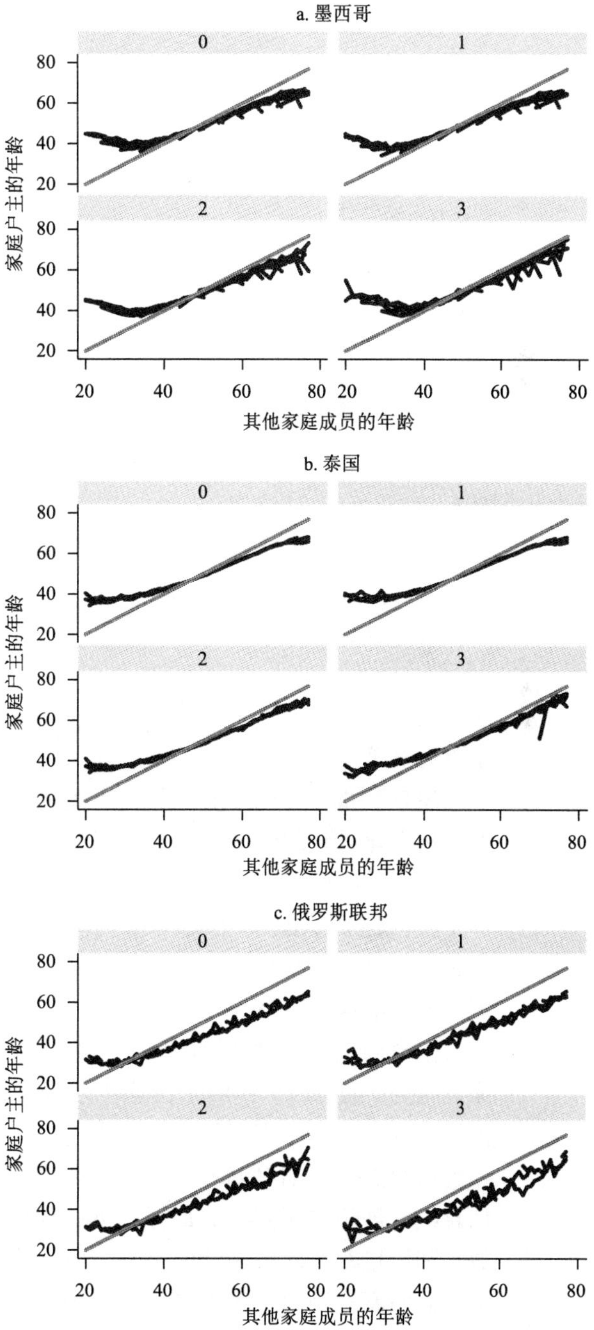

资料来源：世界银行根据居户调查数据计算得出。

注：在四个子图中，0 代表全体人口，1 代表未受教育或低等教育人口，2 代表中等教育人口，3 代表高等教育人口。专栏 2.4 详细讨论了图中的世代是如何构建的。45 度线代表如果所有个体都是户主或与户主同龄时将观察到的世代分布。

表 2.3　多代家庭的普遍性随国家收入水平和地区差异而不同

保持户主状态所占比例

	超过 70 岁的人口		超过 65 岁的人口	
	女性	男性	女性	男性
低收入经济体	23	66	24	71
中低收入经济体	30	76	28	80
中高收入经济体	47	81	45	82
高收入经济合作与发展组织（OECD）成员国	56	89	53	90
东亚和太平洋地区	32	79	32	82
东欧和中亚	50	76	48	77
拉丁美洲和加勒比地区	45	85	44	87
中东和北非	5	24	5	29
南亚	14	72	14	77
撒哈拉以南非洲地区	42	88	43	89

资料来源：世界银行根据全球收入分布动态的居户调查的数据计算得出，2005 年的数据。

注：OECD：经济合作与发展组织。

高收入国家的 10%。这一下降在妇女中甚至更为显著。

注意到图 2.27 同样为上文所述的家庭结构变化导致的潜在误差提供了直观佐证。尽管随时间追踪的是出生于同一年的户主群，他们家庭的年龄结构仍然在改变，这也许会在纯粹（户主个体）的年龄因素外影响储蓄决策。

生命周期内家庭规模的改变也会影响家庭行为。图 2.28 将四个国家处于不同世代和教育水平的家庭的家庭规模对户主年龄做散点图。如 Becker（1993）在家庭信息经济理论中所假定的那样，下一代的数量和质量存在此消彼涨的关系。收入水平较低的家庭倾向于多养孩子，因为他们无法为人力资本做投资。这在四个国家都清晰可见，教育水平较低的家庭有更大的家庭规模。

从图 2.28 中还可以看出，年轻世代比老年世代倾向有更小的家庭规模，家庭规模在不同国家间也大为不同。[20]值得强调的是，这些发现能够通过更广泛的地区性分析来证实，如图 2.29 所示（更多关于如何得到这个图表的背景信息在专栏 2.5 中讨论）。

在地区性分析中还可能发现，在东欧和中亚、南亚以及撒哈拉以南地区，家庭规模在达到峰值后下降得十分缓慢，这再一次证明了多代同堂家庭在这些地区的普遍性。

老年人口收入支持体系的不断进化

在大多数发展中国家，大家庭传统上会赡养不再工作的老人。然而，在所分析的四个国家里受过教育的人口中这种情况正在改变：受教育水平越高，积累的储蓄就越多，老年人就越不可能加入年轻世代的家庭中。因此，发展中国家收入水平的上升可以看作是老年人口的赡养体系从依

图 2.28　家庭规模随户主年龄不同而变化，两者之间的关系随教育水平的不同而改变

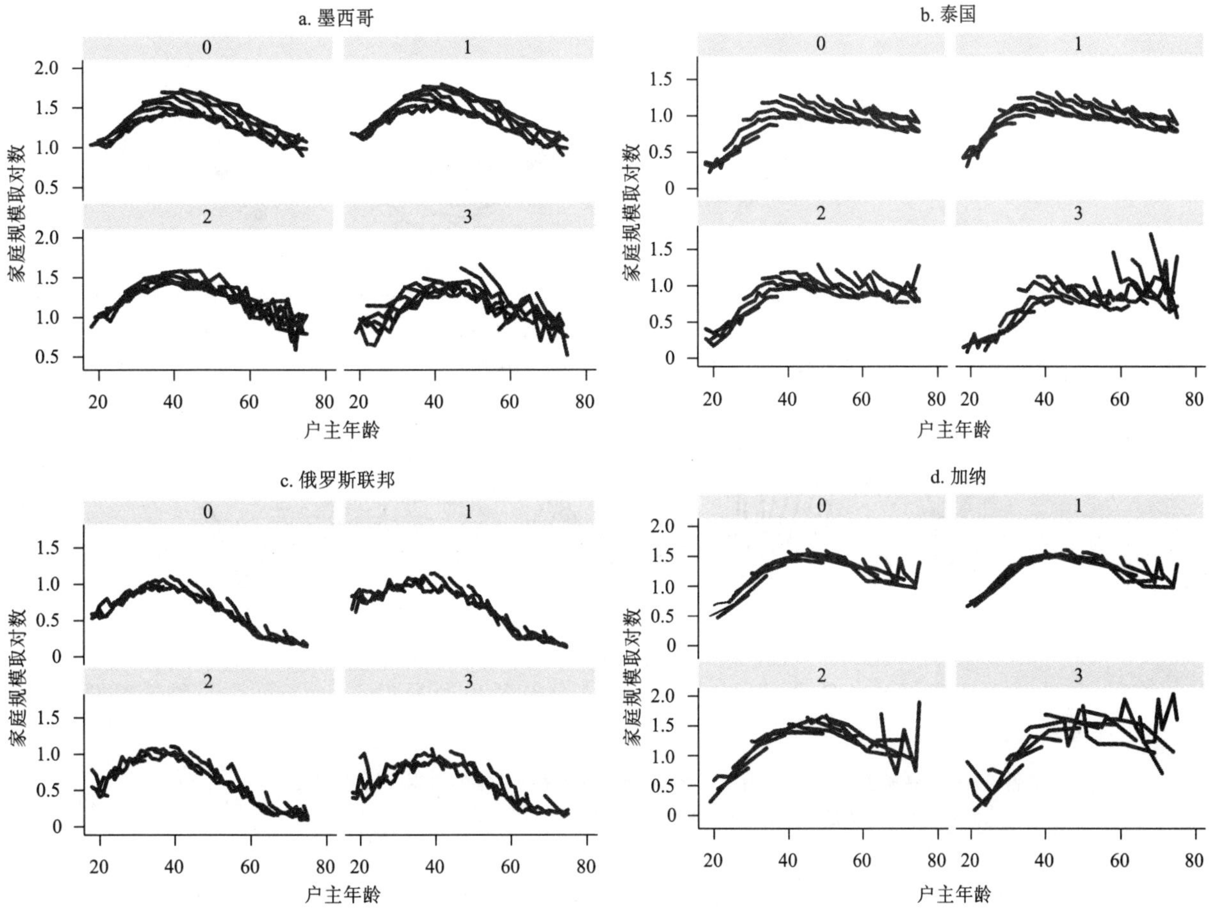

资料来源：世界银行根据居户调查的数据计算得出。

注：在四个子图中，0 代表全体人口，1 代表未受教育或低等教育人口，2 代表中等教育人口，3 代表高等教育人口。

靠亲属的非正式方式向依靠养老金体系的正式方式的转变。这种对老年人口的赡养方式从非正式转向正式，这一过程很有可能随着发展中国家收入上升而加速，改变了老年人口退休之后想要保证消费水平所面临风险的性质。这也对发展中国家金融体系监管的转变提出要求。

大量储蓄的存在，并要在未来几十年中保持这些储蓄的实际价值，这将鼓励如养老基金、投资公司、生命保险公司等金融中介机构的发展。这些机构的发展能够增加擅长对盈余或不同投资载体的安全程度进行评估的专家的参与度，以潜在提升投资效率。另一方面，正规养老金体系的成长也为老年人带来了新的风险，如果他们的私人养老金计划发生了大额亏损或者监管不足，他们的预期生命质量将下降。公共养老金体系如果设计不当可能造成福利或者合规年龄水平的重新定义，与此相伴的就是老年人的福利亏损。除此之外，

图 2.29 年轻世代倾向于有更小的家庭规模，但两者之间关系在地区间显著不同

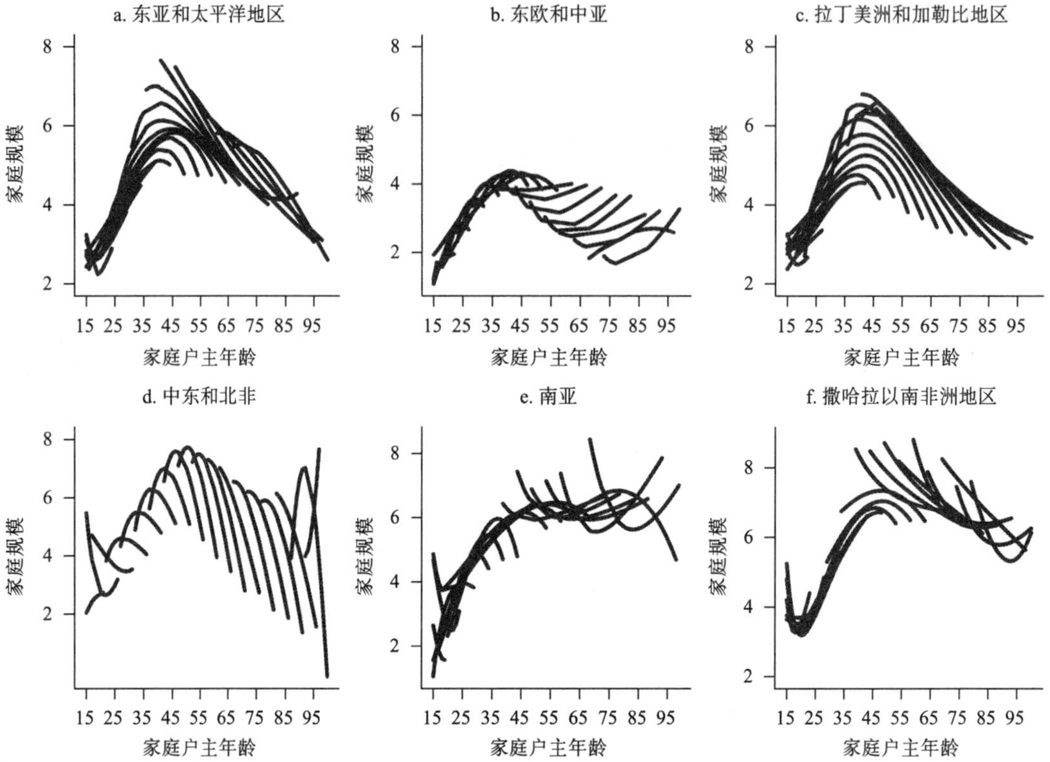

资料来源：世界根据国际综合公用微观数据系列（IPUMSI）的普查数据进行计算得出。

注：每个子图中的值都是简单平均的结果，见专栏 2.5。

设计不当的养老金体系也存在类似的投资风险。对养老金税收政策的改变，或高通货膨胀率导致的固定收益年金实际价值的减少，都会对私人和公共养老金产生负面影响。当然，非正式赡养体系也给老年人带来巨大风险，主要在于家庭成员收入水平的意外下降。重点在于这些风险将在未来几十年升高。

老龄化将给发展中国家和发达国家的财政政策可持续性带来挑战

在许多国家两项最大的政府开支就是医疗保障和养老金。这两项都随人口平均年龄的升高而需要更多的资金。与此同时，随着收入的增长，支出占收入的比重通常也随之增长。因此，随着发展中国家人口的老龄化和收入的持续增长，医疗保障和养老金支出甚至可能比收入增长得更快。另外，税收收入强烈依赖于劳动年龄人口规模，而这在一些发展中国家的未来几年也将缩水。而对老年人口增加的支出负担并不会被教育支出减少所抵消，随着年轻人口份额的减少，人们预期教育支出理应下降，但收入的增长仍会导致对人均教育需求的增加。因此，老龄化和经济增长预期将会增加年龄相关支出的负担。

公共财政上的压力对国民储蓄有着重要影响。国民储蓄中的公共部分由于财政赤字或公共投资减少很可能收缩。此外，应对人口压力的各种政策变化——比如，增加税收，年龄相关福利覆盖范围或投入量的减少，或非年龄相关支出的削减——可能对家庭部门储蓄行为产生影响。这些储蓄的动态变化没有在一般均衡模型[21]建构的情景中明确表现出来；因此，这一部分在部分均衡的设定下对前文的分析进行了补充。

在许多发展中国家养老金都已成为政府预算的重要组成部分。养老金体系潜在对人口结构的变化十分敏感。因此，要想理解人口结构对公共财政造成的压力的程度和时机，对养老金成本的估算就十分重要。大多数估算都认为增加的医疗保障支出与养老金支出同样重要，占未来几十年年龄相关负债增长的一半。[22]

年龄相关公共支出的受益者的年龄的

专栏2.5　全球性的家庭普查数据集为储蓄在微观层面提供了一个细致入微的观点

图2.29中的数据来自43个发展中国家自20世纪60年代开始进行的人口普查。这些普查由"国际综合公用微观数据系列（IPUMSI，http://international.ipums.org）"收集和标准化处理。表B2.5.1按地区给出了拥有可用普查数据的国家数量。

运用这些数据，我们计算出普查中每个家庭户主的出生年份，因此，标识出所有15岁和90岁之间的户主。他们的出生年份从1870年到1994年不等。然后根据户主的出生年份建立起五年期的世代。例如，出生于1870—1874年的户主属于世代1，而出生于1875—1879年的户主属于世代2，以此类推。然后随着普查的重复进行随时间追踪这些世代的所有数据。对大多数国家，至少有4—5次重复的普查。然后将不同国家的数据进行平均以获取地区层面的信息。这种平均或者是简单平均，或者是用人口规模作为权重的加权平均。

表B2.5.1　拥有可用数据的国家数量，按地区划分，1960—2009年

	1960—1964年	1968—1972年	1973—1977年	1978—1982年	1983—1987年	1988—1992年	1992—1997年	1998—2002年	2003—2007年	2008—2009年
东亚和太平洋地区		2		3		6	1	6		2
东欧和中亚			1			1		4		
拉丁美洲和加勒比地区	7	5	4	7	2	9	3	10	3	
中东和北非							2		3	
南亚			1	1	2		1	3	1	
撒哈拉以南非洲地区					3	5	2	9	2	2
总计	7	7	6	11	7	21	9	32	9	4

资料来源：世界银行汇编。

专栏 2.5（续）

图 2.29 中的家庭规模是从 IPUMSI 普查中直接编写出的变量。连接世代数据间的平滑线段采用二项式近似的方法绘制而成。图 B2.5.1 在 República Bolivariana de Venezuela 的例子中显示出，这种二项式方法能够适合于不同世代（最年轻的和最年老的）的家庭规模与家庭户主年龄关系的两组散点。

图 B2.5.1　第一世代和最后世代的家庭规模、散点及拟合值，委内瑞拉

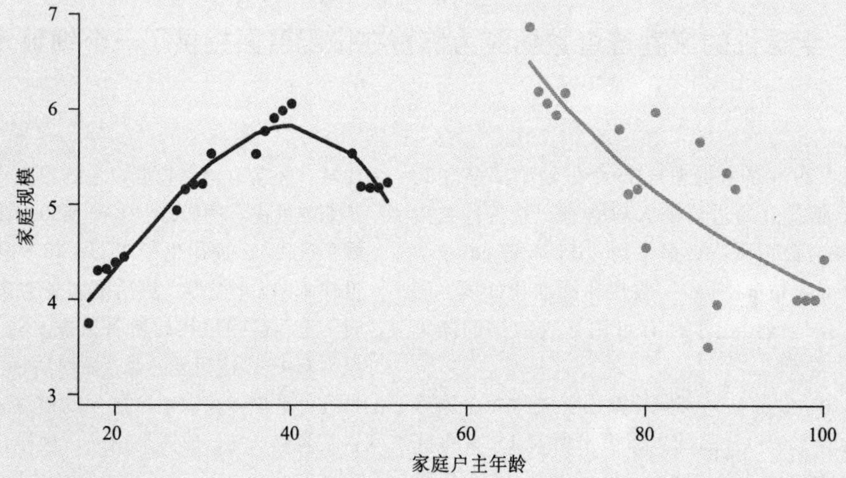

资料来源：世界银行根据委内瑞拉普查数据计算得出。

可用数据（从国民转移支付账户［NTA］估算，在专栏 2.6 中讨论）显示，公共转移支付随年龄升高而增加的程度在不同国家显著不同（图 2.30）。对老龄人口的转移支付在发达国家要高得多，这不仅与人均 GDP 有关，还与对其他年龄人群的医疗保障支出（人均水平）有关。这与另一个发现相一致，在微观层面上，对非常高龄人口的医疗保障属于奢侈品（参见 De Nardi、French 和 Jones，2010）。公共养老金的情况是，转移支付的起始年龄在发展中国家比发达国家显著更低；因此，发展中国家的公共养老金体系存在很大的改革空间，比如，提高退休年龄。最后，与发展中国家相比，教育支出占高收入国家 GDP 的更大比重。这意味着就算老龄化降低了发展中国家学龄人口的比重，更高的入学率和每名学生平均支出较收入的更快增长，限制了教育总支出相对 GDP 的任何减少。

尽管许多国家的年龄相关支出的负担在未来几年都十分显著，年龄相关支出对养老金和医疗保障的覆盖范围和投入量高度敏感（建构这些情景的模型在专栏 2.7

中给出)。在福利和保险上缺乏变化，未来几十年中随着人口的老龄化，表 2.4 中讨论的 6 个发展中国家之中的 4 个——巴西、智利、中国和哥斯达黎加——的财政负担中对老年人口的支出将显著增加。但这个计算可能低估了公共支出的潜在负担，因为在目前只提供有限的养老金和医疗保障服务的国家，随着收入增加可能导致对更高的福利和更广泛的保险的要求。

通过比较，(a) 假设不变的政策环境下对个别国家年龄相关公共支出的估算，(b) 假设福利和保险水平向一个施行高福利制度的欧洲国家（瑞典）2003 年的水平趋近的情况下进行估算，(c) 假设向美国的较低福利水平趋近，美国的公共养老金计划甚至比大多数发展中国家更为节制，但却有较高的老年人医疗保障支出。福利和保险向瑞典水平的趋近路径对大多数发展中国家来说都难以为继，从 2010 年到 2050 年，6 个发展中国家公共转移支付占 GDP 比例的上升程度从印度的 14 个百分点到中国的 47 个百分点不等。即便采用美国的保险和福利水平也将使公共转移支付占 GDP 的比例在现有水平上显著上升，从巴西的 9 个百分点到中国的 19 个百分点不等。

这些情景包含了对公共医疗保障支出的估算。值得注意的是对未来医疗保障支出的估计比对养老金水平的预测可能出现更多错误，这是因为公共医疗保障花费在很大程度上依赖于政策制定者无法控制的因素。例如，医疗服务和药品的价格，至少部分是由市场状况——国内以及国外市场——所决定，而技术革新不仅会影响价格，还在整体上改变医疗方式。因此，对医疗保障支出的任何估算都有很大程度的不确定性，即便假设不变的政策环境也是如此。[23]如要对未来花费进行任何估计，对

专栏 2.6　国民转移支付账户项目是年龄相关的公共转移支付数据的珍贵来源

年龄相关的公共支出数据特别地没有按年龄组分列。然而，国民转移支付账户（NTA）项目[a]旨在以一年期年龄组为单位测度公共转移支付的收入和支出，目前有 21 个国家存在至少一些系列的数据。这些国家中大多数都有公共教育、医疗保障和按年龄划分的养老金转移支付的流入的数据。这些国家中有 6 个发展中国家有全部 3 个系列的数据：巴西、智利、中国、哥斯达黎加、印度和墨西哥。这个项目仍在进行中；更多的国家将加入其中，而一些现有数据可能将被修正。每个国家都只有一个年份的可用数据，而且每个国家年份都不同。

一些国家自可获取账户数据的年份以来经历了巨大的变革——例如，巴西的公共养老金改革——无疑年龄相关支出从此发生了改变，无论是规模还是年龄分布上都是如此。尽管这些注意事项不容忽视，但 NTA 数据仍然是按年龄分列年龄相关转移支付的有用估计。NTA 方法十分协调一致，因此，转移支付的年龄分布在不同国家间具有可比性。

a. NTA 项目是对年龄和世界范围内人口老龄化的宏观方面进行衡量、分析和解释的协调方法（http://www.ntaccounts.org/web/nta/show/）。由一系列公共和私人资金资助，这一项目的牵头机构是加州伯克利大学的人口老龄化与经济研究中心，以及檀香山的东方—西方研究中心的人口与医疗卫生研究项目。这一项目的详细信息，见 Lee and Mason (2011) 以及 http://www.ntaccounts.org。

图 2.30　公共转移支付随年龄的上升而增加的程度在不同国家显著不同

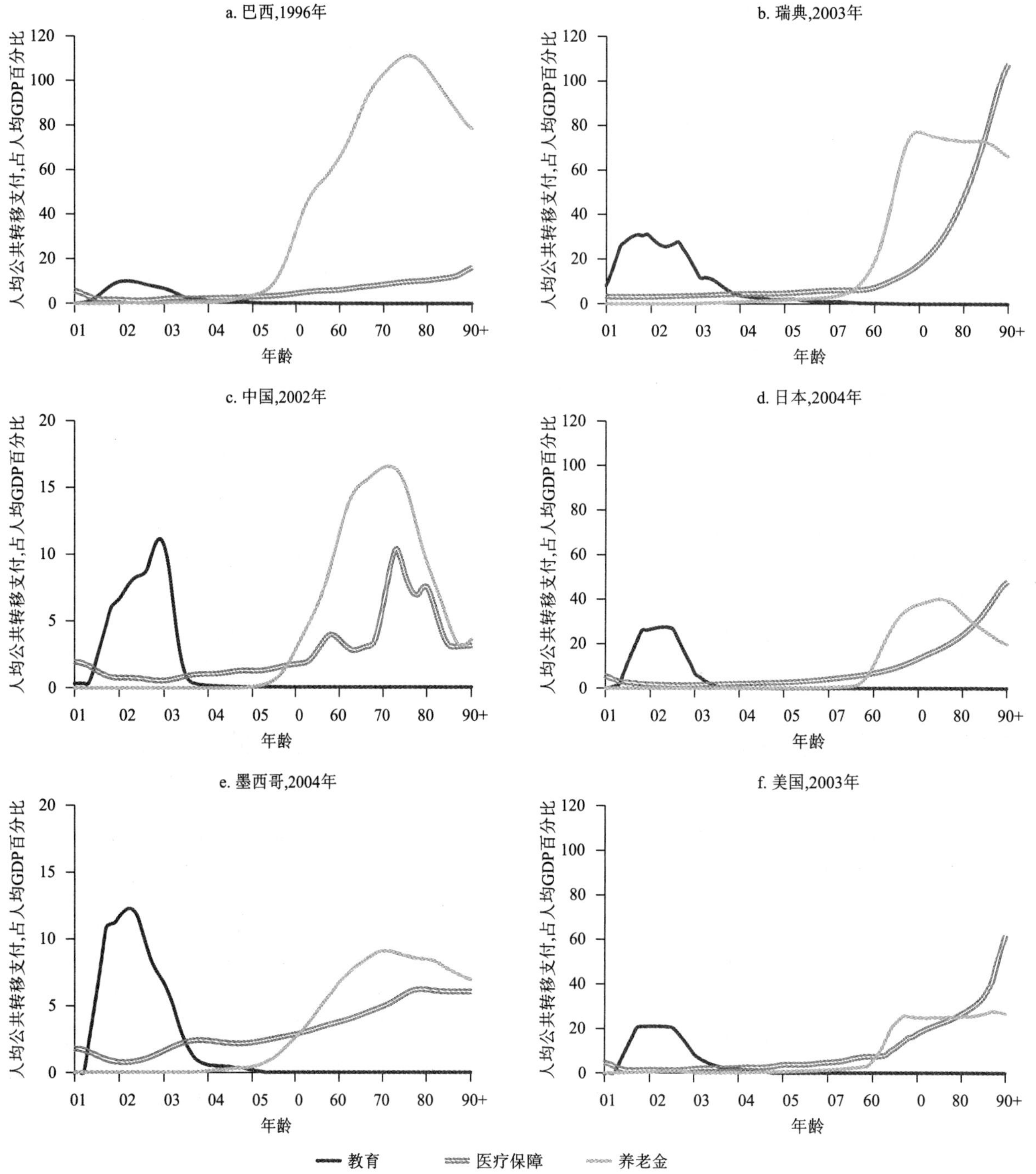

资料来源：世界银行根据国民转移支付账户（NTA）项目（http：//www. ntaccounts. org/web/nta/show/）的数据计算得出。

注：NTA 数据是在一年期年龄组水平下，对个人在当前年龄的平均转移支付。他们在这里被表示为国家的人均 GDP 的百分比，5 年期世代滚动平均值，采用每个国家有 NTA 数据的年份。中国和墨西哥的图表的纵轴的比例单位与其他 4 国不同。

专栏 2.7　通过分解老龄化对政府预算的冲击来对其进行阐明

财政平衡受到人口年龄分布的影响，这主要是因为公共医疗保障和养老金对老年人支出得更多，教育支出则是年轻人更多，而税收收入主要来自于劳动年龄人口。文献中（参见 Miller、Mason 和 Holz，2011）普遍应用的关于支出的一个简单分解（等式 B2.7.1）显示，总公共支出 E，某一具体项目或某类项目（例如，公共养老金）支出占 GDP 的比例 Y，表示为不同年龄支出加总与不同年龄人口的 GDP 的关系。对每一个年龄组，这都被分解为每人的平均支出 E_{age}/C_{age}（其中，C_{age}代表该世代的人口数）与每个劳动年龄个体产出 Y/W（其中，W 代表劳动年龄人口数，例如 20—64 岁之间的人口）之间的关系，以及每个年龄组的人口数与劳动年龄人口的比例 C_{age}/W。每个年龄段给定一个 E_{age}/C_{age}，随着 C_{age}/W 随年龄升高，每个人的花费也高于平均的 E_{age}/C_{age}，也就是说更“昂贵”的世代相对劳动年龄人口总数变大，总支出 E/Y 相对 Y/W 增加。

以上的特性可以进一步分解（等式 B2.7.2），将每个年龄段的平均人均支出分成每个项目受益者的支出 E_{age}/P_{age}，与该世代中此项目的覆盖比例 P_{age}/C_{age}。这样就强调了不管是体系投入量的升高或下降，还是体系覆盖范围的扩大或缩减，都会使年龄组中每人平均支出发生变化。

原则上来讲，以上组成部分预期都会随时间变化。例如，学龄人口与劳动年龄人口比例下降的国家，同时收入也通常上升（这一般是由于有更少的孩子和更高的入学率）以及增加的每名学生教育开销（Becker 和 Lewis，1973）。因此，右侧的前两个比率升高而第三个下降，而教育支出占 GDP 之比变化的方向则取决于这两种效应的相对大小。然而，假定人均支出相对平均收入（或每劳动年龄个体的收入）不变，可能是一个有用的思维实验，无论在何种情况，并不总是存在先验理由去认为项目的投入量或覆盖范围会改变。

$$\frac{E}{Y}=\left[\frac{\left(\frac{E_0}{C_0}\right)}{\left(\frac{Y}{W}\right)}\right]\times\left[\frac{C_0}{W}\right]+\left[\frac{\left(\frac{E_1}{C_1}\right)}{\left(\frac{Y}{W}\right)}\right]\times\left[\frac{C_1}{W}\right]+\cdots+\left[\frac{\left(\frac{E_{90+}}{C_{90+}}\right)}{\left(\frac{Y}{W}\right)}\right]\times\left[\frac{C_{90+}}{W}\right] \quad (B2.7.1)$$

对每个0岁个体的平均支出与每个劳动年龄个体的平均产出之比　　0岁人口与劳动年龄人口之比

$$\frac{E}{Y}=\sum_{age=0}^{90+}\left[\frac{\left(\frac{E_0}{C_0}\right)}{\left(\frac{Y}{W}\right)}\right]\times\left[\frac{P_{age}}{C_{age}}\right]\times\left[\frac{C_{age}}{W}\right] \quad (B2.7.2)$$

投入量：对每个年龄组项目参与者的平均支出，与劳动年龄个体平均产出之比　　覆盖范围：世代中参与到项目中的比例　　世代人口与劳动年龄人口之比医疗卫生服务需求的本质的变化也应考虑在内。目前，对临终人士的医疗保障支出在发达国家比发展中国家要高得多。如果发展中国家的老年人开始要求在晚年享有更昂贵的医疗服务，那么在这些国家人口老龄化对公共财政的冲击将比假设服务水平稳定的情况要大得多。

表 2.4 说明如果公共医疗保障体系的投入量逐渐向现今美国的水平趋近，对一些国家来说，医疗保障花费造成的财政负担将是单纯老龄化造成的负担的将近两倍。瑞典，拥有世界上最奢侈的老年人口医疗保障体系的国家之一，是一个例外。然而，在投入量向瑞典靠拢的情况下进行的估算十分有用——首先，表明美国水平对发达国家来说并不算特别高（因此，对发展中国家来说，用 40 年时间向这个水平靠拢并不是不可想象的）；其次，表明如果人均支出被升高的医疗保障费用推高那么结果将有多么大的变化，因为费用大幅增长的财政效应与投入量增加产生的效应相似。事实上，为了应对老龄化给公共医疗保障义务带来的冲击，政府的首要任务也许并不是调整传统保障体系的覆盖范围和投入量，而是对医疗保障体系进行更深层的机构改革，使得受益人有更强的动机去选择低成本的医疗方案，这样就减少了对医疗保障费用不可预见的冲击带来的或有负债。

表 2.4　年龄相关财政压力的路径强烈依赖于福利和保险水平

国家	$(\frac{E_{age}}{C_{age}})/(\frac{Y}{W})$	养老金（占 GDP 的百分比）			医疗保障支出（占 GDP 的百分比）			教育支出（占 GDP 的百分比）			总的变化（占 GDP 的百分比）
		2010 年	2030 年	2050 年	2010 年	2030 年	2050 年	2010 年	2030 年	2050 年	2010—2050 年
巴西	不变	**9.1**	**14.0**	**20.9**	**3.0**	**3.5**	**4.5**	**2.6**	**1.9**	**1.7**	*12.4*
巴西	趋近瑞典	9.1	10.9	12.8	3.0	5.9	13.2	2.6	4.9	6.9	*18.2*
巴西	趋近美国	9.1	14.2	11.0	3.0	4.6	8.8	2.6	3.0	3.6	*8.7*
智利	不变	5.5	8.8	11.7	2.2	2.6	2.9	2.2	1.7	1.5	*6.3*
智利	趋近瑞典	5.5	11.1	18.2	2.2	6.3	15.0	2.2	4.8	7.2	*30.5*
智利	趋近美国	5.5	9.5	11.8	2.2	4.7	9.8	2.2	3.0	3.8	*15.5*
中国	不变	3.4	5.9	8.1	1.7	2.2	3.0	2.1	1.6	1.5	*5.4*
中国	趋近瑞典	3.4	13.6	33.7	1.7	5.4	14.3	2.1	4.0	6.4	*47.2*
中国	趋近美国	3.4	7.0	12.8	1.7	4.2	9.7	2.1	2.5	3.3	*18.6*
哥斯达黎加	不变	4.3	7.1	11.0	4.7	5.4	6.8	4.2	3.0	2.6	*7.2*
哥斯达黎加	趋近瑞典	4.3	9.8	20.3	4.7	6.8	13.4	4.2	5.4	6.7	*27.2*
哥斯达黎加	趋近美国	4.3	7.3	11.1	4.7	5.6	8.9	4.2	3.6	3.5	*10.4*
印度	不变	1.0	1.2	1.4	2.3	2.4	2.6	1.7	1.3	1.0	*0.1*
印度	趋近瑞典	1.0	1.6	2.9	2.3	4.4	8.1	1.7	5.7	8.2	*14.3*
印度	趋近美国	1.0	3.6	6.9	2.3	3.4	5.7	1.7	3.3	4.4	*12.0*
墨西哥	不变	1.5	2.3	3.2	2.1	2.2	2.6	3.5	2.5	2.0	*0.8*
墨西哥	趋近瑞典	1.5	8.0	22.0	2.1	5.0	11.9	3.5	5.9	7.6	*34.4*
墨西哥	趋近美国	1.5	4.1	9.8	2.1	3.8	8.0	3.5	3.7	4.0	*14.8*

资料来源：世界银行的估算，以及根据国家转移支付账户［NTA］（http://www.ntaccounts.org/web/nta/show/）、联合国人口署（2011）、IMF（2011）以及世界银行世界发展指标数据库的数据所做的计算作为补充。

注：表中数据是根据公共转移支付的年龄分布数据（来自国民转移支付账户［NTA］和估算的人口结构变化。2010 年养老金支出根据 IMF（2011）对公共养老金支出的估计进行了调整）估计得到的。NTA 数据与根据联合国五年期年龄组的人口估计相结合。估计的数学方法在在线附录 2.2 中给出。$(\frac{E_{age}}{C_{age}})/(\frac{Y}{W})$ 表示对给定年龄每个个体的平均支出，与每个劳动年龄个体的平均产出之比；更多详细信息在专栏 2.7 中给出。

整体上来讲，这些简单的情景表明在未来几十年，不仅增加的老年人口相关费用带来的财政挑战十分艰巨，福利或保险的渐进变化将会和人口结构变化带来同样强烈的冲击。这些情景应该被看作是老龄化对财政平衡的潜在影响的说明，而不是对支出水平的预测。此外，还应该意识到政府储蓄模式在未来的变化还会依赖于其他变化，而它们有可能平缓老龄化对财政的冲击，例如，养老金改革、税收改革、劳动力市场改革、劳动力市场参与度的改变以及非年龄相关公共支出的变化。

老龄化将增加公共养老金的成本

如果考虑比国民转移支付账户项目中更多的国家样本，很明显可以看出发展中国家的养老金支出相对 GDP 的比例将显著上升（表 2.5）。[24]这个情景中假设养老金的覆盖范围和政策不会有变化，因此，每个年龄段的人均支出相对每劳动年龄个体 GDP 保持不变。由于大多数国家都缺少支出在年龄组之间分布情况的数据，近似替代是假设对所有 50 岁及以上人口的养老金支出都相同，而对 50 岁以下的则都为 0。在这一假设下，养老金支出作为 GDP 的一部分，随修正的人口抚养比而成比例地变化（具体方法在在线附录 2.3 中给出）。

发展中国家的养老金成本面临不同程度的增加。在拉丁美洲、东欧以及中东和北非（范围包括可以根据埃及和约旦进行一般归纳的地区）都在未来几十年中面临养老金负担的显著升高。这种升高主要是由于大量增加的退休人口，而劳动年龄人口份额的下降只占小部分原因。尽管从 2030 年起，后者将变成中国以及巴西需要考虑的重要因素，因为巴西现有养老金体系的巨大规模导致其财政平衡必将对任何微小的人口结构变化非常敏感。一些东亚国家以及印度、墨西哥、巴基斯坦和南非并没有面对如此大的压力，因为它们没有巨大的公共养老金体系。

养老金支出占 GDP 比例的增加意味着以美元价值衡量的巨大增加。例如，如果土耳其的 GDP 平均增长率从 2010 年到 2030 年为 4.2%（这与一系列估计相吻合），那么养老金支出从 2010 年占 GDP 的 6.3% 升高到 2030 年占 GDP 的 9.6% 就相当于 6.4% 的年增长率，以不变美元价格计的话是原有支出的 3 倍。养老金负担将像这样持续增长的国家需要考虑削减保险和（或）福利，或者减少在其他方面的支出。

表 2.5 中最具戏剧化的估计是对巴西和乌克兰，其养老金开销到 2050 年将超过 GDP 的 20%。巴西在 1999 年及 2003 年进行了重大改革，但显然力度还远远不够，因为老年人口抚养比到 2030 年将增加一倍。在 2011 年，乌克兰施行了政治上不讨好但早该进行的改革，以期彻底改变已成为其财政相当负担的苏联时期的公共养老金体系，措施包括提高退休年龄（这个变化并没有在此情景中体现出来）。

四个有着不可持续性养老金体系的国家，仍然有一些改革红利可供获取。[25]减少对每位受益人相对于其贡献的支付也许是一项必要措施。政策制定者能够大体上调整养老金体系的覆盖范围和投入量，但受制于政治制约因素；在大多数情况下，对未来养老金支付的承诺都比较隐晦——这是一份并不具法律约束力的代际协议——须重新进行谈判。但也可以通过一些简单明了的方式，比如，提高退休年龄，来取得显著进展。这项改变还有一项额外的好处就是扩大了劳动力，也因此有助于经济增长和税收收入。在一些国家对延期退休

表 2.5　人口老龄化将给一些国家的公共养老金体系带来严峻考验

	公共养老金成本（占 GDP 的百分比）			65 岁以上人口（占总人口的百分比）			20—64 岁人口（占总人口的百分比）		
	2010 年	2030 年	2050 年	2010 年	2030 年	2050 年	2010 年	2030 年	2050 年
拉丁美洲和加勒比地区（覆盖 *62.8%* 的人口）									
阿根廷	7.4	8.8	11.2	10.6	13.6	19.1	56.1	58.2	56.9
巴西	9.1	13.8	20.1	7.0	13.7	22.5	59.1	61.7	57.5
智利	5.5	8.1	10.6	9.3	17.3	23.5	59.9	58.8	56.0
墨西哥	1.5	2.3	3.2	6.3	11.7	19.9	54.9	59.6	57.7
东亚和太平洋地区（覆盖 *90.2%* 的人口）									
中国	3.4	5.5	7.7	8.2	16.5	25.6	64.5	63.3	56.3
印度尼西亚	0.7	1.1	1.6	5.6	10.5	19.2	58.4	62.1	58.4
马来西亚	3.0	4.3	5.5	4.8	10.3	15.0	55.7	57.9	58.2
菲律宾	1.7	2.2	3.0	3.6	6.7	10.8	50.5	55.5	58.2
泰国	1.0	1.6	2.1	8.9	17.6	25.1	63.0	61.6	55.5
东欧和中亚（覆盖 *72.9%* 的人口）									
保加利亚	7.2	9.2	11.0	17.5	22.3	28.7	63.4	58.1	51.0
拉脱维亚	6.1	7.6	8.9	17.8	21.3	25.7	62.4	57.2	53.6
立陶宛	7.6	9.6	11.3	16.0	20.4	24.2	62.0	57.5	55.2
罗马尼亚	7.5	10.0	12.9	14.9	19.2	27.9	64.3	61.1	52.7
俄罗斯联邦	8.1	10.7	12.6	12.8	19.1	23.1	66.4	58.9	54.7
土耳其	6.3	9.6	13.8	6.0	11.4	19.6	58.7	61.8	58.6
乌克兰	17.7	21.8	26.2	15.5	19.5	24.1	64.2	59.2	54.6
南亚（覆盖 *85.7%* 的人口）									
印度	1.0	1.3	1.8	4.9	8.3	13.5	54.7	59.7	60.8
巴基斯坦	0.6	0.7	1.1	4.3	6.0	10.4	49.1	57.5	61.7
中东和北非（覆盖 *26.7%* 的人口）									
埃及	4.0	5.2	7.3	5.0	8.7	14.2	53.8	57.9	59.2
约旦	4.1	5.8	9.3	3.9	5.6	12.8	47.6	59.5	60.7
撒哈拉以南非洲地区（覆盖 *5.9%* 的人口）									
南非	1.9	2.3	2.9	4.6	7.8	10.1	55.3	58.2	61.2

资料来源：世界银行估算，运用 IMF2011 年和联合国人口署 2011 年的数据进行的计算作为补充。

注：这些估算假设对退休年龄（50 岁及以上）人口的人均平均支出与劳动年龄（20—64 岁）人口的人均 GDP 之比保持不变。由于这种简化假设，这些估算不如表 2.4 中的精确。并且由于这个原因，那些两个表中都出现的国家（巴西、中国、智利、印度和墨西哥）数据并不一致。另外，在 2010 年之前没有生效的养老金改革都没有被考虑在内。细节在在线附录 2.3 中给出。

有明确的范围规定，而养老金体系的设计并不总是能激励那些在 50 岁中期到 60 岁的尚有生产能力的人参与劳动。比如，即便在上一轮改革之后，根据巴西的贡献年限规定[26]，平均退休年龄男士是 54 岁，女士是 51 岁（Gragnolati 等，2011）。中国的法定退休年龄是男士 60 岁，女士 55 岁。随着成年人死亡率和生育率的下降，在中国平均退休年限和退休者与劳动力之比都飞速上升，而正在讨论的主要改革中推迟退休年龄的政策就是为了解决这一问题。[27]

一项更基础的改革就是从现收现付体系转为基金体系。许多国家都在进行这项改革，特别是在拉丁美洲和东欧。这种转变成本极高，但转向基金系统是一个使政府摆脱由于人口结构变化导致的流入和流出之间不平衡的长期解决方案。还值得注意的是，这种改变可能会对国民总储蓄产生积极影响，因为体系的资金来自税收融资而不是公共借款。[28]

老龄化带来的财政负担将影响国民储蓄的结构和水平

如上文所示，历史上公共储蓄并未在全球水平上显示出任何趋势，无论是上升的，还是下降的。在 2001—2009 年的全球金融危机之前的几年它的确曾显著上升，但危机降临之后又马上下降到占 GDP 10%—20% 的历史正常水平。即便公共储蓄在未来几年继续上升的势头，前文所讨论过的情景显示，人口老龄化使大多数国家在中长期将面临公共财政的压力——在一些情况下这种压力将相当沉重，而这会使公共储蓄受到制约。此外，发展中国家在经济发展的过程中可能有更大的基础设施建设的需要（见本书第 1 章）；如果希望公共储蓄在不带来持续性财政赤字的情况下支持基础设施投资的增加，[29]就需要保持一定的水平，那么对人口结构变化的考虑将更加迫切。

展望未来，公共总储蓄将维持过去几十年的水平，大约占据国民总储蓄的 10%—20%。这就需要公共部门在基础设施的持续投资上扮演重要角色。要在年龄相关支出增加的情况下维持原有水平，决策者有几个选择。在短期到中期，他们也许会实行财政赤字，但这种解决方案难以为继，而且只是推迟了不可避免代价高昂的针对长期人口结构变化的调整。实事上，实行赤字只会加重政府债务负担，使得财政状况在未来进一步恶化。首先，一个长期选择是增税，也许会有一定政治成本，但它很可能是任何针对老龄化的均衡一揽子政策的组成部分。其次，在非年龄相关项目上的任何不必要的、浪费的开支都必需削减；这个范围和削减程度因国家而异，但大多数发展中国家都有削减非年龄相关支出的空间，能够为年龄相关的负债留出部分财政余地。[30]再次，改革养老金体系的规模和制度设计十分必要。一些面临迫在眉睫的老龄化压力的国家已经开始实施这个程序，但许多国家仍需加快脚步。

与年龄相关的公共支出的路径对家庭储蓄以及公共储蓄都有重要的指示意义。公共医疗保障和社会保险项目的投入量和覆盖范围的提升，在其他条件不变的情况下会造成家庭储蓄的显著减少；[31]这不仅是因为不再特别需要在生命周期中平稳消费，预防性储蓄也减少了，因为公共项目扮演了保险的角色，将寿命以及医疗保障需求的不确定性集合在一起。这个作用也可以是反向的：中国在 20 世纪 90 年代及 21 世纪初的城市家庭储蓄率，就随着社会保障规模的缩减而上升。[32]

在即将到来的几十年，发展中国家将经历历史上通常伴随着收入增加而来的，对公共服务需求的增加。但与此同时，政府在提升养老金和医疗保障项目上的能力将受到老龄化的约束，甚至比高收入国家在经历经济发展的类似阶段时要受到更多的阻力。如果政府不遵循高收入国家过去走过的道路，而是在面对不断膨胀的受益人群体时减少年龄相关福利项目的投入量或覆盖范围，那么私人储蓄预期将会增加，因为更大比例的退休及医疗保障开支将会从自己的口袋支付出去。教育体系的投入量和覆盖范围的增加切实可行，因为带来的财政冲击将会被儿童占人口比例的减少而抵消。养老金和医疗保障的情况则完全不同，市场和私人储蓄将很有可能同公共储蓄一起扮演重要角色。更高的税率也会影响家庭储蓄，所以即便公共储蓄没有下降，如果增税是应对措施的一部分，私人储蓄将会下降，那么在这种情况下，国民储蓄也将会下降。

结论和政策方向

到 2030 年，全球人口老龄化带来的储蓄率的下行压力总体上不太可能成为经济增长的阻碍。然而，一些关键性政策挑战仍在眼前，特别是那些老龄化迅速、生产力增长潜力不足的国家。本章主要描述了两个主要挑战：首先是年龄相关的公共支出对政府财政的潜在压力，其次是储蓄无论在数量上还是在储蓄率上都集中于人口的某一部分。

政府财政方面的政策挑战包括年龄相关支出增长率的不确定性，以及缺乏应对这一长期问题的政策框架。正如 Heller (2003) 清晰地指出："虽然越来越多的预算包含了 3—5 年的中期框架，但是很少有国家分析长期情景……大多数国家的可持续性分析都集中于承担目前债务的能力以及预测未来赤字……因为是基于政策、现有法律或财政收入和支出占产出的比例不变的假设进行预测，对更广泛财政总量的预测缺乏可信度。预算过程也缺乏必要的机制，以促进对政策的承诺或担保进行辩论，而这些担保的财政后果只会在长期显现出来"（重点节选）。

关于人口结构改变的负担的分配有一个基本政策选择，就是在未来退休者和未来工人之间的分配。政策选项包括降低退休者的生活标准，增加工作年限，提高工作期间的储蓄，以及更多的从工人向退休者的转移支付。

大多数发达国家都选择了（或正在考虑）包括推迟退休年龄、增加针对退休的私人储蓄（通过税收优惠制度）以及改革养老金体系在内的政策组合——大多数都没有选择降低老年人生活标准的方案（参见英国养老金委员会，2005）。

取决于在人口结构变化中的特殊位置，某个特定的发展中国家很有可能在应用这些政策组合或其中之一上取得成功。例如，那些处于人口结构转变早期的国家，如撒哈拉以南非洲地区国家，很可能通过税收激励来鼓励储蓄。一个关键问题就是评估一个延税型个体的退休储蓄是否排斥了其他形式的储蓄。对美国的研究发现几乎没有证据表明 401（k）计划替代了其他形式的个人储蓄（Poterba、Venti 和 Wise，1996；Benjamin，2003；Gelber，2011）。

对于其他地区延长工作年限和增加转移支付也许是更好的选择。正如本章所描述的，有几个理由支持向老年家庭转移支付：（a）再分配（生产力增长会增加未来世代的收入，而公共项目正在替代家庭转移支付）；（b）改善市场失灵，比如，有限的保险市场针对长期保障需求风险的问题。

对于那些老年人口比例不断增长的发展中国家来说，一个经常被忽视的政策挑战包括识别老年人口的异质性。这并不是一个同质集体，他们在资金、健康状况、工作能力和寿命上都存在差别。例如，最近对老年人口的劳动力市场情况的调查（Gruber 和 Wise，2007）发现，对 55—69

岁人的收入征收更高税收与未使用劳动力（55—65岁的工人）正相关。

关于第二个问题——储蓄集中于特定部分的人口——本章重点强调，那些储蓄和财富高度集中的国家可能制造出不平等陷阱，这可能对经济流动性并在此之上对经济增长所需要的政策和社会共识的达成十分不利。事实上最近的研究强调，不平等对生产力和经济增长的影响存在其他更直接的渠道。这些研究（参见世界银行，2005）的主要教训是在贫困国家高度不发达的市场中，没有足够财富或社会地位的个体经常投资不足，或把他们的资金用于生产率较低的地方，因此降低了经济体的生产力。相关的较宽泛的政策建议就是减少融资渠道的不平等。简单的初始步骤包括提高金融知识：许多家庭在面对信用市场时缺乏必要的知识和决策工具。一个有趣的例子是墨西哥进行的一次政策干预活动，它进行了一场关于如何运用银行系统使款项更多用于投资而非现时消费的信息宣传。

本章还显示，通常情况下受教育程度最低的人群储蓄很少或者根本没有储蓄，这说明他们无力改善获取收入的能力，最贫困人口也就无力摆脱贫困。创造更平等的受教育的机会，可能会对增加私人储蓄有额外的好处。

注释：

1. 注意为了维持随时间可对比的国家范围的最大化，这个表中的数据代表储蓄与国民生产总值（GDP）之比。而本章其余部分遵循标准程序，使用储蓄与国民总收入（GNI）之比。
2. 毫无疑问，国家的组成是随时间而变的，而报告的数据一般上运用了最大化覆盖范围的可用样本。
3. 正如在未来20年的储蓄这个情景中所详细讨论的一样，金融深化与更低的储蓄率相关，这也许有助于解释为什么拉丁美洲国家的储蓄率一直保持较低的水平。
4. 然而有一些实证研究的发现与生命周期模型并不一致。例如，对默认储蓄计划的偏好，对承诺工具的需求导致无法放开手脚进行储蓄决策，以及关于在储蓄行为中的信息习惯的证据（Attanasio和Weber，2010）。
5. 详细的结果见在线附录1.5，而关于CGE模型是如何运用计量进行估计的技术性描述见在线附录1.6；所有附录都在http：//www.worldbank.org/CapitalForTheFuture。
6. “条件性”意味着储蓄率和人均收入增长率之间的关系还要考虑其他决定因素——在本例中为延期储蓄、人均GDP、金融发展水平、老年人口抚养比、社会保障（以及其他在线附录2.5中所列的变量）——这些因素的影响视为不变。
7. 联合国的“高情景”预测世界人口将于2300年达到364亿，“低情景”预测的该数字为23亿。
8. 全球人口结构变化被认为已经进行了三至四个世纪。它在1700年左右开始于欧洲，大概将于2011年于全球进行完毕。图2.12因此只截选了这三四百年进程中的60年快照。
9. 注意到图2.13中强调的异质性掩盖了整体的异质性，因为每组国家在人口结构转变上都不一样。高收入国家中欧洲和美国之间的差异就极大，前者的生育率低于替代率，净移民也很缓慢。
10. 通过分别运行两个只有生产力改变或只有金融发展程度改变的情景（没有写入报告，但可应要求提供），也能够证实金融发展的主导作用。进行这样一个分解可以很清楚地看出，发展中国家储蓄率的下降主要是由于金融市场的快速发展。
11. Kaldor（1957）研究认为富人比穷人有更高的储蓄倾向，因此更大的不平等应对储蓄有正面的影响。自那以来，经济学家就一直对经济不平等与储蓄之间的关系十分感兴趣。事实上，很多后凯恩斯主义模型（Lewis，1954；Pasinetti，1962）都强调了功能性收入分配与储蓄的联系。这些模型总结到从工资向利润的再分配（例如，通过差别税率）应该能够增加储蓄，因为资本所有者比工人更倾向于储蓄。更近期的研究关注到收入的个人分配，但实证分析并没有发现收入不平等和储蓄之间的联系（参见 Leigh 和 Posso，2009）。

12. 有时候这些微观决策加总到一起能够创造出经济体内非常有代表性的家庭。在这些情况下，加总的“宏观”方法与“微观”方法的结果相同，可以互换。但这并不总是可行的，在许多存在着“加总问题”的情况中，这两种方法提供了不同的互为补充的见解。一旦加总代理人的行为，如加总个人需求，就不能被认为是“单独消费者最大化决策的结果”（Deaton 和 Muellbauer，1980，第 148 页）。加总的条件十分苛刻，在存在不连续性和非线性的时候就难以成立。例如，考虑劳动力市场参与度的情况。理论认为参与度应随着工资的提升而升高。在微观层面，现在工人增加工作时间或者新劳动者进入市场都能达到这个效果。而收入分配的结果在这两种情况却可能大为不同。然而在宏观层面，不可能用一个加总代表性工人来为这两种情况建模（即便代表性工人的数量大量增加也不可能）。加总情况不成立的相似情况，几乎存在于任何有不完美和不对称信息的市场中：货物、信用、教育以及其他。

13. 注意这里的模拟增长率代表了宏观估算中全球一般均衡模型中的快速趋同情景的经济增长率。

14. 在生命周期模型的最简化版本中，平稳消费的个体会在工作时储蓄，购买资产以便在将来卖出为消费融资（换句话说，他们在将来进行负储蓄）。如果不存在收入和人口增长，这个模型预测在经济中存在稳定的财富与收入的比率，而且不存在整个经济体系的净储蓄。然而，如果人口增长，年轻人的储蓄额将超过老年人口的负储蓄。与此类似，即使储蓄者与负储蓄者的人口比例不变，（人均）经济增长意味着劳动年龄人口有更高的终生收入，经济体也将积累起比老年人所拥有的更多的财富。因此，储蓄率随人口或收入（或两者同时）的增长而增长。

15. 代表不同世代受教育比例的线十分平坦，这说明随着世代沿着生命周期前进，他们受教育的比例并不会发生太大变化。

16. 时间虚拟变量存在估计局限，即他们之和为零，与时间趋势正交因此偏离长期稳定趋势。在给定以上条件的情况下，长期趋势是由世代效应产生的。

17. 由于贫困家庭的收入有很大的非正规和实物的成分，很有可能被低估。因此，推算这些家庭储蓄的下降存在误差。低估还可能来自收入的暂时性波动，截面分析中的暂时性低收入水平与负储蓄率相一致。

18. 加纳、墨西哥、俄罗斯和泰国作为一个整体，有高等教育水平户主的家庭比例已经从 20 世纪 80 年代或 90 年代初期的 6%—10% 升高到 21 世纪头十年晚期的 20%—25%。

19. 这与文献的结果相一致。例如，López - Calva 和 Lustig（2010）表明，拉丁美洲不平等的教育水平很大程度上是由大批受过教育人口进入劳动力市场以及由此带来的工资中技能溢价的减少所引起的。

20. 世代间的垂直距离——本例中为相同年龄的两个世代的家庭规模的差距——并不总能被解释为世代效应。因为世代虽为同一年龄但处于不同的时间段，垂直距离也可能是由年份的影响造成的。然而，年份对家庭规模（或孩子数量）这类变量的影响的重要性很难说明。因此在本例中，垂直距离被认为代表了世代效应。

21. 一般均衡模型包含了政府储蓄；然而与其

长期性相一致，每个政府的赤字（或盈余）在估算时间段内都较小且相对固定。公共支出的任何变化都被即时税收的应对性变化所抵消。换句话说，公共支出直接影响家庭的可支配收入，并因此影响他们的储蓄决策。

22. 近期对发展中国家和发达国家的养老金的一系列估算，参见 IMF（2011）。关于欧洲的年龄相关支出的官方估计的详细调查，参见欧洲理事会（2006）。关于未来公共支出中医疗保障部分的估算的详细调查和文献研究，参见 Gary（2005）。
23. Heller 和 Hauner（2006）讨论了财政机构的改革以强调公共负债长期路径的不确定性。
24. 在养老金的例子中，公共支出的路径能够不用详细的世代层面数据就被合理近似，因为转移支付几乎是从一个年龄组全部转到另一个年龄组。因此，表 2. 5 中给出的估算并不局限于存在 NTA 数据的国家。详见在线附录 2. 3.
25. 关于公共养老金改革的介绍，参见 Jousten（2007）。
26. 在巴西的贡献年限规定下，男性可以在贡献 35 年（老师为 30 年）后享有养老金，女性在贡献 30 年（老师为 25 年）后享有。
27. 值得注意的是，退休年龄的推迟可能会减少家庭储蓄，因为终生收入增多而预期退休年限则缩短（Barrell、hurst 和 Kirby，2009）。另外，对未来劳动力数量增多的预期会提高投资需求。
28. Samwick（2000）预测到，其他条件不变，拥有公积金或完全基金制的国家将会比现收现付体系国家的储蓄率高出 3. 68 个百分点。部分可以解释为代际李嘉图等价不成立；Loayza、Schmidt－Hebbel和 Servén（2000）发现实证上李嘉图等价即便在长期也不成立。
29. 公共总储蓄与公共投资相联系；因此，公共总储蓄被定义为现有收入减去现有支出，而且公共投资并不包含在现有支出内，因为财政平衡（总收入送去总支出）要求公共总储蓄与公共投资一比一增长。
30. 削减非年龄相关支出的范围的一种估算方法（应用于欧洲国家），参见 Heller 和 Hauner（2006）。
31. Baldacci 等（2010）发现 OECD 国家在 1990—2008 年期间，社会保障支出增加 GDP 的 1%，会使家庭储蓄减少 GDP 的 0. 22% 到 0. 29%；而公共医疗支出增加 GDP 的 1% 会使家庭储蓄减少 GDP 的 0. 70% 到 0. 78%（用分别的样本均值估算）。Chou、Liu 和 Hammitt（2006）利用台湾公共医疗保险覆盖范围的扩大这一自然实验，发现了存在公共医疗保障支出的相似定性影响。
32. 尽管中国的高储蓄受到很多因素的影响，Chamon 和 Prasad（2010）认为，教育和医疗支出上私人负担的增加以及增加的预防性储蓄，是造成 1995—2005 年城市家庭储蓄率上升 7 个百分点的主要原因。

参考文献：

Abel, A. 2003. "The Effects of a Baby Boom on Stock Prices and Capital Accumulation in the Presence of Social Security." *Econometrica* 71 (2): 551–578.

ACMR All China Data Center database, All China Marketing Research Co., University of Michigan, Ann Arbor. http://chinadataonline.org/.

Aglietta, M., J. Chateau, J. Fayolle, M. Juillard, J. L. Cacheux, G. L. Garrec, and V. Touzé. 2007. "Pension Reforms in Europe: An Investigation with a Computable OLG World Model." *Economic Modelling* 24 (3): 481–505.

Aiyagari, S. Rao. 1994. "Uninsured Idiosyncratic Risk and Aggregate Saving." *Quarterly Journal of Economics* 109 (3): 659–84.

Altig, David, Alan J. Auerbach, Laurence J. Kotlikoff, Kent A. Smetters, and Jan Walliser. 2001. "Simulating Fundamental Tax Reform in the United States." *American Economic Review* 91 (3): 574–95.

Attanasio, Orazio P. 1998. "Cohort Analysis of Saving Behavior by U.S. Households." *Journal of Human Resources* 33 (3): 575–609.

Attanasio, Orazio P., and Hilary Williamson Hoynes. 2000. "Differential Mortality and Wealth Accumulation." *The Journal of Human Resources* 35 (1): 1–29.]

Attanasio, O., S. Kitao, and G. Violante. 2006. "Quantifying the Effects of the Demographic Transition in Developing Economies." *The B.E. Journal of Macroeconomics* advances.6 (1): 1–44.

———. 2007. "Global Demographic Trends and Social Security Reform." *Journal of Monetary Economics* 54 (1): 144–98.

Attanasio, Orazio P., and Miguel Szekely. 2003. *The Family in Flux: Household Decision-Making in Latin America.* Washington, D.C: Inter-American Development Bank.

Attanasio, Orazio P., and Guglielmo Weber. 2010. "Consumption and Saving: Models of Intertemporal Allocation and Their Implications for Public Policy." *Journal of Economic Literature* 48 (3): 693–751.

Auerbach, Alan J., and Laurence J. Kotlikoff. 1987. "Evaluating Fiscal Policy with a Dynamic Simulation Model." *American Economic Review* 77 (2): 49–55.

Baldacci, Emanuele, David Coady, Giovanni Callegari, Ding Ding, Jaejoon Woo, Pietro Tommasino, and Manmohan S. Kumar. 2010. "Public Expenditures on Social Programs and Household Consumption in China." Working Paper WP/10/69, International Monetary Fund, Washington, D.C

Barrell, Ray, Ian Hurst, and Simon Kirby. 2009. "How to Pay for the Crisis or Macroeconomic Implications of Pension Reform." Discussion Paper 333, National Institute of Economic and Social Research, London.

Beck, Thorsten, Asli Demirgüç-Kunt, and Ross Levine. 2010. "Financial Institutions and Markets across Countries and over Time: The Updated Financial Development and Structure Database." *World Bank Economic Review* 24 (1): 77–92.

Becker, G. S. (1981) 1993. *A Treatise on the Family.* Cambridge, MA: Harvard University Press.

Becker, Gary, and H. Gregg Lewis. 1973. "On the Interaction between the Quantity and Quality of Children." *The Journal of Political Economy* 81 (2): S279–88.

Benjamin, Daniel J. 2003. "Does 401 (k) Eligibility Increase Saving? Evidence from Propensity Score Subclassification." *Journal of Public Economics* 87 (5–6): 1259–90.

Bloom, David E., David Canning, and Bryan Graham. 2003. "Longevity and Life-Cycle Savings." *Scandinavian Journal of Economics* 105 (3): 319–38.

Börsch-Supan, A., A. Ludwig, and J. Winter. 2006. "Ageing, Pension Reform, and Capital Flows: A Multi-Country Simulation Model." *Economica* 73 (292): 625–58.

Bourguignon, François, and Christian Morrisson. 2002. "Inequality Among World Citizens: 1820–1992." *American Economic Review* 92 (4): 727–44.

Carroll, Christopher D. 1997. "Buffer-Stock Saving and the Life Cycle/Permanent Income Hypothesis." *Quarterly Journal of Economics* 112 (1): 1–55.

Chamon, Marcos D., and Eswar S. Prasad. 2010. "Why Are Saving Rates of Urban Households in China Rising?" *American Economic Journal: Macroeconomics* 2 (1): 93–130.

Chou, Shin-Yi, Jin-Tan Liu, and James Hammitt. 2006. "Households' Precautionary Behaviors: The Effects of the Introduction of National Health Insurance in Taiwan." *Review of Economics of the Household* 4 (4): 395–421.

Conesa, Juan C., and Dirk Krueger. 1999. "Social Security Reform with Heterogeneous Agents." *Review of Economic Dynamics* 2 (4): 757–95.

———. 2006. "On the Optimal Progressivity of the Income Tax Code." *Journal of Monetary Economics* 53 (7): 1425–50.

CSO National Accounts database, Central Statistical Organisation, Ministry of Statistics and Programme Implementation, New Delhi. http://mospi.nic.in/Mospi_New/site/home.aspx.

Curtis, Chadwick C., Steven Lugauer, and Nelson C. Mark. 2011. "Demographic Patterns and Household Saving in China." Working Paper 16828, National Bureau of Economic Research, Cambridge, MA.

Davies, James B., Susanna Sandström, Anthony Shorrocks, and Edward N. Wolff. 2011. "The Level and Distribution of Household Wealth." *Economic Journal* 121 (551): 223–54.

Deaton, Angus S. 1991. "Saving and Liquidity Constraints." *Econometrica* 59 (5): 1221–48.

Deaton, Angus, and John Muellbauer. 1980. *Economics and Consumer Behavior.* Cambridge: Cambridge University Press.

Deaton, Angus, and Christina Paxson. 1994. "Intertemporal Choice and Inequality." *Journal of Political Economy* 102 (3): 437–67.

———. 2000. "Growth and Savings among Individuals and Households." *The Review of Economics and Statistics* 82 (2): 212–25.

Demirgüç-Kunt, Asli, and Leora F. Klapper. 2012. "Measuring Financial Inclusion: The Global Findex Database." Policy Research Working Paper 6025, World Bank, Washington, D.C.

De Nardi, Mariacristina, Eric French, and John B. Jones. 2010. "Why Do the Elderly Save? The Role of Medical Expenses." *The Journal of Political Economy* 118 (1): 39–75.

De Nardi, Mariacristina, Selahattin İmrohoroğlu, and Thomas J. Sargent. 1999. "Projected U.S. Demographics and Social Security." *Review of Economic Dynamics* 2 (3): 575–615.

Domeij, David, and Martin Flodén. 2006. "Population Aging and International Capital Flows." *International Economic Review* 47 (3): 1013–32.

EC (European Commission). 2006. "European Economy: The 2005 Projections of Age-Related Expenditure (2004–50) for the EU-25 Member States: Underlying Assumptions and Projection Methodologies." Special Report No. 4, Directorate-General for Economic and Financial Affairs, EC, Luxembourg.

Fehr, H., S. Jokisch, and L. Kotlikoff. 2003. "The Developed World's Demographic Transition: The Roles of Capital Flows, Immigration, and Policy." Working Paper 10096, National Bureau of Economic Research, Cambridge, MA.

Feroli, Michael. 2003. "Capital Flows Among the G-7 Nations: A Demographic Perspective." Finance and Economics Discussion Paper 2003-54, Board of Governors of the [U.S.] Federal Reserve System, Washington, D.C.

Friedman, Milton. 1957. *A Theory of the Consumption Function*. Princeton, NJ: Princeton University Press.

Gelber, Alexander M. 2011. "How Do 401(k)s Affect Saving? Evidence from Changes in 401(k) Eligibility." *American Economic Journal: Economic Policy* 3 (4): 103–22.

Gokhale, Jagadeesh, Laurence J. Kotlikoff, and John Sabelhaus. 1996. "Understanding the Postwar Decline in United States Saving: A Cohort Analysis." The Brookings Papers on Economic Activity, The Brookings Institution, Washington, D.C.

Gragnolati, Michele, Ole Hagen Jorgensen, Romera Rocha, and Anna Fruttero. 2011. *Growing Old in an Older Brazil: Implications of Population Aging on Growth, Poverty, Public Finance, and Service Delivery*. Directions in Development series. Washington, D.C: World Bank.

Gray, Alistair. 2005. "Population Ageing and Health Care Expenditure." *Ageing Horizons* 2005 (2): 15–20.

Gruber, Jonathan, and David A. Wise. 2007. "Introduction to Social Security Programs and Retirement around the World: Fiscal Implications of Reform." In *Social Security Programs and Retirement around the World: Fiscal Implications of Reform: National Bureau of Economic Research Conference Report*, 1–42. Chicago: University of Chicago Press.

Heckman, James J., and Richard Robb. 1987. "Using Longitudinal Data to Estimate Age, Period, and Cohort Effects in Earnings Equations." In *Cohort Analysis in Social Research: Beyond the Identification Problem*, ed. William M. Mason and Stephen E. Fienberg, 137–50. New York: Springer-Verlag.

Heller, Peter, S. 2003. "Who Will Pay?" *Finance & Development*, September.

Heller, Peter S., and David Hauner. 2006. "Fiscal Policy in the Face of Long-Term Expenditure Uncertainties." *International Tax Public Finance* 13 (4): 325–50.

Henriksen, Espen R. 2002. "A Demographic Explanation of U.S. and Japanese Current Account Behavior." Unpublished manuscript, Carnegie Mellon University, Pittsburgh.

Huang, He, Selahattin İmrohoroğlu, and Thomas J. Sargent. 1997. "Two Computations to Fund Social Security." *Macroeconomic Dynamics* 1 (1): 7–44.

Hubbard, R. Glenn, Jonathan S. Skinner, and Stephen P. Zeldes. 1995. "Precautionary Saving and Social Insurance." *Journal of Political Economy* 103 (2): 360–99.

IMF (International Monetary Fund). 2011. "The Challenge of Public Pension Reform in Advanced and Emerging Economies." Fiscal Affairs Department report, IMF, Washington, D.C.

IMF World Economic Outlook database, International Monetary Fund, Washington, D.C. http://www.imf.org/external/data.htm.

Integrated Public Use Microdata Series (IPUMSI) database, University of Minnesota, Minneapolis. https://international.ipums.org/international/.

Jappelli, Tullio, and Marco Pagano. 1994. "Saving, Growth, and Liquidity Constraints." *Quarterly Journal of Economics* 109 (1): 83–109.

Jousten, Alain. 2007. "Public Pension Reform: A Primer." Working Paper WP/07/28, International Monetary Fund, Washington, D.C.

Kaldor, N. 1957. "A Model of Economic Growth." *Economic Journal* 67 (268): 591–624.

Kinugasa, Tomoko, and Andrew Mason. 2007. "Why Countries Become Wealthy: The Effects of Adult Longevity on Saving." *World Development* 35 (1): 1–23.

Krueger, Dirk, and Alexander Ludwig. 2007. "On the Consequences of Demographic Change for Rates of Returns to Capital, and the Distribution of Wealth and Welfare." *Journal of Monetary Economics* 54 (1): 49–87.

Lane, Philip R., and Gian Maria Milesi-Ferretti. 2007. "The External Wealth of Nations Mark II: Revised and Extended Estimates of Foreign Assets and Liabilities, 1970–2004." *Journal of International Economics* 73 (2): 223–50.

Lee, Ronald, and Andrew Mason, eds. 2011. *Population Aging and the Generational Economy: A Global Perspective*. Cheltenham, UK: Edward Elgar.

Leigh, Andrew, and Alberto Posso, 2009. "Top Incomes and National Savings." *Review of Income and Wealth* 55 (1): 57–74.

Lewis, W. A. 1954. "Economic Development with Unlimited Supplies of Labour."*Manchester School of Economic and Social Studies* 22: 139–191.

Loayza, Norman V., Klaus Schmidt-Hebbel, and Luis Servén. 2000. "What Drives Private Saving Across the World?" *Review of Economics and Statistics* 82 (2): 165–81.

López-Calva, Luis F., and Nora Lustig, eds. 2010. *The Decline in Inequality in Latin America: A Decade of Progress?* Baltimore: Brookings Institution Press and the United Nations Development Programme.

Ma, Guonan, and Wang Yi. 2010. "China's High Saving Rate: Myth and Reality." Working Paper 312, Bank for International Settlements, Basel, Switzerland.

MaCurdy, Thomas E., and Thomas Mroz. 1995. "Measuring Macroeconomic Shifts in Wages from Cohort Specifications." Unpublished manuscript, Stanford University, Stanford, CA; and University of North Carolina, Chapel Hill.

Marchiori, Luca. 2011. "Demographic Trends and International Capital Flows in an Integrated World." *Economic Modelling* 28 (5): 2100–120.

Milanovic, Branko. 2005. *Worlds Apart: Measuring Global and International Inequality*. Princeton, NJ: Princeton University Press.

Miller, Tim, Carl Mason, and Mauricio Holz. 2011. "The Fiscal Impact of Demographic Change in Ten Latin American Countries: Education, Health, and Pensions." In *Population Aging: Is Latin America Ready?* ed. Daniel Cotlear, 233–72. Washington, D.C: World Bank.

Modigliani, Franco, and Richard Brumberg. 1954. "Utility Analysis and the Consumption Function: An Interpretation of Cross-Section Data." In *Post-Keynesian Economics*, ed. Kenneth K. Kurihara, 383–436. New Brunswick, NJ: Rutgers University Press.

Pasinetti, Luigi L. 1962. "Rate of Profit and Income Distribution in Relation to the Rate of Economic Growth." *Review of Economic Studies* 29 (4): 267–79.

Paxson, Christina. 1996. "Saving and Growth: Evidence from Micro Data." *European Economic Review* 40 (2): 255–88.

Pensions Commission. 2005. *A New Pension Settlement for the Twenty-First Century*. London: The Stationery Office.

Poterba, James M., Steven F. Venti, and David A. Wise. 1996. "The Effects of Special Saving Programs on Saving and Wealth." In *The Economic Effects of Aging in the United States and Japan*, 217–40. Cambridge, MA: National Bureau of Economic Research.

Riddick, Leigh A., and Toni M. Whited. 2009. "The Corporate Propensity to Save." *Journal of Finance* 64 (4): 1729–66.

Samwick, Andrew A. 2000. "Is Pension Reform Conducive to Higher Saving?" *The Review of Economics and Statistics* 82 (2): 264–72.

Shorrocks, Anthony, James B. Davies, and Rodrigo Lluberas. 2010. *Credit Suisse Global Wealth Report*. Zurich: Credit Suisse Research Institute.

UN National Accounts Main Aggregates database, United Nations, New York. http://unstats.un.org/unsd/snaama/introduction.asp.

United Nations Population Division. 2011. *World Population Prospects: The 2010 Revision*. New York: UN.

Wei, Shang-Jin, and Xiaobo Zhang. 2011. "The Competitive Saving Motive: Evidence from Rising Sex Ratios and Savings Rates in China." *Journal of Political Economy* 119 (3): 511–64.

Weil, Philippe. 1993. "Precautionary Savings and the Permanent Income Hypothesis." *Review of Economic Studies* 60 (2): 367–83.

World Bank. 2005. *World Development Report 2006: Equity and Development*. World Bank, Washington D.C.

World Bank Financial Inclusion database, World Bank, Washington, D.C.

World Bank Financial Structure and Development database, World Bank, Washington, D.C.

World Bank Global Economic Monitor database, World Bank, Washington, D.C.

World Bank Global Income Distribution Dynamics database, World Bank, Washington, D.C. http://econ.worldbank.org/WBSITE/EXTERNAL/EXTDEC/EXTDECPROSPECTS/0,,contentMDK:21909753~menuPK:5963193~pagePK:64165401~piPK:64165026~theSitePK:476883,00.html.

World Bank World Development Indicators database, World Bank, Washington, DC. http://data.worldbank.org/data-catalog/world-development-indicators.

3

第三次金融全球化中的资本流动

正如本报告前两章所讲，投资和储蓄的模式正在发生改变，这种改变给我们带来了几个迫切的问题。全球范围内是否会出现推升投资收益的储蓄短缺？或者，未来是否会出现全球储蓄过剩和缺乏能够达到现有收益率的投资机会的现象？在国家层面上也存在类似问题，但针对国家层面的分析将更复杂。在一个特定的国家里，未来的国内储蓄可能足以按照现在的收益率，为现有领域中的投资机会提供充足的资金支持，但是这些国内储蓄也会投资国外，相应的国外储蓄也会流向国内。净资本流动的结果是什么？对一国投资收益会有什么影响？本章不仅要说明所有与之相关的问题，而且不局限于此，本章还要说明未来几十年国际金融最主要的趋势：资本流动总额在增长，发展中国家在这个过程中将扮演更为重要的角色。

在本章中，我们分析发现，到2030年，发展中国家无论是作为资本来源还是作为资本流向地，其地位都会变得更加重要，历史上首次，他们似乎已经做好准备要在国际资本融通中扮演重要角色。为了探究到2030年前资本跨国流动的可能路径，本章将主要关注三个关键性长期结构性力量间的相互作用：经济水平趋同、人口结构转变和金融全球化。国内和国际政策的选择势必会对上述三种结构性力量造成影响，进而影响到全球资本的流动。这其中最为首要的变化便是《全球发展地平线》中提出的第三次金融全球化。在第三次金融全球化过程中，发展中国家将会越来越多地融入到全球金融体系中，并且将在世界总资本流入和流出中占更多的份额。在第三次金融全球化之前，英国主导的第一次金融全球化止于20世纪30年代，由美国主导的第二次金融全球化则从二战结束延续至今（见专栏3.1）。

从历史上来看，与新兴经济体和发展中国家对全球总产出和贸易量的贡献相比，这些国家在国际金融市场中所占的份额实在太低了。近些年来，发展中国家的生产和贸易量占到了世界的30%，经济增量超过全球经济增量的50%，但它们在总额为49.5万亿美元的全球资本市场中的占有量仅为22%，仅仅只占总资本流动的8%、全球海外资产的9.6%。伦敦银行同业拆借利率（LIBOR）是由一些银行借入10种货币中的一种或几种货币的成本来决定的，这25家银行中，没有一家银行的总部位于发展中国家。即便在跨国资本流动激增的20世纪90年代和21世纪前十年，全球投资者对发展中国家的投资对比对发达国家的投资还是十分有限的，而且没有一个新型经济体的货币在全球范围内被广泛使用。但是到2030年，上述所有的统计数字也许会发生显著的变化。

全球资本流动动态的变化可能从一个

侧面定义了第三次金融全球化。鉴于资本的净流入和净流出产生的影响远不止一国由净流入和净流出所决定的资金借贷的平衡，本章中所采取方法是研究未来总资本流动和净资本流动的路径。随着发展中国家未来资本流入流出量的增长，这些国家会从中得到巨大的潜在收益：特有的国内风险得以分散，政策制定更加遵循市场规律，弥补国内储蓄在固定投资和经济增长上的不足的机会和提高金融部门的竞争力。

发展中国家有着大量的年轻劳动力，并且有与发达世界的经济趋同的潜力，实现这些结果对它们而言是十分有价值的。但是发展中国家吸收大量外资流入也存在潜在的风险。汇率上升（因此，会降低该国贸易竞争力）、资产泡沫形成、经济过热都已经成为现实的问题。可能出现的资本流入逆转也会带来负面影响，由于资本跨国流动在未来几十年会持续增长，设计一个能同时考虑到上述好处与风险的国内外政策框架将变得更加紧急。

专栏 3.1 继前两个时期而来的第三个金融全球化时代

19 世纪后半叶，第一次金融全球化拉开帷幕，大量的资金直接从欧洲国家流向了新世界，这些资金大部分被用于修建铁路，房地产以及大规模的农业项目投资（Obstfeld 和 Taylor，2003）。1914 年，随着第一次世界大战的爆发，大英帝国有超过 1/4 的财产主要被用于在境外投资外国政府的铁路和证券（Gilpin，1987）。1913 年，阿根廷有接近一半的资本存量、澳大利亚有 1/5 的资本存量都被掌握在外来的欧洲投资者手中（Taylor，1992）。随着欧洲国家逐渐在一战中调整它们的非国防性资金外流，这样的一个时代慢慢得以终结，且最终在第二次世界大战后被布雷顿森林体系所彻底代替。

正如一些国际金融问题观察家所指出的那样，在布雷顿森林体系下，优先考虑的是多边贸易扩张和投资，其代价则是金融自由化。在第二次世界大战后的时代，个人资产的跨界流动程度局限于主要银行的外汇业务，并主要以贸易融资和支付服务的形式存在。

发达国家中资本市场的完全自由化趋势，在后布雷顿森林体系时代里向前迈进了一大步，这也许可以被认为是第二次世界金融全球化时期（Bordo 和 Eichengreen，2003）。经济合作与发展组织的责任是在自由化的理念下提出的，之后其覆盖面逐渐扩大到能够实质上涵盖所有的资金流动，其中，包括个人和企业的短期交易。20 世纪末和 21 世纪初金融行业发生了极其迅速的全球化，这给全球金融体系带来了更加戏剧性的变革。这不仅使得跨境资本流动随着货币市场工具的向前发展、互惠信贷和其他衍生产品的出现有了急剧性的增加，还使得发展中国家能够热烈地参与到金融全球化的大潮中去。

目前，世界呈现出进入第三个金融全球化时代的趋势。这一转变的开端很可能要追溯到 21 世纪初期，这一时期越来越多的发展中国家融入到全球金融体系中，流向这些国家的资本也第一次在绝对量上变得重要起来。这一趋势在全球金融危机的背景下显得更加醒目，相比于发展中国家，发达国家的总资本流动量衰退得更加严重，这是在 2003—2007 年，每年都保持较快的增长速度之后发生的。本章所指的总资本流动情况说明的是，发展中国家对未来世界保持稳定的资本流动量承担着极大的责任，这也是危机开始前几年就已经存在的趋势。

本章展现的一些关键信息：

- 在未来的几十年内，全球范围内的投资需求和储蓄大致上仍然可能会保持平衡，因此，全球投资收益率也不会产生巨大的波动。然而在一国内部，投资和储蓄的趋势可能会带来显著的压力和经常账户的失衡。在全球层面上，投资回报将会保持相对稳定，储蓄和投资占全球国内生产总值（GDP）的比例也将保持稳定：储蓄和投资相对较高的发展中国家在全球份额中所占比例正在逐渐上升，这会抵消其他一些国家比率降低带来的影响。在国家层面上，一些国家对资本的需求大于供给，这些国家的资本收益率若仍然保持在原先的水平上，资金紧张的局面就会出现。这种压力会推高资本收益率，吸引资本流入，影响经常账目的余额。此种压力在快速趋同的情景下会更加显著。

  那些人口相对年轻、金融市场范围极广——这两个因素都倾向于在抑制储蓄的同时刺激投资——的国家和地区，最有可能经历投资相对于国内储蓄和海外资本净流入的增长。例如，在渐进趋同的情景下，2010—2030 年，印度和撒哈拉以南非洲地区的平均经常账目赤字占 GDP 比率将分别达到 2.4% 和 3.2%。相应的主要资本净流入来源将不再是发达国家，而是新兴工业化东亚国家，尤其是中国。
- 在即将到来的几十年中，发展中国家已经蓄势待发，要在全球总资本流动中占据更大份额。尽管建立一幅未来世界净资本流动的全景图可以给国际收支失衡产生的路径的研究提供重要的信息，但从金融市场发展与整合角度以及最主要的全球经济稳定的角度，资金总流入事实上是比净流入更重要的相关性指标。为了对建立在可计算一般均衡（CGE）基础上的储蓄、投资和净资本流入的情景进行补充，本章建立了一个总资本流入的相关图景，与渐进趋同和快速趋同的两种情景相对应。到 2030 年，在渐进趋同情景下，流入发展中国家的总资本将达到 6.2 万亿美元，占全球总资本的 47%，并且在快速趋同情景下，该数字将从 2010 年的 1.3 万亿美元增长到逾 13 万亿美元，从占全球总资本的 23% 增加到 60%。[1]这一增长还将受到发展中国家比发达国家更快的经济增长速度和相对更慢的人口老龄化速度影响，当然，发展中国家逐渐扩大的开放程度和金融机构的强化也对其有影响。相对于产出来说，发展中国家作为总资本流动流入地的份额的增长并不突出。然而，分析预测认为，发展中国家资本流入总量占该国 GDP 的比例将维持在 6%—11%，而先前的峰值为 2007 年的 9%。

  发展中国家制度上的改善再加上高收入经济体更高的感知风险，在未来几十年内发达国家对高质量流动资本的供给垄断将会被打破。商业环境的良性改变、稳定的经济增长和促进消费需求长期增长的人口结构，都会使投资者对发展中国家产生远远超过大型新兴市场的强烈兴趣。
- 随着发展中国家越来越多的融入到全球金融体系中去，并对全球总资本流动承担更多的责任，它们对金融货币政策制定的影响也越来越大。因为金融交易中国际货币的使用打破了其原有的国家边界，欧元区和美国的货币政策对目前的全球货币现状和发展中国家获得融资的渠道都有着不对称的影响力。展望未来，这表明随着发展中国家参与国际贸易程度的增加，它们也许会越来越多地受到欧元区和美国外溢性货币政策的冲击。但是，这样的结果最终还是存在不确定性的，考虑到发展中国家对全球资金流动负有越来越多的责任，它们自己的货币政策也许对世界会产生极其重要的影响。这一点在中国得到了集中体现。另外还有另一种可能，那就是大型新兴经济体可能具有更大的区域货币政策溢出效应，这些大型的经济体包括巴西、俄罗斯等等。

对于中小型的发展中国家而言，中国、欧盟和美国都掌握了关键性国际货币的世界可能会趋向稳定，因为它们受到来自任何国家的单独货币政策溢出效应的影响将会变小。同时，大量的资本正在发展中国家之间转移，发展中国家间的货币政策合作对于促进这些国家的金融和宏观经济环境的稳定是至关重要的。全球越来越多的资本流入和流出都将在发展中国家之间进行，这表明，这些国家应当在全球多边和双边机构间的资本流动管理中扮演更加重要的角色。但是，鉴于货币政策合作在历史上从未有过完全可行的先例，即使在少部分国际贸易主要参与国间也不曾有过，所以，要想在愈发多极化的世界里建立这样一个机制就难上加难。那么国家层面上的次优选择对于金融稳定也就越发变得关键起来。

- **政策制定者需要做好准备在资本市场的国际资本融通中扮演更为重要的角色，并促进本国资本市场发展。**当资本流入和流出总量增长时，这些资本的构成将变得更为重要，这是因为不同的流动渠道在接受国创造稳定或不稳定环境的能力是不同的。从全球层面来看，资本市场融资可能在总资本流动中占有更多的份额，而银行贷款的份额则会相应减少。对于那些目前主要资本流入渠道是银行贷款的国家来说，这是否是一个好消息还有待进一步观察；与外国直接投资（FDI）或股票投资组合比起来，银行贷款具有更高的顺周期性，且不易分担风险（Brunnermeier 等，2012）。在中等收入国家中，相对来讲（根据发展中国家资金流入的这部分比例较小进行调整），证券组合投资比银行贷款更加不稳定（世界银行，2012）。此外，发展中国家的居民和企业不仅需要更多的贷款机会，而且还需要更多样的金融资本和金融服务，为此，本国的金融市场将其不得不在组织结构和市场深度上参与全球范围内的竞争。尽管正在进行的加强国际银行部门监管的措施仍然至关重要，政策也应当进行调整以适应——以及在某些情况下积极推动——国内资本市场的发展。同时，发展中国家当局应当监管资本流动和国内资本融通，或者建立一个更有远见的监管机构，以做好准备来面对资产负债表组成中潜在的变化以及金融市场中的各种创新。

全球的收益率

长期以来人们一直认为，各国工人的产出效率之间存在着巨大差异，这意味着各国在资本劳动比率上存在着巨大不同，因此，在资本收益率上发展中国家会高于高收入国家。这样的结论被人们视为一个谜团，大量的假说试图解释为什么发展中国家有更高的投资收益率优势，却没有得到更多的投资，或者说，为什么发展中国家能够在资本更少的情况下获得更高的投资收益率。针对这个问题，Lucas（1990）有过很明确的论述，他认为互补的各种要素之间存在着不同的禀赋，尤以人力资源为甚，为解决上述问题做出了很大贡献。[2]其他一些与该问题相关的潜在因素包括政治风险、资本流动障碍等等。

从实证角度来看，各种解释国家间收益率差异的证据都是相互混合的。可以观察到的是，发展中国家的利率明显更高，但是这些利率取决于违约风险，还在一些情况下取决于金融抑制，这两者都不能被简单量化，但可以肯定的是，它们对发展中国家的利率的影响比发达国家的影响要大。[3]潜在的资本收益率是无法被直接观察到的，有一些其他的替代性假设，能对它的值进行衡量，但估计的结果往往非常多样化。Gollin（2002）在试图解释自营收入的过程中取得了一个重要进步，自营收入常常被错误地统计为资本收益，它对跨国比较十分重要，因为自主创业在发展中国家的经济活动中占的比例往往要比发达国家高得多。Caselli 和 Feyrer（2007）将这个推理扩展到土地和自然资源上，运用对其他要素存量的估计来衡量可再生资本的收益率，这种方法与运用应分配给它的收入进行估算的方法十分不同。这极大地减少了不同国家间的收益率波动，因为土地和自然资源在发展中国家的生产中占的地位要比在发达国家中重要得多。[4]

这份报告在调整了资本与消费品的相对价格和折旧之后，估算出了每个国家资本提供者提供的可再生资本作为边际产品的收益率。[5]通过这种方式的测量，发展中国家 2007 年的平均收益率是 12.4%，相比之下，高收入国家仅为 5.3%。[6]当然，不同国家间的实际收益率差距是多少，到目前为止，仍然还是一个重要的问题。为解决这一问题所作的各种努力可以帮助阐明很多的政策性问题，比如，潜在的政府援助对经济增长的刺激、不稳定的政局对投资的影响以及在投资和经济增长中政策在促进人力资本积累、知识外溢中的实际作用等等。

全球投资收益率将不会面临太大压力

储蓄和投资在全球范围内仍保持大致平衡，所以对均衡收益率不会有明显压力。可以预测到，全球储蓄率在未来 20 年内将会保持大致稳定。这是因为，至少到 2020 年前，发展中国家的经济发展增速会缓和人口老龄化和金融市场发展对于储蓄率下降的作用，从而使储蓄率只会小幅下降。更为重要的是，尽管部分国家的储蓄率下降，但是高储蓄的发展中国家在世界经济中比重逐渐上升，从而使全球储蓄率保持大致稳定。

为了衡量资本的需求和供给，我们应该建立独立收益率来衡量投资需求。衡量名义投资需求反映了在给定的不变的收益率下，厂商渴望的投资的水平。[7]当然，在全球范围内，投资需求量最终是由储蓄决定的，在收益率的作用下，达到储蓄和投资相等。

在发展中国家和发达国家经济渐进趋同的情景下，全球名义投资需求与全球储蓄将保持大致相等，这也就是说投资需求不会受到储蓄不足的限制，结果是全球平均收益率在此情景下基本保持恒定。[8]然而，在快速趋同的情景下，由于发展中国家经济的快速增长和金融的发展，全球资本需求的增长会快于储蓄的增长，这会给投资收益率施加上升压力。[9]然而，甚至在此情景下，劳动力增长放缓（部分地区劳动力甚至会减少）将意味着全球投资不会向现在这样受到储蓄的严格限制。[10]

国家水平上的资本收益率的变化对净资本流动的启示

在国家层面上，为了更好地理解决定资本收益率的变动方向的因素，对名义需求和名义供给的事前估计是很有用的。这可以让我们判断固定收益水平上的投资需求能否和相同收益水平下的投资供给相等。如果名义需求超过名义供给，将会推动资本收益率的上升。而观察得来的均衡时的资本收益率，是名义资本需求和供给的事后反映。

在渐进趋同的情景下，大多数经济体的投资需求变动不大，也就是说2014—2030年收益率相对稳定（图3.1a）。快速趋同的情景下，一些经济体的投资需求快速增长，从而使该国的未来的资本收益率与全球平均收益率相比大幅上升（图3.1b）。

以渐进趋同情景下的印度为例，该国的名义投资需求超过名义资本供给，因此，会推动收益率的上升。然而，过量需求随着时间推移逐渐减少，使印度的资本收益率在2020—2030年间稳定在10%附近。印度的经常账户赤字和资本流入也会同样保持稳定，占到GDP的2%。

撒哈拉以南非洲地区的超量投资需求会更多，并且会日益扩大，这会导致资本收益率小幅上扬到13%附近（比前两个十年高出1%左右）。如果储蓄保持不变，经常账户的赤字会更加严重，然而，储蓄增长会弥补过量投资需求的增长，从而改善经常账户状况（然而在整个研究期内其仍会保持轻微的赤字）。

在快速趋同情景下，对这些国家进行对比分析也会很有收获，这些国家经济快速增长，会带来资本需求和供给不成比例的增长。该情景下的印度，过量投资需求会一直保持很高的水平，这会使投资收益率大幅增长，达到两个百分点。收益率的增长会吸引更多的资本流入，从而印度的经常账户赤字占GDP的比例由2%增长到6%。

在快速趋同情景下，撒哈拉以南非洲地区很好地反映了名义投资需求和名义资本供给之间的紧张局面对收益率变化和资本流动的影响。对资本的过量需求会在20年间持续增长，名义需求和名义供给的比例会增长5个百分点，该区域的投资收益率会在2030年时达到14%（从略微超过12%）。结果是，撒哈拉以南非洲地区，作为一个整体，经常账户赤字占GDP的比例将几乎达到7%。

净资本流动模式正在改变

净资本流动反映了一国储蓄和投资的差值，本书第1章和第2章给出了到2030年前各国储蓄和投资水平的差异，表明了在该时期内资本的跨国流动会持续进行（具体细节已在在线附录3.2中给出）。在未来几十年内，发展中国家的金融市场会

图 3.1　渐进趋同情景下比快速趋同的情景下投资收益率的变化更小

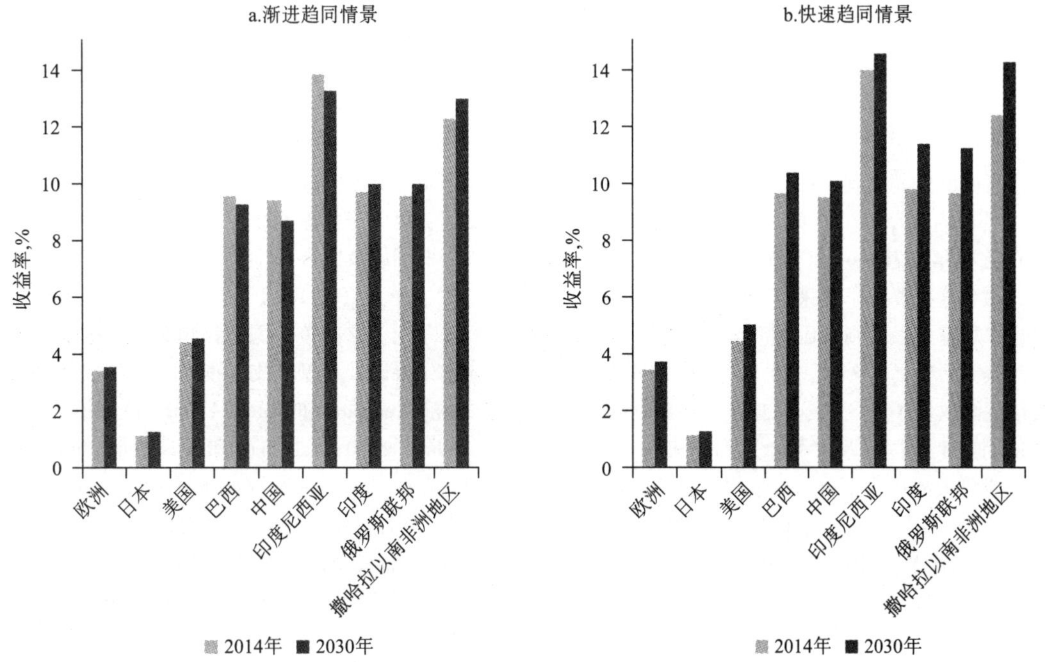

资料来源：世界银行的计算。

注：这份报告在调整了资本与消费品的相对价格和折旧之后，估算出了每个国家资本提供者提供的可再生资本作为边际产品的收益率。图上标出的收益率是 2014 年（模型达到潜在 GDP 水平的第一年）和 2030 年（预测期的最后一年），渐进趋同和快速趋同，是指发展中国家和发达国家，在生产效率提高和结构调整上速度有所不同的两种趋同方式。

更深化、更成熟，并且更加融入区域和全球的金融体系。这些国家的经济发展前景要比发达国家更乐观，人口结构的变化时机在这些国家之间也不相同。这些关键因素都会推动全球净资本的流动模式和净国际资产持有状况发生改变。

信贷市场更低的交易成本，比如抵押贷款，会刺激投资。[11]同时，更易于获得信贷会减少储蓄，这意味着金融市场的发展可能会减少发展中国家的经常账户盈余（或者增加赤字）。中国是一个特例，中国面临严峻的人口老龄化形势，信贷不会快速扩张，所以在未来几年投资削减至少会与储蓄下降的幅度相当。为了在文中结合两种情景进行分析，专栏 3.2 简要回顾了全球净资本流动模式的变动。

净资本流动的变化取决于增长路径与金融市场发展

在未来，世界上哪些国家是净出口国、哪些国家是净进口国的分布还会继续发生变化。[12]在渐进趋同的视角下，发展中国家的储蓄率会持续下降，这在某一程度上是人口老龄化与温和但稳健的金融市场发展的共同作用造成的。同时，随着经济增速逐渐放缓，投资也会相应下降。对于大部分发展中国家而言，以上两个因素会大致相互抵消，并且基本上对活期存款

专栏 3.2 纵观历史，净资本提供者和接受者都不是固定的

在1850—1929年间，大不列颠作为一个资本的净提供者向世界其他国家提供资本。每年资本提供量约占国内生产总值（GDP）的3.5%，这一数字在有些年份甚至可以达到8%—9%（图B3.2.1，a），这些资本早期来自于纺织品等货物的贸易出口顺差，后期则是因为海外投资回流的收益超过其商品贸易逆差额。第二次世界大战以后，美国逐渐取代了英国的这一地位，在两次世界大战期间其年度国际收支盈余达到1.9%，并在第二次世界大战后大部分时间里保持这一数字直到20世纪70年代早期。到了20世纪80年代，日本和德国则接替其成为了新的主要净资本提供者。

近来，全球支付模式正在经历着又一次新的转变。新兴的东亚工业化经济体（特别是2000年左右发展起来的中国），及一些主要的石油输出国变成了重要的净资本提供国，美国和一系列拉丁美洲、非洲以及欧洲外围的经济体则变成了主要的资本接受方（图B3.2.1 b）。目前存在着各种各样的争论，这些争论围绕该情景产生的原因、带来的结果以及大型收支平衡状况的持续性展开（参见Blanchard和Milesi - Ferretti，2010；Lin和Dailami，2010；Caballero和Krishnamurthy，2009；Chinn和Ito，2007；Obstfeld和Rogoff，2007）。在一定程度上，这一情景被认为会造成全球经济的不稳定，而任何可持续的长期再平衡过程都必须注意投资和储蓄行为的动力在不同国家间的差异。

图B3.2.1 a图1850—1945年的英美两国的净资本流出（经常账户）和b图1980—2010年经常账户平衡模式的演变

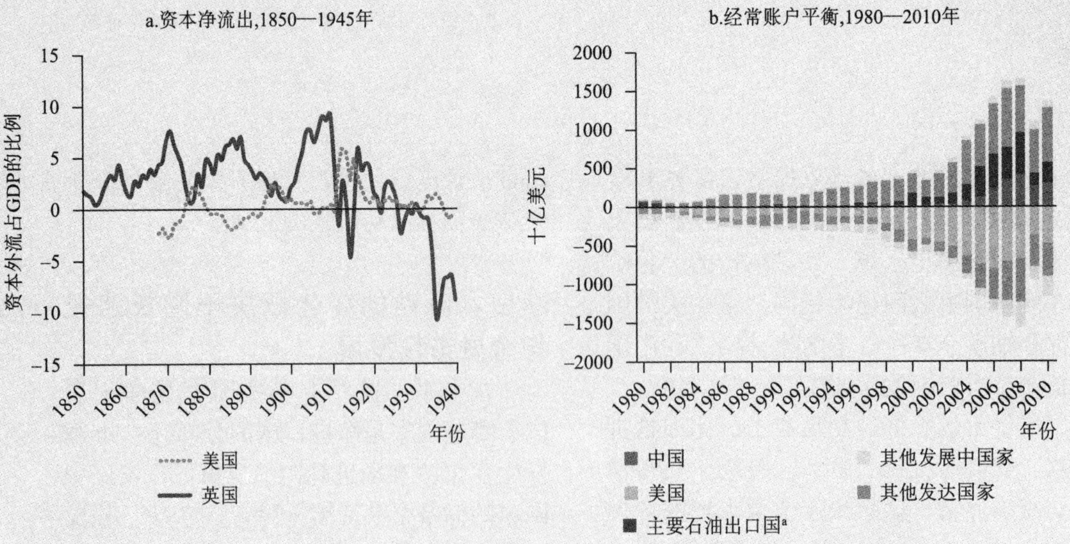

资料来源：世界银行根据Jones和Obstfeld（2001）和IMF国际金融统计数据库中的数据计算得出。

a. 主要石油出口国，按照IMF（国际货币基金组织）的定义，包括阿尔及利亚、安哥拉、巴林、加拿大、哥伦比亚、厄瓜多尔、伊朗、伊拉克、科威特、利比亚、尼日利亚、挪威、卡塔尔、俄罗斯联邦、沙特阿拉伯、阿拉伯联合酋长国、玻利维亚和委内瑞拉。

图 3.2　在渐进趋同情景下，中国向高收入国家的净资本流动的规模将是相当大的

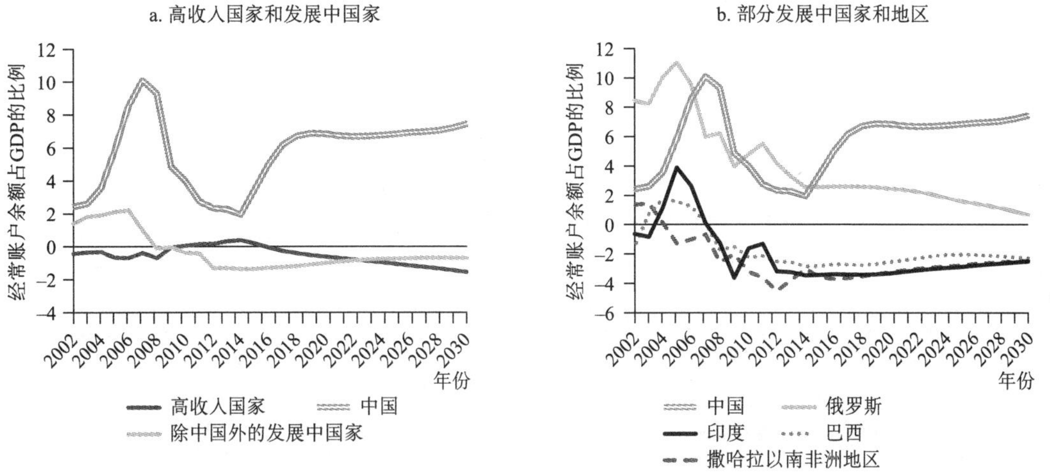

资料来源：世界银行的预测和运用世界银行全球经济监控在线数据库数据进行的计算。

注：净资本流动是指经常账户头寸，经常账户盈余意味着资本外流。两组国家经常账户头寸不能完全准确抵消，这是因为它们是按各自头寸占各自产出比例来计算的。从理论上来说，全球范围内经常账户差额之和应该为 0，但是由于方法问题，众所周知，实际结果并不为 0。

产生的影响微乎其微。总体看来 2015—2030 年期间，除中国之外的广大发展中国家，将会在财政赤字方面保持一个温和、渐进的减退趋势（图 3.2，a）。例如，印度和撒哈拉以南非洲地区都将遵循这一模式，它们将处于人口转型的早期，财政市场的发展也会有很大的发展空间。巴西在预测期内也将基本遵循这一模式，但巴西会面临更严重的老龄化，其财政赤字将呈现平稳状态而且将在 21 世纪 20 年代中末期开始显著增长。另一方面，从中国流向发达国家的净资本将大幅增加，这一趋势将在达到中国国民生产总值（GDP）的 6%—7% 以后逐渐趋于平缓（图 3.2，b）；这一流动占高收入国家产出的份额会更高，因为相对中国，这些经济体的膨胀速度更加缓慢。

正如本书第 2 章所探讨的那样，在这样一个情景下，人口老龄化和金融发展将导致中国的储蓄率大约下降 7 个百分点，从 2010 年占国民经济总产值（GDP）的 52% 下降到 2030 年的 45%。但是中国的投资率会下降得更多，同期相比，将从 48% 下降到 37%。对这样情景的分析隐含表明的是中国投资结构的一个变化，中国的投资决策将从政府的深入干预将逐渐向市场化导向的方向转变。[13] 与此同时，稳定的工资增长将带来租金工资比的急剧下降，表明中国竞争力的相对降低，这一点体现在投资率的下降上，尽管与国际标准相比仍处于较高水平，但是中国的投资率将会远远低于历史有过的超高水平。所以最终的结果是，对于世界其他国家而言，中国仍将保持其重要资本输出国的地位。

在快速趋同的情景下，鉴于信贷的稳定增长，未来发展中国家的储蓄率将有所降低。与此相反，由于制度的发展和生产力的强劲增长，它们的投资率只会小幅下

图 3.3 在快速趋同情景下，中国之外的发展中国家将会是资本净流入国

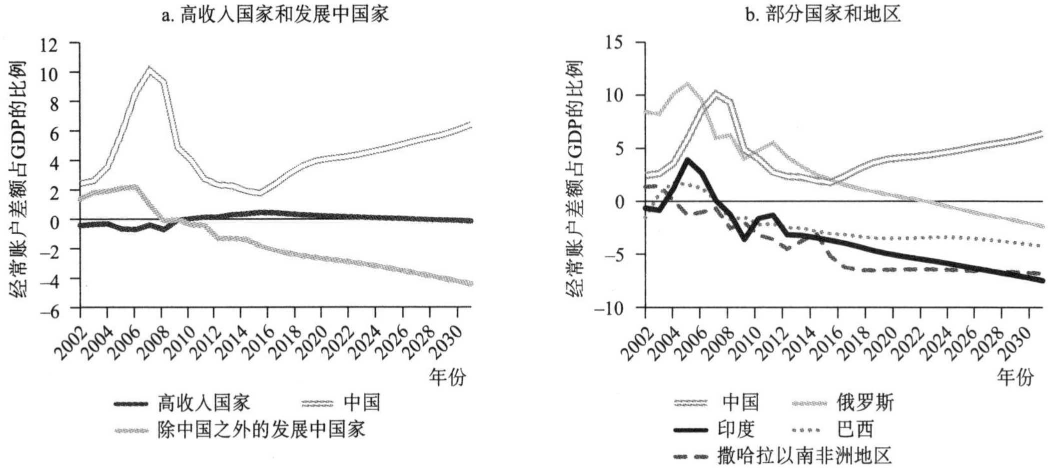

资料来源：世界银行的预测和根据世界银行全球经济监控数据库数据进行的计算。

注：净资本流动是指经常账户头寸，经常账户盈余意味着资本外流。

降。其结果就是世界上大部分储蓄都将流向发展中国家。但是，随着大部分发展中国家在财政赤字的道路上越走越远，中国和其他发展中国家间存在的不平衡将越来越大（图 3.3）。[14] 与渐进趋同情景相比，世界经济发展驱动力主要来自发展中国家，由于高收入国家投资吸引力相对较小，流向这些国家的净资本也会相应减少，因此，中国的国际收支经常项目顺差将会增加得更为缓慢。[15]

中国的经常项目收支平衡状况突显面临迫在眉睫的政策挑战

在本书讨论的两种情景中，中国在未来 20 年中将会有巨额的经常账户盈余。这在渐进趋同的情景中主要成为对高收入国家进行的财政投资，而在快速趋同的情景中则主要成为对发展中国家的财政投资。这样的结果显著说明了中国目前正面临着一个主要的政策挑战，也可以说是国际决策界共同面临的一个挑战：如何对中国的经常账户盈余进行管理。至少在顺差来自国内扭曲这样一个层面上，减少一些顺差对中国而言是更好的，这里所指的国内扭曲通常是缺乏社会保障、公司治理不善等等。[16] 中国能够得到的好处是通过减少储备积累重新获得货币政策的独立性、缓和国际关系以及提高全球金融稳定性。同时，我们必须认识到，中国储备积累的骤然下降会造成全球金融体系的不稳定，因此，调控的时间和速度都是至关重要的。

但是，这个结果还显示出，我们生成两个情景所采用的方法存在一个值得注意的问题。模型中所选择的对投资和储蓄起决定性作用的因素，对各国都十分重要，而且我们还假设投资和储蓄对这些因素的敏感度在各国都是一样的（在线附录 1.6 和在线附录 2.6）。这一方法也许会忽略一些影响投资和储蓄行为的特定因素，其中也包括任何特定国家的净资本流动。中国在非典型经济体制背景下正面临着来自制度和政策的挑战，这样的特定因素对分析也许十分重要，因为中国作为大国有庞大的国际经济影响力，所以这些因素更应得到重视。

投资利率正在向一个更稳定的水平调整，在这样的背景下，经常账目的失衡只能通过政策来解决，使储蓄比单纯人口结构变化带来的下降速度更快。一个政策途径就是通过制度改革来促进金融市场的广泛发展。在快速趋同的情景中，大部分发展中国家将体验到的是储蓄率会比投资率下降得更快，这正如前面论述过的一样是因为信贷的增长引起的，但是中国在这一情景下却能继续保持顺差。

对中国而言，这样的结果主要是因为该国的信贷原本就在国民生产总值（GDP）中占有很高的比率，因此，就没有那么多空间向高收入国家趋同。作为一个测量金融部门发展的综合标准，给予私营部门的国内信贷占中国 2010 年 GDP 的 130%，远远高于中等收入国家平均 73% 的水平（世界银行世界发展指标数据库），这说明中国的金融部门已经十分发达。在同样是中等收入国家的土耳其和乌拉圭，私营部门的国内信贷分别占到 GDP 的 69%—22%。但是中国的情景远比这一数据指标显示的要微妙。例如，一项显示家庭可获得金融服务的指数（Honohan，2008）表明，中国得到了 100 分中的 42 分，土耳其和乌拉圭也得到了同样的分数。金融不发达被认为是导致中国储蓄增加的一个因素，正如信贷受限的家庭需要为一些高价项目进行储蓄，预防性储蓄动机也因为社会保障的收缩而增加（Chamon 和 Prasad，2010）。企业储蓄方面，一些不良的扭曲会带来高留存收益，这些扭曲包括竞争壁垒、管理不良、征税不足以及国有企业在融资渠道上的优势等等（Lin 和 Dailami，2010）。企业制度改革，金融市场自由化，包括养老保险和公共医疗卫生在内的社会保障政策改革，这些措施都对减少中国储蓄和外部失衡有着重大意义，而情景分析对这些政策选择的研究还比较粗略。[17]当然，赤字国家的政策制定者在解决全球失衡问题上同样扮演者重要的角色，美国尤为突出。[18]

发展中国家总资本的大量流入与流出

尽管反映净资本流动路径的情景在很大程度上为未来几十年的国际收支失衡提供了重要信息，但仅仅评估净资本流动而忽视了货币和金融稳定在跨国资本转移层面上的重要性。从对这些问题的评估角度来看，测量总资本流动以及资本流动的构成要比单单测量净差额更有意义。

此外，金融市场发展对发展中国家大量资本流动总额所产生的影响与对净差额产生的影响截然不同。尽管拓宽的融资渠道有可能同时刺激投资又减少储蓄，从而缩小经常账户盈余，发展中国家金融市场的发展与整合仍有望使资本总量显著扩大，且有可能同时改变资本流动的构成。发展中国家较为有利人口环境可以吸引国外投资，再加上健康的生产力增长，总资本流动会发生一定的扩张。一个国家的增长路径和金融市场的发展整合取决于制度变迁和政策选择，这凸显了各种可能性，包括考虑到变化因素在未来的发展以及与总资本流动适应的路径相关的可能情况。

资本流动的增长反映了国际金融市场一体化，国内外存在多样化的投资者而且他们的国家共同承担着风险。大量的资本流动总额对某些项目而言也有可能意味着更多的融资渠道，因为资本流入和流出的成分往往不同。[19]因此，国家在不必要进行净借款情况下，尽管居民对风险的承受能力相对较低，但是投资计划仍可继续。大量的资本流动总额是不稳定的，跨境银行资本流动更加不稳定并且具有高度的顺周期性，会扩大风险而不是使风险得到分散（Brunnermeier 等，2012）。既然大规模的总资本流动在全球范围内比净资本差额增长得更快，而且总资本流动的路径既是投资的重要基础又是一个含有政治意义的潜在不稳定力量，那么思考未来总资本流动将会怎样发展就具有了重要的意义。

发展中国家的资本流入与流出尽管与高收入国家相比仍然很少，但已经开始起步

从 20 世纪 90 年代中期开始，金融全球化意味着总资本流入和流出的大规模扩张已经大大超过了净流入和净流出的增长（图 3.4）。最初，这只是在高收入国家中存在的现象，在这些国家的总资本流动开始蓬勃发展时可以被看到。这一上行趋势持续了 20 年，因此，从 1990 年开始到 2007 年达到顶峰，高收入国家的总资本流动总额翻了十倍，而贸易流动增长仅仅翻了 4 倍（进口加出口），与此同时这一时期国家的 GDP 总量仅仅翻了 2.5 倍。[20]

20 世纪 90 年代，与发展中国家面临的投资机会、参与的全球贸易和已有的经济规模相比，它们与金融体系的一体化程度仍显得太低。全球资本流动的模式、发展中国家银行和其他金融机构在全球金融一体化过程中扮演的角色以及发展中国家对国际金融规则的影响能力都有力地说明了上述观点。在金融危机前的扩张性年代，发展中国家才开始在全球金融一体化

图 3.4　在高收入经济体中总资本流量扩张相对快于净资本流量，发展中国家近几年来也体现了相似趋势

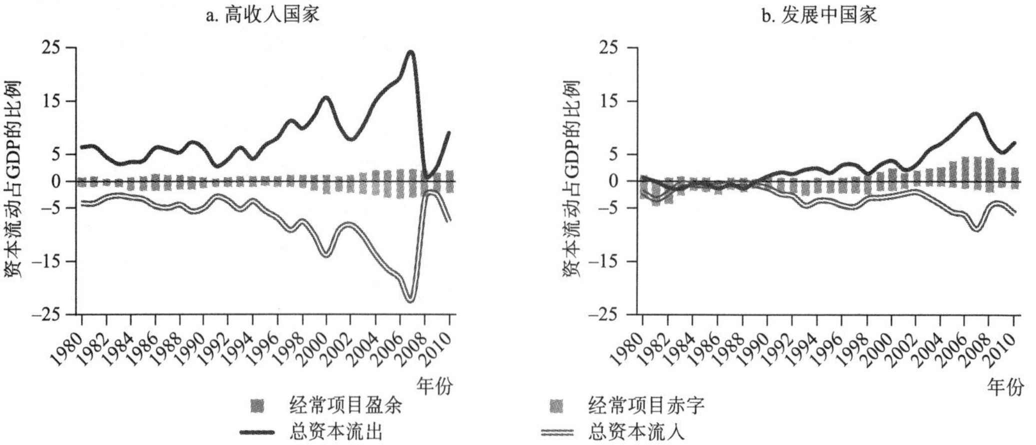

资料来源：世界银行根 IMF 国际金融统计数据库的数据进行计算所得。

注：经常账户盈余（赤字）等于各组中经常账户盈余（赤字）的国家的经常账户差额之和，总资本流动等于各组中所有国家资本流动的总和，根据国家的 GDP 化分为高收入国家和发展中国家。

过程中发挥更重要的作用，同时，它们的总资本流动也开始蓬勃发展。[21]到了2007年，全球总资本有11%流向了发展中国家，而2004年这一数字还仅仅为4%。

尽管金融危机使全球资本流动总体陷入了严重低迷，但发展中国家的资本流动在危机期间受到的影响相比发达国家受到的影响要小得多。[22]在危机之前，高收入国家不仅占据全球总资本流动的主体，而且它们的经常项目盈余在总资本流动中占的比例也比发展中国家更小。虽然高收入国家的资本流动在危机后的几年中得到了一定的恢复，但发展中国家在全球资本流动中所占的比例已远远大于十年以前，虽然目前仍然和它们在全球出口、增长和贸易中所占的比例不相符合。国际投资形势反应了发展中国家与发达国家在外汇资产上仍然存在巨大差距（图3.5）。

一些持续的趋势会促进流向发展中国家的资本在未来迅速扩张

经济快速增长的经济体更能吸引资金流动，因为增长意味着客观的投资机会，也常常有利于提高信誉度，而且还意味着有更多的分散投资机会。再者金融机构越发成熟，就更倾向于允许发展中国家吸引更多的资金流动。从中介层面上看，尽管股票市场需要达到一定规模来吸引机构投资者，银行业的国际化对全球投资者而言已经成为重要的信息传播工具（Portes和Rey，2005），这反过来会允许数量不断增长的资本投向发展中国家。

人口条件也十分重要，拥有大量劳动年龄人口的国家能够吸引到更多的资本流入，因为它们拥有相对更多的人力储备和更高水平的生产率增长潜力（Lane和Milesi－Ferretti，2005；Domeij和Floden，

图3.5 国际投资头寸依旧反映出发达国家和发展中国家在持有外部资产上的巨大差异

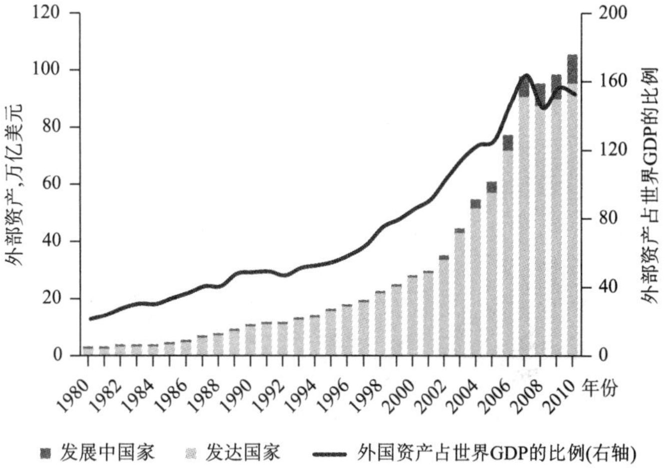

资料来源：世界银行根据IMF国际金融统计数据库的数据进行计算所得。

2006，等等）。世界各国间的人口条件同样存在巨大差异，这为资本的跨境流动提供了结构性支持，使资本更倾向于从高储蓄的国家中流出。

有一个研究相当值得期待，它从金融资产的国际贸易角度来研究总资本流动；例如，一个国家参与全球金融的程度取决于其国民对国外资产的需求和其提供风险和收益特征对外国投资者具有充分吸引力的资产的能力（Broner等，2013）。因此，流入和流出一国的总资产很可能不仅与其有益的投资机会相关，还与其金融市场成熟度和与全球一体化程度有关。[23]

一个长期的典型化事实是，国际投资组合多样化比风险分散模型所估计的要更少出现，除非模型把一些摩擦因素，比如信息不对称及其他交易成本来源也包括在内。[24]减少这些摩擦能有效地促进一国的总资本流动的增长，通过向国外输出资本，国内代理会多元化；同样国外代理通过向国内输入资本也会变的多元化。至少直到

图 3.6　各国人均 GDP 和外部均衡的关系是非线性的

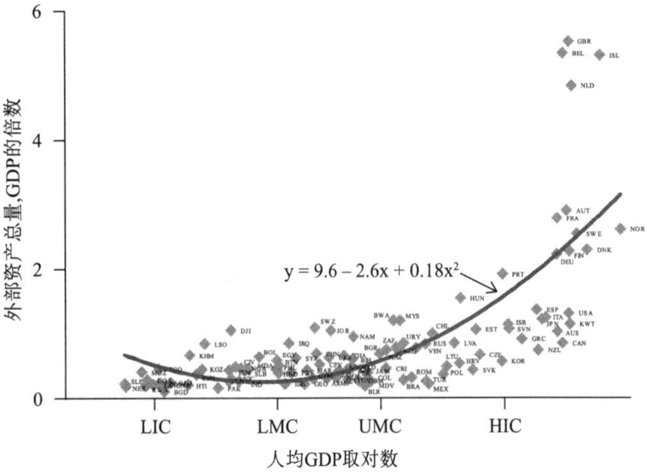

资料来源：世界银行根据 IMF 国际金融统计数据库和世界银行全球经济监控数据库的数据进行计算所得。

注：外部资产平衡表由外部总资产和外部总负债之和除以 2 加以衡量。被定义为离岸金融中心的国家不包括在此行列中。在横轴上，轴上的中点，是按照 2011 年世界银行收入分类标准：LIC 指低收入，LMC 指中低收入，UMC 指中高收入，HIC 指高收入。

肆虐的全球金融危机开始前，发达国家都在遵循这这一模式，他们的金融市场快速一体化、总资本流动极速扩大。

总资本流动和（用人均 GDP 表示的）整体增长之间的这一关系，当检验流入国际资产和负债市场的总资本总量时，体现得十分明显。如图 3.6 所示，人均 GDP 和各国外部均衡间的关系是非线性的；与人均 GDP 较高的国家相比，两国人均 GDP 间 1% 的差距对应的是外部资产占 GDP 比重愈发加大的差距。

如果说各国遵循的是一个相似的随时间变化的曲线（这被公认为是一个强假设，但能形成了一个有趣的思维实验），那么发展中国家首先会继续沿着平缓向下的曲线移动。这与观察到的这些国家参与总资本流动的情况相符，而且它们的国际投资形势远远落后于它们的国际产出和贸易。这个推理也同样与发展中国家加速的资本流动量相符合。

发展中国家资本流动总量的扩张将取决于其经济增长的速度和金融的发展

经济计量工作支撑了本报告中关于总资本流动量的预测，发现高资本流入量（包括 FDI，外国证券组合投资和银行贷款）与金融市场的发展和开放性（由国内对私人部门贷款占 GDP 比例以及 Chinn 和 Ito［2006］资本账户开放指数分别测定），以及高 GDP 增长，低人口抚养比和全球货币环境相关。经济计量工作为两种情景下到 2030 年的总资本流入的预测提供了基础，这两种情景与前两章所展示的渐进趋同和快速趋同情景相对应（专栏 3.3 和在线附录 3.4）

在渐进趋同的情景下，全球总资本流入到 2030 年将达到 13 万亿美元（图 3.7 a），其中 47% 的资本（6.7 万亿美元）将流入发展中国家。在快速趋同的情景下，发展中国家拥有较快的经济增速，金融部门发展与发达国家的接轨，再加上全球化，将会带来比第一种情景增长更快的资本流入。全球总资本流入到 2030 年将达到 22.6 万亿美元，流入发展中国家的比例达到 60%，即 13.5 万亿美元（图 3.7b）。

全球资本流入发展中国家的比例上升的背后，是其相对规模的变化。在渐进趋同情景下，流入发展中国家的比例，相对于其产出的变化很小（图 3.8），所以，全球资本流入发展中国家的比例上升主要取决于其经济规模的增长，流入发达国家的比例下降则是由于其经济增速的放缓。

专栏 3.3　资本流动总量的远景设定是以资本流动与其决定因素之间关系的历史证据为基础

进行总资本流入的预测，首先要对一个模型的四个特定方面来进行估计，抓住总资本流入的决定性因素，并将其分为五大类解释变量。这五大类包括：国家的民主化因素、国家的宏观经济因素、国家的结构和制度因素、全球经济因素、全球危机的控制和对各国和各收入群体的影响。这个模型运用了大量发展中国家和发达国家1980—2010年的数据来进行估计。

我们把发展中国家和发达国家分为不同的组，运用模型的首选规范的结果（在线附录3.3中的表3A.1的第四列），预测了到2030年172个国家的总资本流入状况。我们发现，在本书第1章和第2章中讲述的两种情景（渐进趋同和快速趋同）下，关键解释变量的变化路径和其他假设的变量或者CGE模型内生变量变化路径相一致。资本账户开放性不是CGE模型的变量之一，关于它的测量是唯一的例外。在总资本流入预测中，关于资本账户开放性的路径进行了特殊的设定。

最后，总资本流出的估计是根据总流入和净流入（经常账户）的区别而推断而出的。关于模型中涉及变量的全面解释，模型的步骤，和进行预测的步骤展现在在线附录3.3和在线附录3.4中。

图3.7　到2030年，大部分总资本流动可能会流向发展中国家

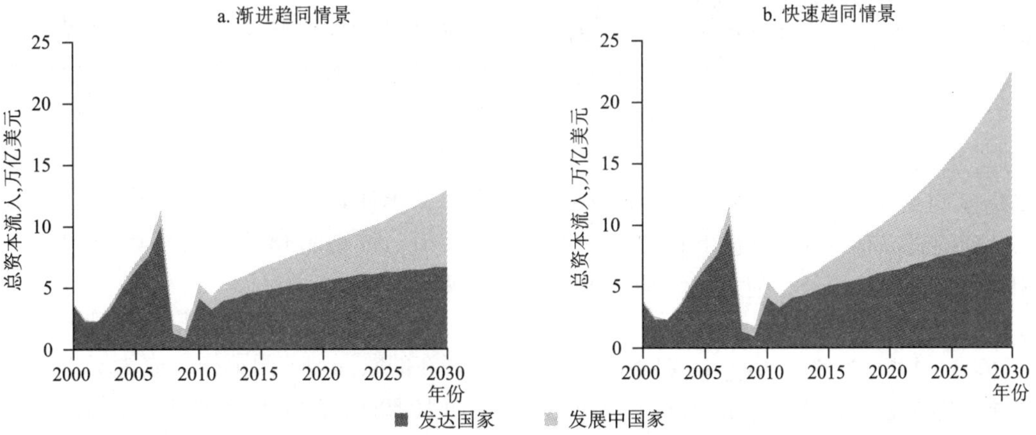

资料来源：世界银行的预测和根据IMF国际金融统计数据库的数据进行计算所得。

注：流入量按名义美元表示，并假定3.5%的世界范围的通货膨胀率，这来自世界银行全球经济监管数据库中2003到2007年的五年平均值。渐进趋同和快速趋同是指在生产效率提高和结构调整上相对速度有所不同的发展中国家向发达国家的两种趋同方式。

图 3.8 相对于发展中国家的 GDP，总资本流入可能会保持稳定或逐渐上升，这取决于其增长速度和金融发展水平

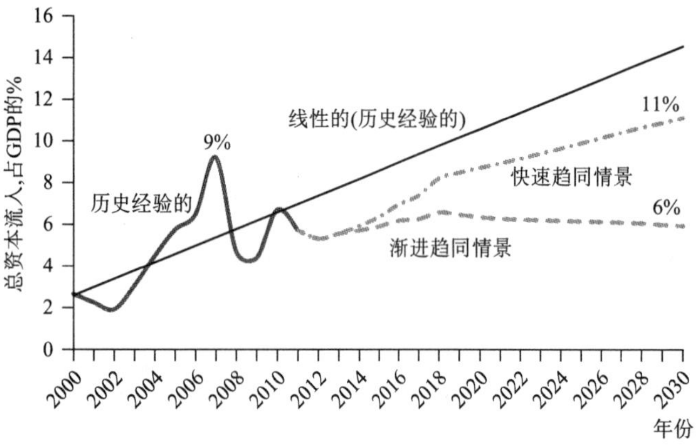

资料来源：世界银行的预测和根据 IMF 国际金融统计数据库的数据进行计算所得。

注：渐进趋同和快速趋同是指发展中国际和发达国家在生产效率提高和结构调整上相对速度有所不同的发展中国家向发达国家的两种趋同方式。

发展中国家金融领域的发展和一体化对于总资本流入量扩张的影响，在快速趋同情景下得以展示。在此情景下，资本流入发展中国家的增速要超过其经济增速，所以，到 2030 年资本流入占 GDP 的比例将达到 11%，超过金融危机之前在 2007 年达到的最高值 9%。再加上在此情景下相对经济规模的增长，使之极大地增加了在全球资本流入中所占的比例，尽管相对于 2000—2011 年流入发展中国家资本的增速（图 3.8 中线性增长的部分）来说，仍旧比较保守。

历史发展到底遵循哪种情景，这不仅取决于发展中国家政策制定者无法掌握的因素，诸如：全球生产率的进步和出口需求的变化，还取决于下列受国内政策影响的因素。包括：（a）教育改革；（b）减少腐败、消除竞争壁垒、减少要素市场的扭曲对采用技术和经济发展的限制等等的努力；（c）制定推动金融市场发展的政策，包括管理体制改革来减少异常波动和降低风险，增强共同管理和透明性；（d）贸易和金融市场整合。

发展中经济体作为资本的来源地和目的地的重要性日益增加，并不局限于金砖国家

情景分析的结果表明中国将扮演一个至关重要的角色，但是未来资本流动的模式变化绝不会单独由中国或者金砖国家（巴西、俄罗斯、印度和中国）来决定（图 3.9）。金融的发展和一体化推动发展中国家间总资本的流动。例如，撒哈拉以南非洲地区预计不仅自身的资本流量会增大，还会吸引更多的资本流入发展中国家（专栏 3.4）。在渐进趋同的情景下，除了金砖国家外的发展中国家，到 2030 年将占到全球总资本流入的 17% 和全球总资本流出的 15%。在这个多极化世界，没有任何一个国家吸引资本流入占全球资本的份额，能达到欧元区、美国甚至中国的现在的份额。中小发展中国家，作为一个集体，将在全球经济中发挥更大的作用，特别是在全球资本市场和资本流动方面。

另一方面，到 2030 年，中国将可能像现在的欧洲和美国那样，成为资本流动的重要来源。在渐进趋同和快速趋同的情景下，中国到 2030 年预期将占到 40% 的全球资本流出。[25] 主要的推动因素包括其强健的经济增长、与国际金融市场一体化程度的加深以及经常账户的巨大盈余，这是由于随着工资上升，投资收益率（现在相当高）要比储蓄率下降得更快（部分细节见本书第 1 章和第 2 章）。

图 3.9 中小发展中国家与金砖四国一起将会成为重要的资本来源地和目的地

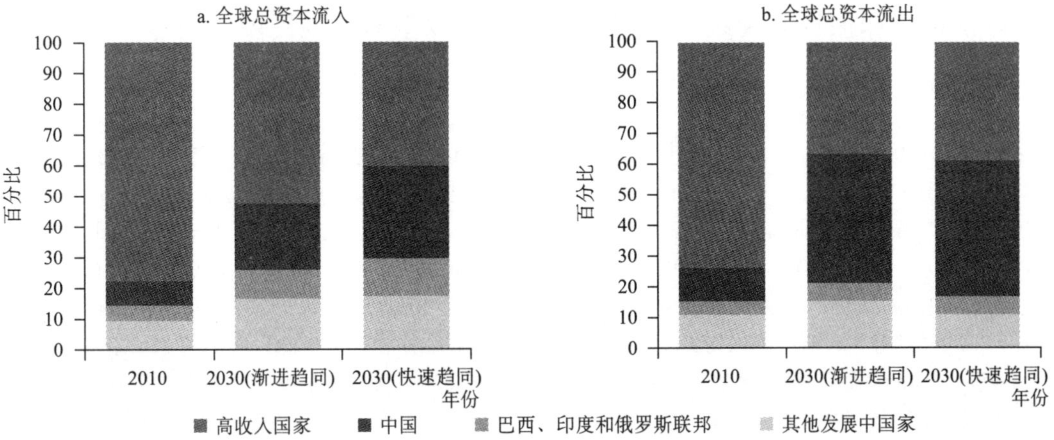

资料来源：世界银行到 2030 年的预测，世界银行根据 IMF 国际金融统计数据库 2010 年的数据进行的计算。

注：净资本流动包括证券投资、外国直接投资和银行间的交易。渐进趋同和快速趋同是指发展中国际和发达国家在生产效率提高和结构调整上相对速度有所不同的发展中国家向发达国家的两种趋同方式。

金砖四国是指巴西、俄罗斯联邦、印度和中国。

全球资本流动的构成将会发生改变

可以预见到，金融市场的发展和一体化会影响到资本流动的总水平以及组成成分。近些年来，一个简单的趋势表明，发达国家和发展中国家在资本流入构成上长期存在差异。流入发展中国家的主要是股本，而其流出的资本主要投资于相对安全的证券，这意味国外承担了不成比例的风险（对此的补偿是这些外国负债的收益率高于外国资产的收益率）。事实上，20 世纪 90 年代和 21 世纪前十年中，发展中国家的主要的资本流入是 FDI 形式的（图 3.10）。而流入发达国家的资本形式则非常多样，绝大多数份额是以贷款和证券投资形式进行的。然而，在 21 世纪前十年，发展中国家资本流入模式发生了一定改变，贷款所占的份额逐渐上升。

FDI、银行贷款和证券投资在总资本流入的相对份额变化对宏观经济稳定和政策制定有着重要的影响。银行贷款和证券投资比 FDI 有更高的顺周期性，波动更为剧烈。币值也会随资本流入的构成的变化而变化。这是因为，债券通常只按一些国际货币来定价发行，资本流入构成的变化因此可能会影响到一个经济体所面临的汇率风险和货币政策外溢。[26]

人们普遍猜测到，在未来大部分的世界资本流动将在资本市场上进行，这表明银行贷款和 FDI 在总资本流入中所占比例将减少。然而，这个结果并不确定，考虑到流入和流出发展中国家的证券投资现在仅在资本流动中占到一个较少的比例，而这些国家在未来全球总资本流动中将占据到更多份额。但是，即便资本市场作为金融中介渠道的作用并没有在全球范围内增加，但是在发展中国家，随着金融市场的成熟，以及资本流入构成上与发达国家趋同的长期影响，资本市场将显得日益重要。

专栏 3.4 基于非洲大陆的增长前景、人口结构趋势和越来越好的投资环境，全球投资者和债权人会越来越多地被撒哈拉以南非洲地区所吸引

在未来的20年中，撒哈拉以南非洲地区的资本流动将会迎来稳定的增长。在本章提到的渐进趋同的情景中，流向该地区的总资产将在2030年达到2540亿美元（图B3.4.1），对比2012年，这个数字是620亿美元。这些资产是流向发展中国家总资产中的一部分，在渐进趋同情景中，撒哈拉以南非洲地区在其中所占的比例将从2012年的5.4%增长到2030年的8.2%。鉴于近年来紧张的经济压力，撒哈拉以南非洲地区占发展中国家资本流入量的比例在未来可预见的几年内可能不会达到顶峰，但是仍将保持远远高于2000年的水平。

流向撒哈拉以南非洲地区的大量单向总资产是以外国直接投资的形式进行的（FDI），而且这些资本大部分都投向了与自然资源相关的部门——例如，安哥拉、尼日利亚和其他中西非国家的石油；刚果民主共和国和赞比亚的铜矿；几内亚的铁矾土；以及很多国家的天然气。在最近几年内，FDI流入量有一部分来自大型发展中经济体，比如巴西、中国和印度的极速扩张的推动。尽管由于全球金融危机的发生，撒哈拉以南非洲地区的FDI流入水平有所降低，但全球经济总体的长期增长和该地区国家丰富的自然资源很可能能够保证撒哈拉以南非洲地区各国的FDI流入水平在未来几年中保持一个稳健的水平。几内亚的铝矾土储量就占到了世界已探明的26%；刚果民主共和国的钴储量占世界的45%，而且南非的工业金刚石储量加起来一共占世界总量的58%；此外，南非还占有世界铝族金属储藏量的95%（USGS2012）。全球对能源的强烈需求说明国际间资本会持续流向石油发展项目，即使在政治环境不好的国家也是如此，比如，南苏丹。

尽管采掘业被认为是未来撒哈拉以南非洲地区重要的资本流入目标，还有越来越多的投资者感兴趣的是为基础设施、零售业和金融服务部门进行资金支持。对基础设施的金融保障尤为重要，

图B3.4.1 撒哈拉以南非洲地区的总资本流入占发展中国家的总资本流入的份额将会增长

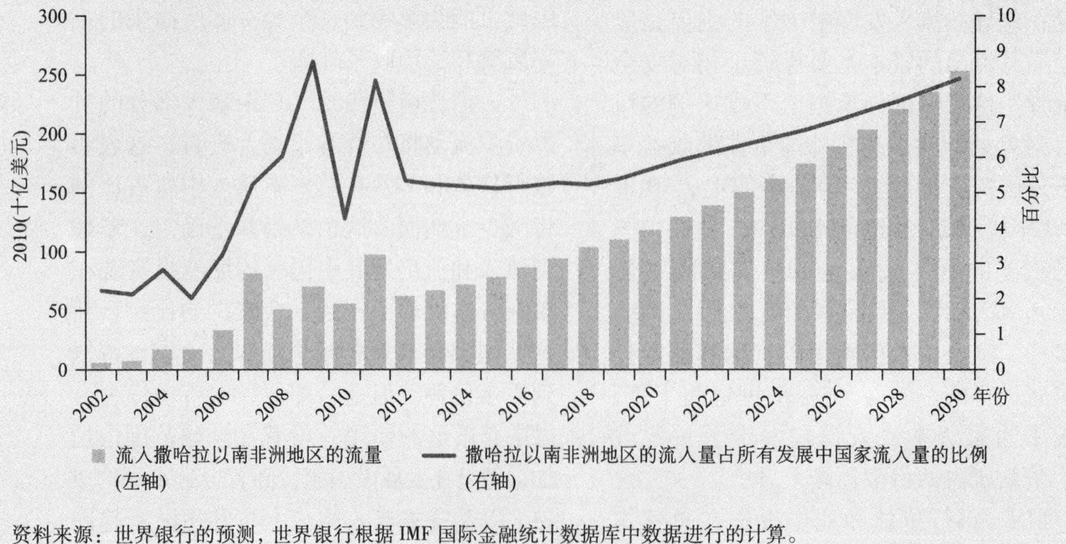

资料来源：世界银行的预测，世界银行根据IMF国际金融统计数据库中数据进行的计算。

专栏 3.4（续）

因为电力供应不足、水资源和公共卫生设备缺乏、城市道路拥挤以及港口不足是这些地区生产力发展和国际贸易进行最主要的障碍，对生活环境同样有极大影响。要解决这些不足就需要大量的国内国外资本，但同时基础设施的建设也可以保证非洲贸易可以顺利进行。

本书第1章的评估测量说明，撒哈拉以南非洲地区国家对水利和公共卫生部门的投资需会从2012年的22亿美元增长到2030年的38亿美元。与电力部门的投资增长比起来，这一数字就显得微不足道，因为电力部门的投资需求在同样的年份间隔里会从49亿美元增长到138亿美元，几乎翻了3倍。2030年投入道路修建的资金大约需要112亿美元。尼日利亚拥有该区域最大的人口总量（同时也是增长最快的），相比2012年，2030年其对电力部门的投资需求几乎要翻3.5倍。撒哈拉以南非洲地区相对较快的人口增长意味着投入基础设施的资金需求比投入其他发展中地区的资金增长速度更快。同时，发展中国家对全球经济增长越来越多的贡献说明，在未来的几十年中，其他发展中国家对撒哈拉以南非洲地区的资本流动而言也十分关键。中国和印度的投资者已经在撒哈拉以南非洲地区各国的基础设施项目和电传视讯项目中表现出极大的热情。

另外一个促进撒哈拉以南非洲国家未来20年内资金流入增长的因素是该地区日益增长的人均收入。非洲正在兴起的中产阶级有望能对一系列的消费品行业提供支持——如食物和饮料生产、成衣制造、化妆品行业、家用电器以及家居装饰等，这种期望对跨国公司和零售银行来说正在变为现实，他们的信心受到非洲大陆手机行业的成功的极大鼓励。同样重要的是关键人口结构数据：撒哈拉以南非洲地区有42%的人口低于15岁，相比其他发展中地区，东欧和中亚为17%，南亚为32%。非洲大量的年轻人口对该地区而言，从长期的储蓄积累层面而言是一个优势，同样这也给未来十几年的非洲的发展提供了大量的劳动力。

2011年沃尔玛花费24亿美元购买非洲商业巨头Massmart，这是一个明确的信号，说明了世界各国越来越相信非洲消费者消费力量的增长。尽管区域内投资目前只在FDI总量中占很小的一部分——仅占跨国并购的4%（按价值计算），而且撒哈拉以南非洲地区2003—2010年进行的FDI项目的并购和绿地投资是由该地区其他国家开展的——这些项目有利于说服世界上其他地方的公司考虑在非洲投资。一些高调投资是极好的例子，比如2009年东南亚英联邦国家电缆（SEA-COM）向毛里求斯提供了6亿美元的投资，建设一个将南非、莫桑比克、坦桑尼亚和肯尼亚与欧洲、中亚连接起来的水下光纤电缆项目。再比如，西非银行是一个在大约30个撒哈拉国家间运转的银行，在2003年到2011年间它一直在该地区的FDI投资中位居榜首（Ernst和Young，2012）。

展望未来，流向撒哈拉以南非洲国家的资本可能在形式上会有一定的调整。一个会长期持续的趋势是大部分流向该地区的资本都是以FDI的形式存在的。但在最近几年中，通过银行贷款和国际债券市场流入的也有所增加。图B3.4.2追踪了以跨境银行投资形式流入的资本，该图清楚地显示出一个增长的趋势。2007年跨境资本流动达到了巅峰，9个国际银行贷款有超过10亿美元流向了安哥拉、毛里求斯、尼日利亚和南非的借款者，用于零售、电信、建设、和采矿业。这些交易的放款方都具有广泛的地理基础。除了2008年遇到了全球金融风暴有所下降，银行放款数量在随后的每一年都有所增长。此处也有一个地区内参与日益增长的证据：撒哈拉以南非洲地区最大的商业银行——标准银行集团，在2011年的银行团贷款中处于前三（Bloomberg，2012）。

专栏 3.4（续）

图 B3.4.2 流入撒哈拉以南非洲地区的跨界银行贷款在增长

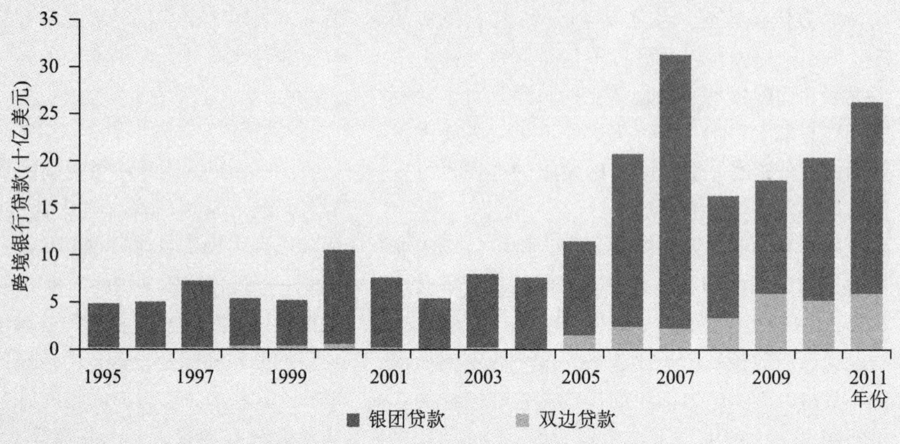

资料来源：世界银行根据迪罗基（Dealogic）贷款分析数据库中数据进行的计算。

注：本图包括非洲内部的跨界贷款。

国际债券市场上筹集的资本也开始对非洲国家开放。加蓬、加纳、纳米比亚、塞内加尔以及塞舌尔政府在2006—2011年间从国际债券市场总共筹集了了31.8亿美元。尽管这一地区的企业很少能进入国外的市场，但主权国家日益增强的在国际市场上发放债券的能力为这些企业寻求未来通向国外市场道路提供了可能。在进入国际资本市场的过程中存在着一个类似的问题：撒哈拉以南非洲地区中只有37家公司在本地区外的股权市场上市——17家在欧洲的交易所，11家在美国的交易所（Bloomberg 数据库）。也就是说，尽管起点很低，但国际投资者对非洲资本市场的兴趣日益浓厚。

尽管存在诸多的积极因素，撒哈拉以南非洲地区也面临着一个不可回避的挑战，那就是必须创建一个适宜资本流入的环境，不仅仅针对其仍不发达的国内银行业。只有24%的15岁及以上人口可以在以一个正式的金融机构中开户，相比南非这一数字是33%、东亚和太平洋地区为55%（世界银行全球包容数据库）。[a]在大部分的撒哈拉以南非洲国家中，给私人部门的国内信贷在国内GDP中所占的比例不足30%，而且在某些国家这一数字还仅仅是个位数。因为腐败问题和其他一些风险，投资者仍然会避开某些国家。不久的将来，中产阶级的增长的消费支出将仍然集中于大宗商品出口和其他相对富裕的国家中。

a. 上文提到的三个地区，不包括根据世界银行标准划分为高收入国家的国家。因此，对于撒哈拉以南非洲地区而言，赤道几内亚是不包括在内的。

最终，何种类型的投资在一国投资中占据主导位置，这在一定程度上取决于该国的政策选择。从历史上来看，有意推动FDI的政策，如税收刺激，与贸易壁垒、竞争壁垒、以及从最广阔的角度来看，信息不对称和交易成本一并，成为FDI在流入发展中国家的资本中占据主导地位的原因之一。[27]通常来看，这些限制会随着收入水平的提高而放松，但是这些改变首先需要政策的变动。政策制定者应当意识到主动深化金融市场和推动金融市场一体化也有助于促进外国对其的证券投资。考虑到私人资本流动（特别是证券投资）的剧烈波动，应强化监管机构，并且使之更加自主化。

发展中国家资本流入和流出占全球份额的增加，将很可能伴随着资本流动构成的变化。除此之外，本章中总资本流动的两种情景表明了，未来的几十年里，我们将看到更多的南南资本流动（见在线附录3.5），《2011年全球发展地平线》记录了南南FDI量的增长，这种现象将长期存在，并在未来的发展中国家投资中更加重要（世界银行，2011）。随着发展中国家银行规模扩大和在国际上更加活跃，其股票市场和债券市场持续发展，其金融市场区域一体化程度加深，它们将有机会在南南资本流动中占据更重要的作用，而且在全球资本流动中发挥出比现在更大的作用。

现在，尽管发展中国家在发达国家的外部投资活动主要是由私人企业进行的，但是其超过一半以上的资本流出是以政府储备积累的形式进行的。当更多国家采取浮动汇率制和资本市场更加开放，发展中国家的储备积累预计将会放缓，甚至可能迅速减慢。这意味着发展中国家在资本流出构成上与发达国家更相似。另外，中国将会对发展中国家资本流出构成的改变速度发挥关键作用。

资本流动和货币政策溢出

正如上文所讨论的那样，未来几年里，发展中国家总资本的流入和流出量极有可能显著扩张。发展中国家的金融市场

图3.10　从历史上来看，不同收入水平国家的资本流入构成是不同的，外国直接投资为发展中国家提供了稳定的资本

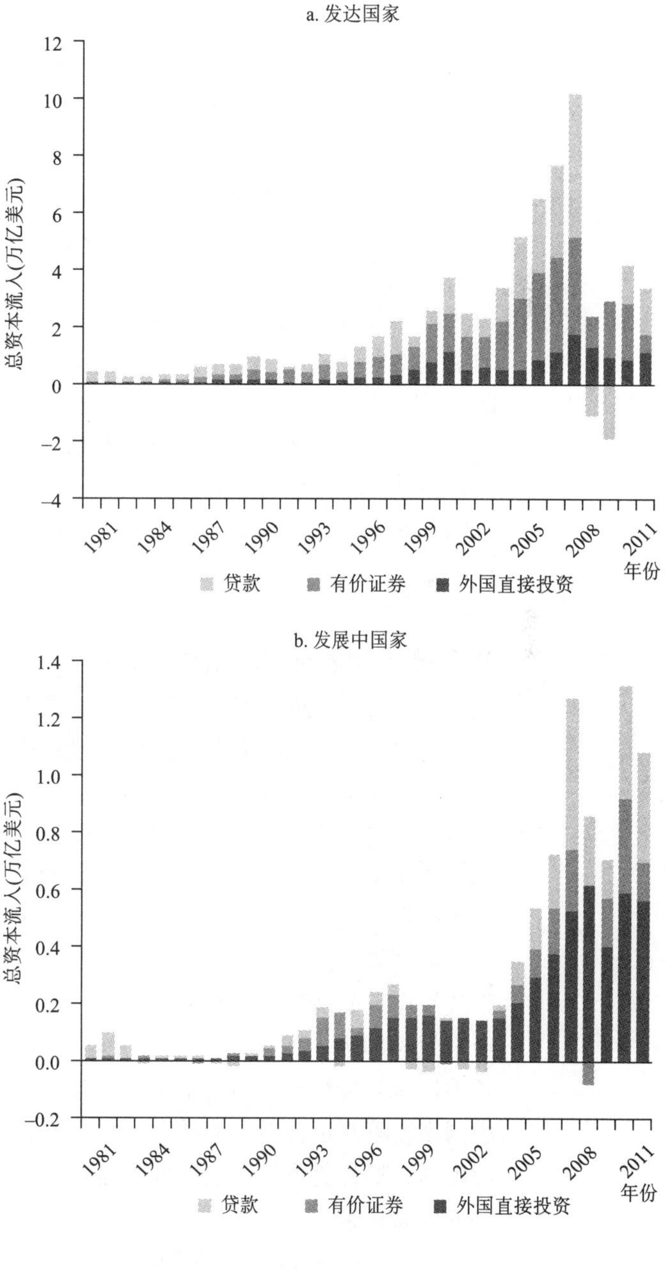

资料来源：IMF国际金融统计数据库。

注：各组成部分指的是非居民债务每年的净变化，贷款主要由银行和非银行的金融机构提供，同时也包括其他没被算作FDI和证券投资的非居民的债务。证券投资包括股票和债务证券投资。

也将变得更加深化、更成熟、更全球化。这些经济体的资本流动和国际资本和贷款存量不仅在规模上，而且在资产构成，回报率和风险取向上将会发生改变。南南投资将会增加，发展中国家银行和资本市场在全球资本流动（发展中国家间、发达国家与发展中国家间）中发挥更重要的角色。

这些发展带给我们一个启示，发展中国家受到的货币政策溢出的影响比以往更明显，这也会在这些国家的国际收支平衡表上显现出来。然而，当今全球金融中心的主宰地位将会在一定程度上消退。因此，国际金融冲击的来源和渠道也会比今天更加分散。当发展中国家金融市场不断扩张和整合时，它们需要避免源自其他经济体对世界经济的冲击，消除其面临的潜在不稳定。

基于美元和欧元的国际货币体系

使用几个发达国家的货币作为主要的国际货币，是第二次世界大战以后全球金融体系的一个显著特征。当前国际货币体系是基于美元的，在较小程度上也基于欧元（Dailami 和 Masson，2011）。这个现状与发展中国家高度相关，发展中国家比发达国家更依靠由外国货币计价的信贷。货币政策在长期来看是中性的，但是在任意给定的时间内，货币政策会有实际影响，货币环境的失控带来的不稳定是摆在发展中国家政策制定者面前的重要问题。全球范围内，哪种货币处于主导地位也具有深刻的政策含义。

对于国际货币的需求源于以下四个方面：官方积累的外汇储备、国际银行信贷、国际安全问题和外汇市场的动荡。由于发展中国家将在全球资本流动中比现在占据更多的份额，国内金融市场将会日趋成熟，南南资本流动也将会增加，至少前三个方面在未来 20 年内会不断变化。

在 2010 年底，大规模的资本流动仍然使用美元和欧元，83% 的国际债券和 80% 的国际银行资产使用这两种货币的一种（图 3.11）。尽管欧元的地位日益升高，美元仍在国际储备货币中处于主导地位，其份额是欧元所占份额的 3 倍。[28]

在目前的多极化国际货币体系中，美元和欧元作为主要储备货币，大多数新兴经济体采取有管理的浮动汇率制度，资本有着高度的跨国流动性，这使拥有国际货币地位的发达国家对全球货币环境产生不对称的影响。[29]如果长期维持低利率（拥有国际货币地位的国家的现状），这可能会促使部分金融市场的参与者（包括银行）作为投资者和金融中介，采取过度的冒险行为，刺激证券投资和银行贷款流向发展中国家，达到收益率目标或维持稳定的收益。在这种情况下，发展中国家的政策制定者面临一个困难的挑战，判断资本流入增加是因为国内基本情况的改善还是因为发达国家的低收益率而暂时投入到发展中国家。

测定美元和欧元在国际货币体系中的作用，是通过国际银行用这些货币来标定的资产量。特别是在多数发展中国家中，大规模的资本流动都是依靠国际银行进行的。随着国际银行业的发展，美元已长期成为全球银行交易主要偏好的货币，尽管有信息表明在未来美元可能会让步于其他货币（世界银行，2011）。有趣的是，用美元计价的来自非美国银行的贷款，主要是欧洲的银行，占到美元计价的贷款的一大块。

全球用美元和欧元计价的信贷尽管在2008—2011年增长曲线相对平坦，但是在近十年里增长迅速（图3.12），这也导致了2007—2009年的金融危机。到2011年年底，用美元计价的信贷达到31.4万亿美元，而1999年，这一数字仅为12.6万亿。同期，用欧元计价的信贷也达到了23.9万亿欧元（约合31.4万亿美元），而1999年年底，也才11万亿欧元（约合11.1万亿美元）。尽管用美元计价的信贷和用欧元计价的相差不多，但是用美元计价而在美国国土以外的信贷为11.8万亿美元，要比在欧元区以外欧元计价信贷（约和4.4万亿美元）多得多。从中我们可以看出，由于美元更加国际化，全球经济特别是国际银行体系，对于美国的货币政策比对欧元区的货币政策要敏感得多。

对于新兴市场经济体，能否保持国内货币政策的独立性，取决于它们是否愿意完全接受由国际货币国家货币政策的改变引起的汇率波动。由于许多国家担心汇率波动，从而积累外汇储备以限制汇率的变动幅度。尽管这些国家在短期内成功消除了对国内流动性的影响，但实证数据表明这种做法存在局限性。例如，这意味着一些美国的扩张性货币政策很可能传递给发展中国家。[30]

图3.11　国际资产和外汇交易主要以美元和欧元为计价单位

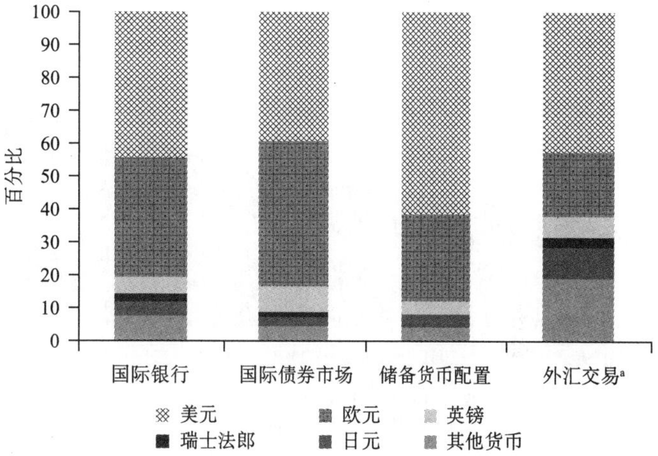

资料来源：世界银行根据国际清算银行（BIS）地区银行业数据库和IMF官方外汇储备货币构成数据库（COFER）中数据进行的计算。

注：数据是2010年的，国际清算银行（BIS）提供了关于各种货币标定的资产的数据，从而计算得出全球银行业和国际债券市场中各种货币所占的份额，国际货币基金组织（IMF）提供了各种货币作为储备货币份额的数据（2010年，这占到了全部有记录的储备货币的56%）

a. 因为每次外汇交易要使用两种货币，所以每种货币的交易量之和为总交易量的20%。

国际货币体系在未来发生改变

展望未来，发展中国家作为一个整体占总资本流入和流出的份额，要比现在大得多，而且一些发展中国家在国际资本融通中将发挥关键作用。考虑到货币政策溢出效应的变化情况，资本流动的变化趋势带给我们两个重要的、但截然相反的启示：第一，如果现有的资本流动构成（构成的种类和计价货币）到2030年大致保持不变，考虑到发展中国家越来越融入到全球金融市场中，美国和欧元区的货币政策对这些国家影响逐渐加强。第二，发展中国家的金融市场将会更加深化，更加成熟，这意味着它们的资本市场在国际资本融通中发挥更大的作用，主要的发展中国家货币政策对全球经济有更深的影响。考虑到南南资本流动将在未来逐渐增多，货币政策由主要发展中国家溢出到其他发展中国家的前景十分具有可信性。这个变化意味着发展中国家中用发达国家货币计价的资本流动会相对减少，而通过发展中国家资本市场和银行而进行的资本融通会逐渐上升。

图 3.12 美元依旧是全球信贷市场上的主要货币

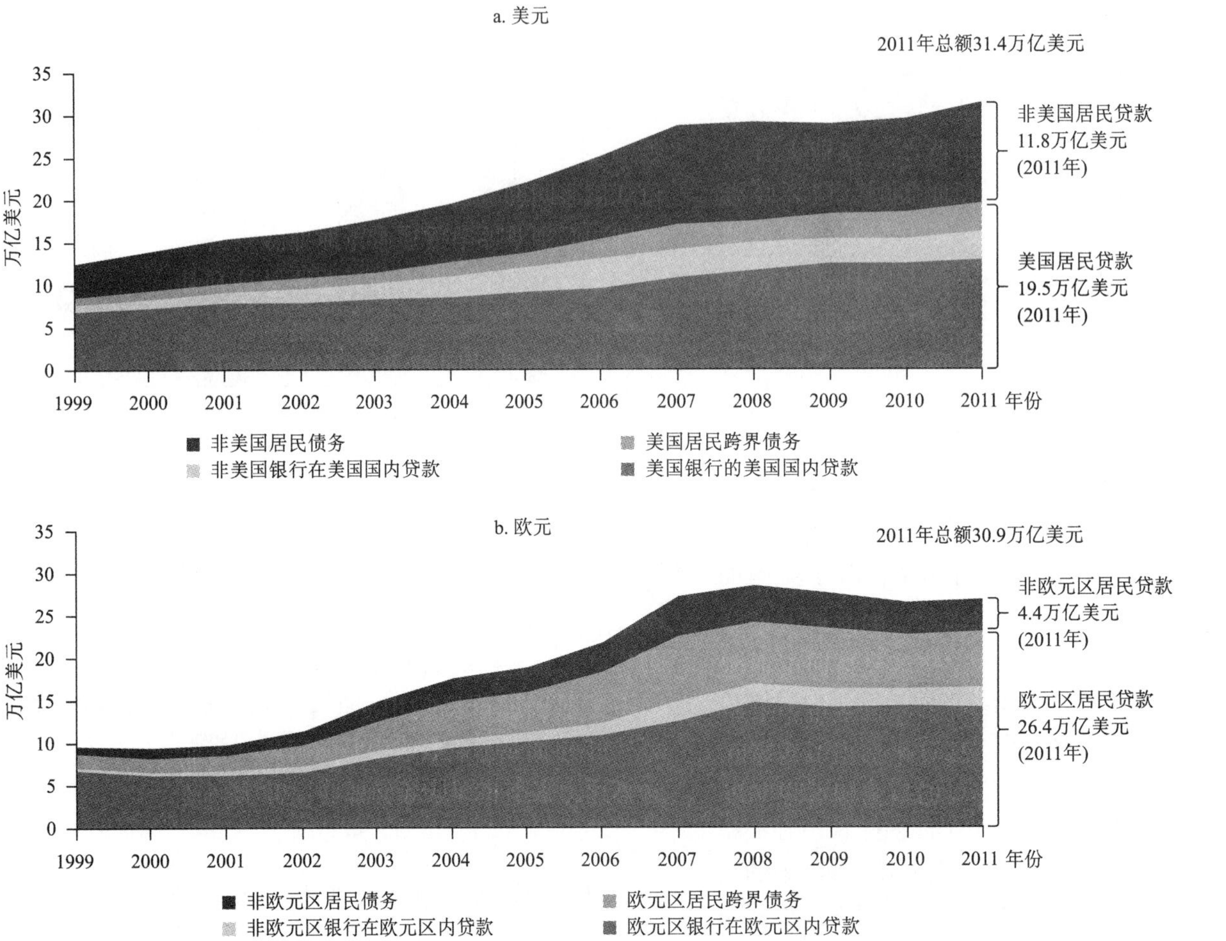

资料来源：世界银行根据BIS统一银行业数据库和IMF官方外汇储备货币构成数据库中数据进行的计算。

注：非美国（非欧元区）银行的美国（欧元区）内贷款是美国（欧元区）当地居民的当地货币计价的债务，这是通过对国际清算银行统一银行业统计数据库中数据计算而得来的。国内银行提供的国内贷款是从总的国内贷款中减去当地居民的本地货币债务后估计得出的，这是通过对国际货币基金组织国际金融统计数据库中数据计算而得来的；居民的跨界债务数据是从国际清算银行本地银行业数据库中获得的，非本地居民的债务是非本地居民的跨界资本债务加上非本地居民的当地债务后近似得出，使用了国际货币基金组织国际金融统计数据库中得数据；这一部分有轻微的低估，因为忽略了非本地居民在该国国内银行的美元或欧元贷款，这一子部分的数据并不是直接可用的，但是与外国银行的美元或欧元计价的债务的关系相当小。

因此，发达国家未来的货币政策对发展中国家的影响是不确定的。我们甚至可以想象到这样一个情景，发展中国家金融市场更加自由化、更加一体化，同时伴随着全球金融中介合并和集中的趋势，使世界上仅剩个别国家专门提供金融服务。在此情景下，尽管发展中国家作为国际资本流动的重要来源和目的地，但是其在国际资本融通中可能不会发挥关键性作用。2007—2009年的全球金融危机破坏了国际金融市场集中化的趋势。能否会有一个相反的趋势产生，部分取决于国家和地区能否继续推动当地金融市场的深化和发展。

不管如何，未来发展中国家在全球金融体系中都会占据一个比现在更为关键的位置。特别是中国，如果继续遵循人民币国际化的战略，将有能力对于全球利率和其他国家的货币产生重要影响。[31]并且当发展中国家占全球总资本流入和流出的比例越来越大，这些资本流动的构成也会发生巨大改变。如果发展中国家采取更加灵活的汇率制度，储备资产的积累相对私人资本流动会逐渐减少，这意味着用美元或欧元计价的海外资产会减少。[32]甚至更为重要的是，储备资产由私人投资者投向更加成熟的金融市场时，海外资产的收益率将会升高。

结论和政策启示

根据本章中渐进趋同和快速趋同情景的分析，在接下来的20年里，国际资本流动量将会迅速增长，这会使世界经济的金融上的联系比历史上的任何时刻都要紧密。分析国际金融市场的一体化加深对全球经济有何长期影响，以及政策制定者对此如何做出反应，这都不是一件容易的工作。当然，我们可以借鉴历史，但是分析未来国际金融市场上的联系，并设想适当的政策应对，这也是很有意义的。

近年来，世界上的一连串代价高昂的银行和主权债务危机让政策制定者强烈地认识到，通过资本流动来加深全球金融一体化带来的好处与全球金融体系带来的不稳定之间存在权衡取舍。资本流入在支撑经济发展中发挥重要作用，开放跨界金融流动渠道在国际资本从高储蓄国家流动到储蓄不足的国家中发挥关键作用。多年以来，发展中国家通过国际资本流动，来稳步融入国际金融体系，这给投资者们投资多样化提供了机会。当然，资本跨界大规模流动也给一体化的国际金融体系带来风险，如何管理金融体系来避免未来出现危机，这仍旧是金融部门的决策者和管理者最为头疼的问题。

在开始有关国际金融体系稳定的政策讨论前，我们十分关注几个问题：(a) 一些发达国家中长期存在的被低估的主权风险；(b) 拥有主要金融中心的国家，采取的史无前例的宽松货币政策对全球的影响；(c) 国际金融体系完成资本跨国融通的最初任务的能力，即促进生产性投资，维持经济增长，而非加速资产泡沫和不稳定性。不管这些问题的是长期还是短期存在的，到2030年，国际资本流动规模（在绝对数量和占GDP比例上）都会剧烈扩张，这意味着，在未来拥有一个合适的政策框架来管理国际资本流动甚至更为重要。

广泛认为中央银行和其他经济计划管理部门必须有能力迅速坚决地消除金融危机在国家间的蔓延，警觉地监视可能造成金融市场动荡的因素并采取行动。经济政策制定者，提高在国际范围内协作监视和对不稳定局面做出反应的能力也是重要的。尽管因为政治经济学和其他因素使得国际上的协调十分困难，但是危机促使其冲破那些障碍。

金融危机促使国际货币政策和金融稳定的协调

几年前的全球金融危机，让我们清晰的看到了政策协调是可能的，我们也同时看到了各国货币当局间在货币政策上史无前例的合作。例如，2007 年下半年，在世界上许多国家中央银行间建立了一个巨大的流动资产互换协议（图 3.13）。在这些协议下，全球上货币供给短缺的国家，可以向其他国家的商业银行提供货币，该商业银行所在国的中央银行在其中作为中介（Allen 和 Moessner，2010）。例如，中国人民银行同意向阿根廷、白俄罗斯、中国香港、印度尼西亚、韩国和马来西亚提供合计 6500 亿人民币的货币互换协议。[33]在先前与几个主要国家的央行实施过几次互换协议后，美国联邦储备局与英格兰银行、日本银行、欧洲中央银行和瑞士国家银行签订了一个 6 个月期的无规模限制的互换协议（开始于 2008 年 10 月，金融危机的最高峰）。

全球和地区性组织通过增加向其会员

图 3.13　2007 年 12 月至 2010 年 12 月间新签订的中央银行流动资产的互换协议

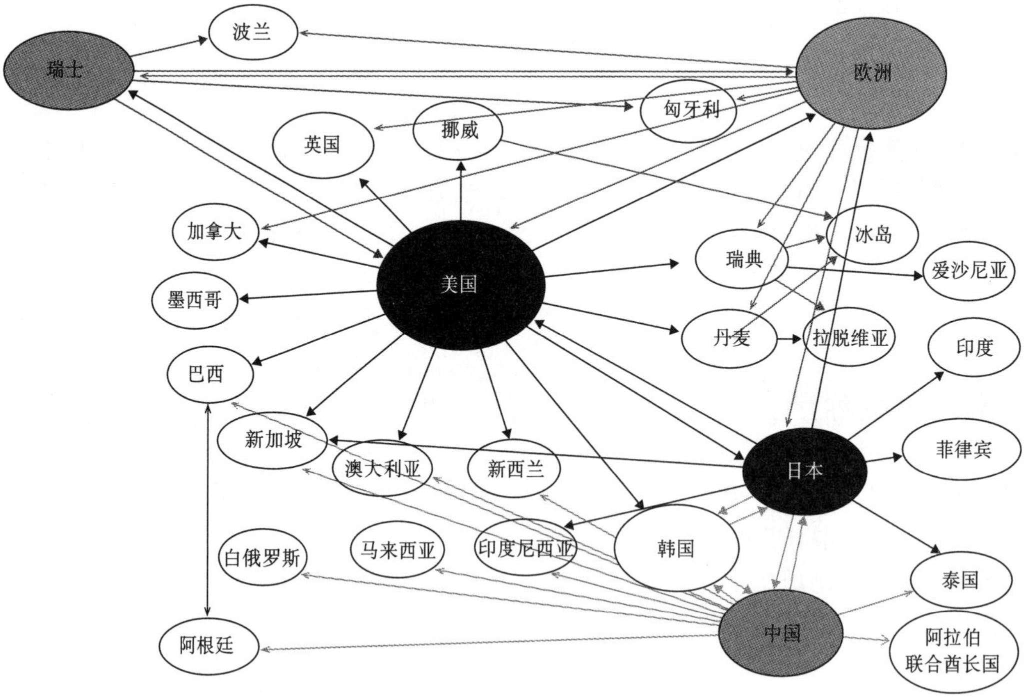

资料来源：基于 Allen 和 Moessner（2010），进行了更新。

注：根据互换协议网络中各中央银行颜色的不同，不同深浅度的箭头表示不同的互换协议，双箭头表示了中日韩三国央行的多边互换协议。

国家的贷款量来应对危机。在多边发展银行中，大规模的资本输入得以向成员国的发展举措注入更多资金。[34]国际组织，如国际货币基金组织（IMF）、G20 财政部长和中央银行家峰会都围绕着后危机时代降低金融危机爆发的可能性进行了国际洽谈。例如，IMF 修订的“灵活信贷额度”和新签订的“预防性和流动性额度”来提高其自身在帮助深受危机影响的国家和防止未来出现的危机上的能力。2010 年，IMF 也展开了三次新的针对低收入国家的优惠融资措施。为阻止金融危机在各国间蔓延，IMF 提出的全球金融稳定机制，将结合双边和地区性协议，给国家提供流动性。

目前，阻止金融危机蔓延的承诺正在接受欧元主权债务危机考验。在某种意义上，全世界正通过在安全保障上分配额外资源，来表现对于现实严重性的认知。正如，2012 年 6 月 G20 会议上，37 位 IMF 成员国向机构的防火墙基金合计注资 4560 亿美元，这个基金只是在标准配额协议和新借款协议所提供的资金被大量支取的情况下的第二道防线。发展中国家在这次注资中大放异彩，金砖国家加上墨西哥和土耳其合计注资达 950 亿美元。在发展中国家占总资本流动的份额逐渐增大的未来，发展中国家在国际金融危机预防和解决机制上的参与会越来越重要。

鉴于国际金融体系间的相关性愈发增强，新形式的跨国合作可能是有益的

当我们展望未来时会发现存在一个潜在的基本问题，那就是当前的分散模型对于管理日益全球化的金融体系是否足够——在这一模型中国家的（或区域的）中央银行可以控制其货币政策，而且金融监管在国家层面被精心地控制。现实是任何模型都必须适用于这样一个由主权国家组成的世界中。在这种情况下，也许要达到同时满足大部分国家要求的结果，最好的方法就是同时鼓励双边合作和多边合作，并且承认高水平的合作并不总是在政策上具有可行性，国家政策对于塑造世界的财政金融政策框架而言仍是至关重要的。

合作努力的范围十分广泛而且形式多样。其中一种就是倡议参与多边合作——例如，由国际清算银行主导的关于财政货币稳定和银行监管的合作——或是在 20 国集团内部公开政策目标的时限。20 国集团潜在的一个贡献也许是强调了关键货币国家的金融部门间的政策外溢和相互依赖，这样保证它们摆脱狭隘的政策，不仅仅只关心自己国家。此外这些多边机构政策的综合也是被国际社会所呼吁的。

另一个合作的形式是双边层面上的，比如，促进外汇互换额度加强和制度化，以期在不稳定时期为非重点的货币国家提供偿债能力，或将已有知识和经验进行跨境分享。最近在发达国家间肆虐的金融危机对发展中国家而言是极其宝贵的经验，因为后者的金融市场在未来几年中将在全球一体化背景下变得越来越复杂。监管机构的目光务必要长远，依靠体系实时监控金融市场中出现的创新——例如，将这一点明确地作为银行监管者工作的一部分——并且在系统性风险出现前进行快速的评估来适应这些创新。

一个底线是，在国际金融市场中，监督和管理方面的合作怎么强调都不为过。在一个高度互联的体系中，系统管理的国际合作对其稳定性十分关键。未来，多边机构在管理中仍然会扮演重要的角色，这

一点特别体现在帮助国家建立一个有利于金融市场运转和发展的良好环境，并且在危机和近危机时期为各国提供一些帮助。但是在国际论坛中所作的各种努力必须要先考虑到每个单一国家的努力。作为对全球金融危机的反应，全球主要中央银行提供了前所未有的流动资产来帮助度过危机，该行为引发了大规模的争论，这些争论主要针对的是在放开头寸过程中产生的风险的规模和性质。同时，有人担心随着投资者在其他地方寻求利益，发达经济体中过低的利率会使过多的资本流向新兴的发展中国家，加之潜在的不稳定因素，这些国家在未来都会受到影响。

随着发展中国家在世界资本流动中占的比例超过一半，它们对资本流动采取的政策可能会在全球层面变得更有影响力

对一个国家来说，资本流入急剧增加带来的管理挑战已经被人们认识到了，而且能继续帮助我们理解新兴的发展中国家在发达经济体坚持的宽松货币政策条件下将如何应对。对实行固定汇率的新兴经济体而言，过度的资本流入意味着他们必须在允许本币升值和干预外汇市场以保证币值稳定间做出艰难的选择。由于主要经济体的低利率给新兴经济体带来了强大的资本流入，即使国内宏观经济条件并不提倡采取这样的措施，新兴经济体的货币当局也许仍会感到有必要降低率来减缓资本流入，但低利率带来的通货膨胀压力也须考虑在内。宏观审慎措施也应被考虑到，也许针对某一存在过热现象的特定领域，比如房地产行业。

面对对其资产的强劲需求，即使采用浮动利率的国家也许也会采取资本控制，例如，巴西、中国台湾和中国大陆在2009年采取的措施，再比如瑞士于2011年暗中采取措施，承诺要致力于维持瑞士法郎和欧元的汇率稳定。长远看来，对GDP的很大一部分都依赖资本流入的国家来说，一旦出现资本流动的反向变化，他们将会面临财政窘迫和经济衰退。在这种情况下货币当局必须站出来提供帮助。人们可以争辩说，当我们需要对监管机构和更广泛的国际监管合作进行谨慎的改革时，改革政策制定者过于严苛的资本管制可能有潜在的扼杀融资渠道并将发展引入歧途的风险。

理解流入新兴发展中经济体的资本的性质——它们是否由国家良好的基本经济要素所驱动，或是更多的被一些暂时性因素所影响，比如，发达国家的低产出和大量的套利交易——这可以帮助政策制定者们做出最好的应对政策。弄清楚到底是基本经济要素还是暂时性因素对一国的资本流入影响更大，这是无疑是一个艰巨的任务，但是同时它也是一个对政策制定至关重要的任务。如果是前者，那么允许汇率升值被认为是更合适的措施；如果是后者，则最好采用货币、财政和金融政策。

理解发达经济体的主导地位对世界其他国家的潜在影响无疑对政策选择十分重要。但长远来说，政策应该如何进行调整？这是一个问题。本章在前文提到的两种情景预期到2030年资本流动的区域模式将会有大幅度转变。在两种情景下，欧洲和美国在全球资本流入中所占的比例预计都会有大规模下降，而中国所占的比例则会大大增加，同时资本流出预计也是相似的趋势。这些情景暗含了一些对未来的政策意义。

广泛来讲，全球货币金融政策产生的历程需要在国内和国际两个层面做出调整，来解释发展中国家的资本流出总量将在未来占到世界的一半甚至更多的意义。本章提到的两个情景认为发展中国家的资本流出量在全球总量中占的比例将从 2010 的 28% 增长到 2030 年的 49%—58% 。这一转变说明了发展中国家的货币金融部门的政策在全球范围内将变得更有影响力，尽管正如前面所说，这样的观念必须与全球资本流动的货币构成取得平衡。

在所有发展中国家中，中国的特殊性在于在未来几年有潜力使人民币成为真正的世界货币。如果随着世界资本流动中中国所占比例的增加，使用人民币来为这些资本流动计价（人民币的国际化是中国政策目标之一），如此一来，中国的货币政策立场将有望在国际金融体系中发挥比现在更强的影响力。在这样的情景下，美国和欧元区在整个世界范围的影响力将在一定程度上减弱。有这样一个可能性，那就是美元、欧元和人民币在 2030 年都成会为重要的世界货币（世界银行，2011）。当然，也有另一些可能，比如，在未来的 20 年中美元仍在在全球金融中位居首位，或者到 2030 年没有任何一国货币在世界金融中一家独大。

对中小发展中国家来说，如果世界形势是美国、欧洲和中国同时对国际货币起关键性作用，那么这就意味着这些发展中国家受到任意一国的货币政策外溢影响都会很小。这在全球层面可能会是一种稳定的态势，因为流动性震荡将变得多元化；但是由于货币政策外溢效应的时间和程度更难以评估，这种态势也可能变得不稳定。如果不考虑未来资本流动的货币构成，流向发展中国家的资本和从发展中国家流出的资本都会增加，这说明了，这些发展中国家将会通过双边和多边组织在国际层面资本流动的中扮演越来越重要的角色。

同时，国际资本流动的货币构成中也存在着一些汇率机制的潜在转变。随着资本流动的货币构成越来越多样化，实行固定汇率的国家会发现瞄定一篮子货币（例如，美元、欧元和人民币）可能会比瞄定任何其他货币更可持续。

全球资本流动量在未来数十年的增长量会在很多国家使外国投资者在资本积累方面的影响增大。可想而知，对于一些国家而言，未来他们总投资的大部分将由海外投资者和债权人来决定，而这将会给金融政策的制定带来更多国际方面的考量。国际货币基金组织、20 国集团以及国际清算银行（BIS）的努力将在金融监管架构的发展中起到关键性的作用，通过避免过度性投机资本交易以及其他措施可以有效增强全球金融市场的稳定性。

政策制定者需要对资本流入的渠道进行监管（银行贷款、证券投资和 FDI），因为这些渠道为资本流入国创造稳定条件的能力是不同的。有这样一个广泛的猜测，未来资本市场会日益成为全球资本的中介，而银行在其中占得比例则会变少。这对通过银行引进大部分资本的国家是否是一个好消息还有待观察；银行贷款具有高度顺周期性，而且相比 FDI 和股票组合投资一般更不支持风险分摊（Brunnermeier 等，2012）。但是，在中等收入国家中按照相对价值计算（根据发展中国家资金流入的这部分比例较小进行调整），历史上证券投资一直比银行贷款更不稳定（Broner 等，2013）。[35]尽管银行在全球资本流动中所占的比例从长远看来会有所降低，但我们也必须承认，银行贷款在未来很多年中仍然会在全球资本流动中占很大一部分。因此，为了提高国际银行监管能力所作的各种努力在这个意义上仍然有着重大作用。

最后，随着越来越多的资本向发展中国家转移，从大型新兴经济体中外溢出的区域货币政策将会有更大的影响，例如，巴西和俄罗斯。这些国家可能并不会在全球水平上赶超中国，但是它们在各自区域内的影响却正在不断增长。当然，在一个多极化的世界里，要想促进发展中国家的宏观经济状况保持稳定，南方国家之间的货币政策协调无疑是至关重要的。

注释：

1. 同近期其他的研究一样，本报告中的总资本流入是指由外国购买的国内资产扣除由外国卖出的国内资产，总资本流出是指本国居民购买的外国资产扣除本国居民卖出的外国资产，净资本流动是指总资本流入减去总资本流出。
2. Lucas（1990）指出如果人力资本积累的正溢出效应足够大，足够当地化（对国内的影响比国外的影响大），人力资本的差异可能会消除资本收益率间的差异。然而，在量化知识溢出效应的正外部性上还需要更多的努力。
3. 一国国内各部门间的利率差异，可能与国与国之间的利率差异一样显著。例如，在加纳，当地的非官方农业部门的名义利率估计达到 350%（Udry 和 Anagol，2006），斯里兰卡小企业投资的实际收益率可能比现行市场利率高出几个百分比（DeMel、McKenzie 和 Woodruff，2008）。
4. 一些方法将土地和自然资源与资本结合起来，来估计资本收入（总收入减去劳动力收入），这样会高估资本收入。Caseli 和 Feyrer（2007）估计，平均只有一半可以作为可再生资本，由此推断出，土地和自然资源对生产的贡献是高估的。
5. 具体信息见在线附录 3.1，可登陆 http://www.worldbank.org/capitalForTheFuture.
6. 根据国家收入高低将其划入不同的组，各组的平均投资收益率是各国收益率的加权平均值，权数是各国在该组的资本存量中的相对份额。
7. 名义投资需求方程是将收益率稳定在 2014 年的水平上进行计算。将各国计算的结果进行加总就得到了全球名义投资需求，从而估算出了全球名义投资需求随时间变化的轨迹。这种直接地计算名义需求的方法没有考虑到变量的内生性，如要素需求方程右边的产出项。这些变量按模型确定的轨迹变化，但实际上由实际投资而非名义投资需求决定，在此例中，全球的投资收益率随时间推移变化不大，名义需求与实际投资需求差别很小，所以没考虑到变量内生性所带来的问题是微乎其微的。
8. 更准确的说，2030 年全球名义投资需求与储蓄供给，相差 0.04 个百分点。在全球水平上，资本供给将等于储蓄量，这也就是说这些储蓄全部作为全球投资供给，这是因为根据模型假设，储蓄不受投资收益率的影响。
9. 更准确的说，2030 年全球名义需求将超过全球供给 2.6 个百分点，到 2030 年，这种压力将会推动全球平均收益率（考虑到资本存量的加权平均）大约增长 0.5 个百分点。
10. 认识到在仅有经济快速增长而没有结构变化的情景中，全球储蓄和投资的变化与渐进趋同的情景差异不大，也是十分重要的。

这强调了关于结构的变量的变化，就像在快速趋同情景下一样，会对全球储蓄和投资收益带来巨大改变。

11. Higgins（1998）、Lane 和 Milesi - Ferretti（2002），指出人口年龄的结构对经常账户平衡存在潜在的影响，但是这种影响的方向是模糊的，这是因为，人口老龄化对储蓄和投资都有负效用（和潜在的非线性）。在本报告的情景分析中，人口结构变化对净资本流动的影响并没有直接确定，但是本模型的确考虑了人口结构的变化，详见在线附录 1.6。
12. 关于两种情景是如何建立的，详见在线附录 1.6，经常账户差额预测的计算，详见在线附录 3.2。
13. 在 CGE 模型中，投资方程中的参数是根据一个面板回归的结果各国统一校准的。这其中隐含了一个假设，未来各国的投资轨迹由相同的因素决定，具体信息在在线附录 1.5 和在线附录 1.6 中给出。对于中国来说，投资实际所占的比例比模型预测的还要高，所以，考虑到等式右边变量的变化路径，中国的预测路径反映了把其作为一个普通国家而进行的一个向下的调整。
14. 前文提到了高收入国家与发展中国家收益率的相对差异，Lucas（1990）对此提出问题，为什么在模型中资本会从南方“逆流”到北方？这是因为在世界银行的 LINKAGE 模型中关键的内生变量使用的是 2007 年的数据，允许盈余（赤字）与正（负）的收益率同时存在，这带来的结果是，只有随之而来的收益率变动，与其他决定投资的因素，才能改变净资本流动的轨迹。在快速趋同情景下，消除卢卡斯的悖论有两个原因：第一个原因是，许多发展中国家的投资需求在增长，这使该国的收益率上升，因此促使了资本流向投资项目；第二个原因是，投资项目也在增多，因为发展中国家由于金融发展和制度改善，能够吸引更多的投资。
15. 在快速趋同情景下，高收入国家投资从 2010 年占 GDP 的 17.3% 下降到 2030 年的 14.9%，在渐进趋同情景下，则下降到 16.4%。高收入国家 2030 年的储蓄率在两种情景下差别不大，所以，这些国家经常账户差额主要取决于投资率的差异。
16. Blanchard 和 Milesi - Ferretti（2010）区分了“良性不平衡”和“恶性不平衡”，并且给出了关于国内的和系统性的扭曲如何加剧潜在的不平衡的简要说明。国家的政策制定者忙于应付由于刺激储蓄和投资的带来的扭曲，同时也要进行国际间政策协调，比如，改善全球流动性供给来应对系统性的扭曲。
17. 在 LINKAGE 模型中，国内储蓄与国家社会保障发展程度负相关。具体信息见在线附录 1.5 和在线附录 1.6。
18. 发达国家可能通过增加公共储蓄，通过避免出现负的实际利率来鼓励私人储蓄，从而来减少经常账户的赤字。（例如，见 Blanchard 和 Milesi - Ferretti（2010））
19. 例如，Lane 和 Milesi - Ferretti（2001，2007）记录了新兴经济体国际资产负债表的构成发生了转变，负债方包括了大量的 FDI 和证券投资，资产方有着极大的储备资产积累。
20. 全球总资本流动量在 2007 年达到高点——11 万亿美元（相当于世界 GDP 的 17%），1980 年时仅 4000 亿美元，2000 年时大约 3.7 万亿美元。在 2009 年的最低点全球资本流动量跌到只有 1.8 万亿美元。
21. 例如，2010 年在发展中国家的大部分外资银行中，34.6%（350 家银行）由其他发展中国家作为主要拥有国，2000 年时这一数据为 29.3%（212 家银行），这是作者根据 Bankscope 的银行股东数据计算而得。

22. 然而，Didier、Hevia 和 Schumukler（2011）表明，如果算上危机前的经济增长率差异，危机对发展中国家和发达国家的经济影响很相似。发展中国家间受到的影响也不同，东欧国家是受到影响最大的区域之一，而低收入国家，相比起来受到金融危机的影响较小。

23. 例如，Martin 和 Rey（2004）建立了关于交易费用的模型，模型中金融资产之间不完美替代，资产数量是内生的，这样市场规模和一体化程度与资产收益率之间的相关性升高。Evans 和 Hnatkovska（2005）也建立了一个模型，研究金融市场一体化如何推动资本流动扩张，这也在市场一体化与资本流动的构成和波动间建立了联系。

24. Lucas（1990）通过对一个证券投资模型的的预测，回顾了一系列可能的本土偏好来源，比较了国际证券投资多样化。Kraay 等（2005）在模型中融合了主权风险，来进行模型预测。越来越多的文献证明了用信息不对称解释资本流动的重要性，如 Kang 和 Stulz（1997）；Ahearne、Griever 和 Warnock（2004）；Leuz、lins 和 Warnock（2009）。

25. 资本流出被计算为为总流入和经常账户余额，而没有在模型中清晰表现出来（正如在线附录 3.4），因此，缺乏理论根据。一些推动居民资本外流的因素没有考虑到，这些因素和推动外国资本流入的因素和经常账户的决定性因素可能显著不同。在一定程度上，收入的增长和金融市场的发展与全球一体化，是资本总流出的推动力。这些因素通过考虑其对总资本流入的影响，在模型中得以分析。

26. 另外，货币构成可能随着金融市场发展而变化。例如，在一些大的发展中国家，国内债券市场的发展可能带来更多的资本（以本国货币计价债券的形式）流入。

27. Hooper 和 Kim（2007）通过对发展中国家中，多种指标衡量的透明性与三种主要的流入资本的形式的关系进行估计，发现这种关系随着透明性的维度和资本流入类型在不断变化，可以说，透明性的增加会影响到资本流动的构成。例如，我们发现，一种竞争力指标与证券投资比与 FDI 有更强的正相关关系，与银行贷款存在负相关关系，同样，股票市场的深化程度与证券投资流动正相关和银行贷款负相关（在此模型中与 FDI 统计关系不显著）。

28. 这些份额只是基于各国中央银行向 IMF 认缴的储备货币而得，2010 年，持有的储备货币中的 56% 是由各国认缴的。

29. 这些效果可能不会叠加，因为各国货币的流动性可能不具有高度可替代性，特别是在财政困难的时候，比如最近经受的危机中美元在国际市场上严重短缺，推高了外国货币的借款成本和与美元互换的成本。特别是欧洲银行经历的资金压力，拉大了欧元与美元间隐含互换的基差。

30. 考虑到美国在世界经济中的重要性，货币政策溢出的第二个来源是，美国货币政策会对其他国家的经济环境产生影响。如此以来，各国的经济周期逐渐同步，相应的财政政策和货币政策也开始趋同。例如，美国的需求冲击会提升美国经济活动和进口，也会促使美国和海外的利率上升。

31. 这个结果取决于中国在推动人民币全面可兑换和制度透明上的政治决心。关于人民币变成国际货币需要哪些条件的讨论详见世界银行（2011）。

32. 在欧元区国家制度安排的不确定性的背景下，我们需要注意到欧元作为国际货币在未来十年或者 20 年的发展，在一定程度上取决于欧元区货币政策和财政政策不统一的解决情况。

33. 东亚国家已经建立起一系列利率互换协议，这部分是 1997—1998 年亚洲金融危机的产物，中国人民银行在此基础上不断扩展原有协议，并签订新的协议。

34. 国际货币基金组织（IMF），传统上被认为是在遇到金融危机时全球最后的贷款人，为了回应这次危机，它增加了 3 倍的贷款能力。多边发展银行（MDB）也同样扩大给会员国的贷款量。MDB 贷款量的增加，可能会带来许多机构资本的显著增加。2011 年 3 月，世界复兴开发银行的董事会同意增加 862 亿（31%）的认购资本，包括在未来 5 年增资 51 亿美元。亚洲发展银行 2009 年 4 月同意将其资本金增加到原来的 3 倍，从 550 亿美元增加到 1650 亿美元，包括在未来 5 年中 4% 的实收资本增长，这可以说是主要多边发展银行中最大的增资协议。2010 年，美洲开发银行，同意总资本增资 700 亿美元（70%），非洲发展银行同意增资 630 亿美元（200%）。

35. 与此同时，资产价格的快速调整，意味着外国股票持有者在他们能够退出前，承受了大部分的负面冲击，因此，在应对冲击时可能更不会退出了。然而，投资者面对着监督基金经理中长期表现的高昂成本，这可能使得他们关注短期回报，产生羊群效应（De la Torre、Ize 和 Schmukler，2011；世界银行，2012）。

参考文献：

Ahearne, Alan G., William L. Griever, and Francis E. Warnock. 2004. "Information Costs and Home Bias: An Analysis of U.S. Holdings of Foreign Equities." *Journal of International Economics* 62 (2): 313–36.

Allen, William, and Richhild Moessner. 2010. "Central Bank Co-operation and International Liquidity in the Financial Crisis of 2008–9." Working Paper 310, Bank for International Settlements, Basel, Switzerland.

BIS Consolidated Banking Statistics, Bank for International Settlements, Basel, Switzerland.

BIS Locational Banking Statistics, Bank for International Settlements, Basel, Switzerland.

Blanchard, Olivier J., and Gian Maria Milesi-Ferretti. 2010. "Global Imbalances: In Mid-Stream?" Discussion Paper 7693, Center for Economic and Policy Research, Washington, DC.

Bloomberg. 2012. "Banks Battling European Debt Crisis Lose on African Deals." May 8. http://www.bloomberg.com/news/2012-05-07/banks-battling-european-debt-crisis-lose-on-african-deals.html.

Bloomberg database, New York. http://www.bloomberg.com.

Bordo, Michael D., and Barry J. Eichengreen. 2003. "Crises Now and Then: What Lessons from the Last Era of Financial Globalization." In *Monetary History, Exchange Rates and Financial Markets: Essays in Honor of Charles Goodhart, vol. 2*, ed. Paul Mizen, 52–91. London: Edward Elgar.

Broner, Fernando A., Tatiana Didier, Aitor Erce, and Sergio Schmukler. 2013. "Gross Capital Flows: Dynamics and Crises." *Journal of Monetary Economics* 60 (1): 113–33.

Brunnermeier, Markus, José de Gregorio, Barry Eichengreen, Mohamed El-Erian, Arminio Fraga, Takatoshi Ito, Philip R. Lane, Jean Pisani-Ferry, Eswar Prasad, Raghuram Rajan, Maria Ramos, Hélène Rey, Dani Rodrik, Kenneth Rogoff, Hyun Song Shin, Andrés Velasco, Beatrice Weder di Mauro, and Yongding Yu. 2012. "Banks and Cross-Border Capital Flows: Policy Challenges and Regulatory Responses." Report of the Committee on International Economic Policy and Reform, Brookings Institution, Washington, DC.

Caballero, Ricardo J., and Arvind Krishnamurthy. 2009. "Global Imbalances and Financial Fragility." *American Economic Review* 99 (2): 584–88.

Caselli, Francesco, and James D. Feyrer. 2007. "The Marginal Product of Capital." *The Quarterly Journal of Economics* 122 (2): 535–68.

Chamon, Marcos D., and Eswar S. Prasad. 2010. "Why Are Saving Rates of Urban Households in China Rising?" *American Economic Journal: Macroeconomics* 2 (1): 93–130.

Chinn, Menzie D., and Hiro Ito. 2006. "What Matters for Financial Development? Capital Controls, Institutions, and Interactions." *Journal of Development Economics* 81 (1): 163–92.

———. 2007. "Current Account Balances, Financial Development and Institutions: Assaying the World 'Saving Glut'." *Journal of International Money and Finance* 26 (4): 546–69.

Dailami, Mansoor, and Paul Masson. 2011. "Prospects for a Multipolar International Monetary System." Report 2011:13, Dansk Institut for Internationale Studier (DIIS), Copenhagen.

De la Torre, Augusto, Allain Ize, and Sergio Schmukler. 2011. *Financial Development in Latin America and the Caribbean: The Road Ahead*. Washington, DC: World Bank.

De Mel, Suresh, David McKenzie, and Christopher Woodruff. 2008. "Returns to Capital in Microenterprises: Evidence from a Field Experiment." *The Quarterly Journal of Economics* 123 (4): 1329–72.

Dealogic Loan Analytics database, Dealogic.

Didier, Tatiana, Constantino Hevia, and Sergio L. Schmukler. 2011. "How Resilient and Countercyclical Were Emerging Economies to the Global Financial Crisis?" Policy Research Working Paper 5637, World Bank, Washington, DC.

Domeij, David, and Martin Flodén. 2006. "Population Aging and International Capital Flows." *International Economic Review* 47 (3): 1013–32.

Ernst & Young. 2012. "Building Bridges: Ernst & Young's 2012 Attractiveness Survey: Africa." Survey report, Ernst & Young.

Evans, Martin D. D., and Viktoria Hnatkovska. 2005. "International Capital Flows, Returns and World Financial Integration." Working Paper 11701, National Bureau of Economic Research, Cambridge, MA.

Gilpin, Robert. 1987. *The Political Economy of International Relations*. Princeton, NJ: Princeton University Press.

Gollin, Douglas. 2002. "Getting Income Shares Right." *Journal of Political Economy* 110 (2): 458–74.

Higgins, Matthew. 1998. "Demography, National Savings, and International Capital Flows." *International Economic Review* 39 (2): 343–69.

Honohan, Patrick. 2008. "Cross-Country Variation in Household Access to Financial Services." *Journal of Banking and Finance* 32 (11): 2493–2500.

Hooper, Vince, and Suk-Joong Kim. 2007. "The Determinants of Capital Inflows: Does Opacity of Recipient Country Explain the Flows?" *Economic Systems* 31 (1): 35–48.

IMF International Financial Statistics database, International Monetary Fund, Washingtion, DC. http://www.imf.org/external/data.htm.

IMF COFER (Currency Composition of Official Foreign Exchange Reserves) database, International Monetary Fund, Washington, DC. http://www.imf.org/external/np/sta/cofer/eng/index.htm.

Jones, Matthew T., and Maurice Obstfeld. 2001. "Saving, Investment, and Gold: A Reassessment of Historical Current Account Data." In *Money, Capital Mobility, and Trade: Essays in Honor of Robert A. Mundell*, ed. Guillermo A. Calvo, Rudiger Dornbusch, and Maurice Obstfeld, 303–63. Cambridge, MA: MIT Press.

Kang, Jun-Koo, and Rene M. Stulz. 1997. "Why Is There a Home Bias? An Analysis of Foreign Portfolio Equity Ownership in Japan." *Journal of Financial Economics* 46 (1): 3–28.

Kraay, Aart, Norman Loayza, Luis Servén, and Jaume Ventura. 2005. "Country Portfolios." *Journal of the European Economic Association* 3 (4): 914–45.

Lane, Philip R., and Gian Maria Milesi-Ferretti. 2001. "The External Wealth of Nations: Measures of Foreign Assets and Liabilities for Industrial and Developing Countries." *Journal of International Economics* 55 (2): 263–94.

———. 2002. "Long-Term Capital Movements." In *NBER Macroeconomics Annual 2001, vol. 16*, ed. Ben S. Bernanke and Kenneth Rogoff, 73–136. Cambridge, MA: MIT Press.

———. 2007. "The External Wealth of Nations Mark II: Revised and Extended Estimates of Foreign Assets and Liabilities, 1970–2004." *Journal of International Economics* 73 (2): 223–50.

Leuz, Christian, Karl V. Lins, and Francis E. Warnock. 2009. "Do Foreigners Invest Less in Poorly Governed Firms?" *Review of Financial Studies* 22 (8): 3245–85.

Lin, Justin Yifu, and Mansoor Dailami. 2010. "Comments on Dealing with Global Imbalances." In *Reconstructing the World Economy*, ed. Olivier Blanchard and Il SaKong, 111–20. Washington, DC: IMF and Korea Development Institute.

Lucas, Robert E., Jr. 1990. "Why Doesn't Capital Flow from Rich to Poor Countries?" *American Economic Review* 80 (2): 92–96.

Martin, Philippe, and Hélène Rey. 2004. "Financial Super-Markets: Size Matters for Asset Trade." *Journal of International Economics* 64 (2): 335 –61.

Obstfeld, Maurice, and Kenneth Rogoff. 2007. "The Unsustainable U.S. Current Account Position Revisited." In *G7 Current Account Imbalances: Sustainability and Adjustment*, ed. Richard H. Clarida, 339–76. Chicago: University of Chicago Press.

Obstfeld, Maurice, and Alan M. Taylor. 2003. "Globalization and Capital Markets." In *Globalization in Historical Perspective*, ed. Michael D. Bordo, Alan M.

Taylor, and Jeffrey G. Williamson, 121–90. Chicago: University of Chicago Press.

Portes, Richard, and Hélène Rey. 2005. "The Determinants of Cross-Border Equity Flows." *Journal of International Economics* 65 (2): 269–96.

Sidaoui, José. 2011. "Challenges for Emerging Market Economies." Paper No. 68, Bank for International Settlements, Basel, Switzerland.

Taylor, Alan M. 1992. "External Dependence, Demographic Burdens, and Argentine Economic Decline After the Belle Époque." *Journal of Economic History* 52 (4): 907–36.

Udry, Christopher, and Santosh Anagol. 2006. "The Return to Capital in Ghana." Working Paper 932, Economic Growth Center, Yale University, New Haven, CT.

USGS (U.S. Geological Survey). 2012. "Mineral Commodity Summaries 2012." Annual report, U.S. Geological Survey, Reston, VA.

World Bank. 2011. *Global Development Horizons 2011: Multipolarity: The New Global Economy*. Washington, DC: World Bank.

———. 2012. *Latin America Copes with Volatility: The Dark Side of Globalization*. Washington, DC: World Bank.

World Bank Global Economic Monitor database, World Bank, Washington, DC. http://data.worldbank.org/data-catalog/global-economic-monitor.

World Bank Global Financial Inclusion (Global Findex) Database, World Bank, Washington, DC. http://go.worldbank.org/1F2V9ZK8C0.

World Bank World Development Indicators database, World Bank, Washington, DC. http://data.worldbank.org/data-catalog/world-development-indicators.